입시황, 공부를 부탁해

대한민국 학부모를 위한 열혈 상담소

입시왕, 공부를 부탁해

홍석철 지음

공부 역전에 성공한 아이들의 비밀

아이의 공부 스타일을 아시나요?
혹시 우리 아이가 성적 들러리는 아닐까?

요즘 아이들에 관한 솔직한 보고서

아이가 공부를 잘하고 있는지 확인하는 방법

실전에 약한 아이를 위한 조언

책비

프롤로그 6

CHAPTER 1
공부 역전을 위한 준비 과정
1. 요즘 아이들에 관한 솔직한 보고서   16
2. 아이가 공부를 잘하고 있는지 확인하는 방법   27
3. 혹시 우리 아이가 성적 들러리는 아닐까?   42
4. 우리 아이의 학습 환경 점검하기   54

CHAPTER 2
공부 의지를 향상시키는 비법
1. 아이의 학습 의욕을 죽이는 지름길   66
2. 아이의 공부 스타일을 아시나요?   74
3. 우리 아이는 꿈을 가지고 있을까?   83
4. 아이를 공부에 미치게 하는 방법   95
5. 공부 역전에 성공한 아이들의 비밀   105

CHAPTER 3

자녀와의 갈등을 피하는 방법

1. 사춘기의 특성을 '이해'해야 '오해'하지 않는다	122
2. 자녀의 성적을 좌우하는 부모의 자세	131
3. 모두가 불행해지는 확실한 방법	139
4. 자녀와의 갈등을 50% 줄이는 방법	151
5. 아이 때문에 화가 머리끝까지 날 때 대처법	162

CHAPTER 4

성적이 오르는 효과적인 학습 방법

1. 암기를 잘하는 방법	174
2. 실전에 약한 아이를 위한 조언	184
3. 반드시 성적이 오르는 검증된 학습 전략	193
4. 집중력을 높이는 방법	205

CHAPTER 5

대한민국 사교육 사용설명서

1. 대한민국에서 영어 마스터하기	218
2. 아이의 유형에 따른 사교육 활용 방법	238
3. 효과적인 자기주도학습 방법	248
4. 무기력한 아이를 변화시키는 방법	259
5. 우리 아이 고급 두뇌로 만들기	268

(특별 부록) 2018-2020 입시·교육 트렌드 분석	286

※ 이 책에 등장하는 모든 인물의 이름은 가명으로 처리했습니다.

프롤로그

아이들은 우리의 미래다. 호기심 가득 찬 아이들의 눈망울을 보고 있으면, 그 순수함 속에 빠져드는 느낌이 든다. 아이들은 저마다 다른 꿈을 꾼다. 그리고 자라면서 그 꿈에 다가간다. 그러나 아이들이 생각하는 꿈과 어른들이 바라보는 현실은 꽤나 차이가 있다. 그래서 아이와 어른은 '교육'이라는 줄다리기를 시작한다. 하지만 이 줄다리기는 어느 한쪽의 승리로 끝나서는 안 되는 '둘 다 이겨야' 하는 매우 힘겨운 줄다리기이다.

처음으로 누군가를 가르친 것은 대학교 1학년 때였다. 중2 학생의 수학 과외였다. 지난 수학 시험에서 20점대를 맞았단다. 테스트를 해보니 세 자릿수 덧셈 뺄셈을 못했다. 한 달 뒤가 중간고사였는데 시험 범위는 함수였다. 엄마는 안 계셨고 언니와 오빠가 있었다. 언니는 전문대학교를 졸업해서 직장에 다니고 있었고, 오빠는 실업계 고등학교를 다니고 있었다. 오빠는 고등학교라도 무사히 졸업하는 게 온 가족의 소원이란다. 한 번 본 적이 있었는데 독특한 패션과 사방을 찌르는 신호등 색상의 헤어스타일, 그리고 피어싱으로 개성을 표현하고 있었다. 온몸으로 '나한테 공부하라고 그러면 큰일 날 줄 알아!'라고 말하는 듯했다.

흥미로운 점은 아버지가 학원을 운영한다는 것이었다. 그것도 소형 학원이 아니라 버스 여러 대를 운영하는 꽤 규모가 있는 학원이었다. 남의 자식은 가르쳐도 본인의 자식은 가르칠 수 없었나 보다. 어쨌든 집안에 한 명은 4년제 대학교를 나와야 하지 않겠냐는 게 아버지의 생각이었다. 자연스럽게 아버지의 모든 기대가 셋째로 향했다. 그러나 아이는 공부할 때도 애완견을 끌어안고 있을 정도로 학습 자세가 갖추어져 있지 않았다. 여느 아이들과 마찬가지로 학습 의욕이 부족했고 같은 문제를 계속 틀릴 때면 닭똥 같은 눈물로 책을 적셨다.

많은 것을 가르치지는 못했지만 어찌어찌해서 70점이 넘는 점수를 받았다. 아이가 태어나서 받은 수학 점수 중에서 가장 높은 점수란다. 이후로 그 아이를 1년 정도 더 가르쳤다. 그 과정에서 아이가 발전하는 모습을 지켜보는 것이 흐뭇했었다. 그리고 군복무 때문에 훈련소로 향하면서 인수인계를 했다.

딱 그 아이까지만 가르쳤으면 어땠을까? 그러면 누군가를 가르친다는 것이 아름답고 행복하다는 기억으로 평생 살았을 것이다. ^^;

학창 시절의 성적이 이후의 삶에 큰 영향을 미치는 우리 사회에서 어른들은 아이들에게 공부를 강요한다. 하지만 아이들은 어떻게 해서든 공부는 안 하고 친구들하고 놀 궁리만 한다. 여기서부터 대부분의 부모 자녀 간 갈등이 시작된다.

한 어머니는 아이들 교육 문제로 스트레스를 받다가 결국 '이명'이라는 병을 얻었다. 다른 사람의 말이 마이크에 대고 말하듯 귓가에 울린다고 한다. 힘겹게 첫째 아이가 대학교에 진학하고 나서 그 증상이 사라지는 듯했다. 그러나 둘째가 공부를 안 하고 말을 안 듣자 다시 이명이 재발했다. 이번에는 귀에서 삐 소리가 난다고 한다. 눈에 넣어도 아프지 않았던 자녀들이 왜 우리 어머니를 이토록 아프게 만든 것일까?

우리 아이는 왜 이렇게 무기력한지, 선행학습은 어디까지 시켜야 하는지, 자기주도학습은 어떻게 지도해야 하는지, 학원에 다녀도 왜 성적이 오르지 않는지, 우리 아이가 수업은 잘 따라가고 있는지, 왜 사소한 일에도 쉽게 흥분하는지, 아이들과 대화는 어떻게 해야 하는지, 언제까지 참고 기다려줘야 하는지, 하루가 다르게 변해가는 사회에서 도대체 아이를 어떻게 이끌어야 하는지 등, 아이의 교육에 관해 부모가 궁금한 것은 끝이 없다. 이 모든 문제를 끌어안고 고민하자니 스트레스를 감당할 수 없는 것이다. 더군다나 이러한 질문들은 딱히 정답이 있는 것도 아니다.

하지만 정답은 없을지언정 오답은 있다. 아이들의 얼굴에서 웃음이 사라지고, 말수가 줄어들고, 두통과 복통을 호소하고, 반사회적인 행동을 일삼고, 학업에서 멀어지는 것이 부모가 오답을 선택한 결과이다.

 학원에서 처음 일을 시작했을 때 열심히 가르치면 아이들의 실력이 금방 오를 것이라고 기대했다. 그러나 이상과 현실은 달랐다. 분명히 어제 설명했는데 아이들은 배운 적이 없다고 딱 잘라 말했다. 프린트를 나눠 주면 대부분 잃어버리거나 가방 속에서 구겨졌다. 하기야 책도 잃어버리는 판에 프린트야 오죽할까.

 그렇게 아이들을 가르치는 동시에 공부에 관심 없는 아이들의 학업 패턴을 유심히 관찰할 수 있었다. 그 시기 내 마음속 깊은 곳에서 이런 궁금증이 싹트기 시작했다.

 '능력이 비슷한 아이들이 같은 교재를 가지고, 똑같은 수업을 듣고, 같은 시간 동안 공부하는데 왜 이토록 다른 결과가 나오는 걸까?'

 타고난 능력이 특별한 것도 아닌데, 주변에서 간혹 이런 아이들 한둘쯤 찾아볼 수 있다.

 "너는 공부를 왜 하니?"

 "음, 나는 공부가 제일 쉬운 것 같아. 너는 안 그래?"

 이런 대답을 하는 아이들은 열외로 하자. 우리 아이들은 같은 질문에 이렇게 대답할 테니까.

 "아이, 몰라. 매점이나 가자."

 "말 시키지 마. 나 지금 바빠. 지금 게임 중이야."

 이런 대다수 아이들의 잠재력을 어떻게 하면 이끌어낼 수 있을지 나는 스스로에게 질문을 던졌다.

처음에는 내가 수업을 더 잘하면 학생들도 열심히 공부할 것이라고 생각했다. 그래서 영어 교수법을 배우는 TESOL 과정에 등록했다. 배운 것을 수업 시간에 적용해 보니 효과가 있는 것 같기도 하고 없는 것 같기도 했다. 교수자로서 개인적인 수업 만족도는 약간 높아졌지만 학생들도 그렇게 느꼈을지는 미지수였다. TESOL을 시작할 때는 이것만 배우면 문제가 다 해결될 것 같았는데, 안타깝게도 여전히 의문은 남아 있었다. 교수법의 변화로는 공부하기 싫어하는 아이들을 가르치는 데 근본적인 해결책을 찾을 수 없다는 결론을 내렸다.

다음에는 시중에 나와 있는 교육 관련 책들을 읽기 시작했다. 유명한 책들을 섭렵하다 보니 공통적으로 말하는 내용이 정리되기 시작했다. 대한민국에서 교육에 관해 둘째가라면 서러워할 사람들이 이구동성으로 하는 얘기는 다음과 같았다.

예습과 복습, 꿈, 목표와 계획, 자투리 시간 활용

이를 아이들에게 적용해 보았다. 그런데 아이들은 예습과 복습이 중요한지 몰라서 못하는 것이 아니었다. 예습과 복습이 중요한지 알아도 실천으로 이어지지 않는 것이 문제였다. 그리고 아이들의 궁극적인 꿈은 '공부하지 않고 노는 것'이란 것을 아는 데까지 오랜 시간이 걸리지 않았다.

목표를 정해서 계획을 짜라고 하면 방학 계획표처럼 지킬 수 없는 계획표가 나왔고, 자투리 시간에는 눈이 충혈될 정도로 게임을 하고 정신없이 수다를 떨었다. 역시나 아이들은 자투리 시간의 중요성을 모르는 것이 아니었다. 알고는 있지만 실천하지 못하는 것이 문제였다. 책에서 읽을 때는 '이거다!'라는 생각이 들었지만 실제 교육 현장에 적용해 보니 '어? 이게 아닌데······.'라는 느낌을 지울 수 없었다.

결국 TESOL에서 배운 교수법도, 전문가들이 말하는 공부법도 나의 궁금증에 대한 답을 알려주지 못했다. 결국 질문에 대한 답을 직접 찾을 수밖에 없었다. 인간이 하는 모든 일은 마음에서 비롯되니 아이들의 마음을 파헤치기 전까지는 결론이 나지 않을 것 같았다.

그래서 교육심리를 전공으로 대학원에 진학했다. 개인적으로 대학원 공부를 마칠 때 이 질문에 대한 답 하나만 가지고 나오면 성공이라고 생각했다.

'어떻게 하면 아이들의 잠재력을 충분히 발현시켜 사회에서 성공적으로 살아가도록 이끌어줄 수 있을까?'

이 책은 한마디로 아이를 어떻게 이끌어야 하는지에 관한 '교육 지침서'이다. 부모와 자녀의 갈등은 한 가지 방법으로는 해결하기 어려운 문제들이 대부분이다. 이를테면 아이의 발달 속도, 장단점, 꿈, 사춘기, 부모-자녀 관계, 대화법, 공부법, 사교육 등의 변수가 서로 얽혀 있는 고차원의 방정식이랄까? 이런 복잡한 변수 속에서 아이를 올바르게 이끄는 것이 쉽지는 않지만 그렇다고 불가능한 것도 아니다.

흥미로운 점은 시대가 다르고 문화가 달라도 아이들이 보이는 행동 양식은 비슷하다는 점이다. 전 세계 어느 곳이나 어른들은 공부하기 싫어하는 아이들 때문에 골머리를 앓고 있다. 그렇게 세계의 다양한 교육 현장에서 이루어진 연구들을 분석하고 토론하고 논문을 쓰면서 문제에 대한 해결책을 찾아 나갔다. 이후 공부한 이론들을 교육 현장에 직접 적용해 보면서 시행착오를 겪었다. 외국의 성공적인 사례들을 국내에 적용해 보면 십중팔구 예상치 못한 부작용이 나타난다. 이를 우리 현실에 맞게 수정·보완하는 작업을 거쳐야 효과를 기대할 수 있다. 이렇게 문제를 해결해 나가면서 부딪쳤던 난관들, 이를 극복해 가는 과정에서 사용했던 방법들, 그리고 의미가 있었던 연구들을 공유하고자 한다.

1968년 하버드대학교의 사회심리학과 교수였던 로젠탈 교수와 미국에서 20년 이상 초등학교 교장을 지낸 레노어 제이콥슨은 한 가지 실험을 했다. 이들은 먼저 미국 샌프란시스코의 한 초등학교에 다니는 전교생을 대상으로 지능검사를 했다. 그리고 지능검사의 결과와 상관없이 무작위로 20% 정도의 학생을 뽑았다. 그 학생들의 명단을 교사에게 주면서 이 학생들이 지적 능력이나 성적 향상 가능성이 높은 학생들이라고 설명했다. 요즘 말로 하면 영재반이라고 소개한 것이다. 그리고 8개월 후 이전과 같은 지능검사를 다시 실시하였다. 정말 놀랍게도, 8개월 전에 뽑은 20% 학생들이 나머지 학생들보다 점수가 높게 나왔을 뿐만 아니라 학교 성적도 크게 향상되었다. 어른들의 기대와 믿음이 아이들을 변화시킨 것이다.

지금은 공부를 조금 못해도, 부족한 점이 많아도 포기하지 말고 진심으로 이끌면 아이들은 달라진다. 아이에 대한 믿음을 마음속에 간직하고 이 책에서 소개하는 다양한 방법들을 각자의 상황에 맞게 적절히 활용한다면, 근본적으로 달라지는 아이들의 모습을 볼 수 있을 것이다.

Chapter 1
공부 역전을 위한 준비 과정

요즘 아이들에 관한
솔직한 보고서

공부는 머리가 좋은 사람이 해내는 것이 아니다. 오랫동안 책상에 붙어 앉아 있는 사람이 해내는 것도 아니다. 머리는 좋은데 공부로 성공하지 못한 사람, 하루 종일 책상에 앉아 있어도 성적이 그대로인 사람을 너무나도 많이 봐왔다. 공부는 궁극적으로 아래 질문에 대한 답을 찾은 사람이 해내는 것이다.

'나는 왜 공부를 해야 하는가?'

공부는 해야만 하는 이유가 더 큰 사람이 이기는 게임이다. 반에서 마음에 안 드는 친구가 있는데, '기필코 이번 시험에서 코를 납작하게 만들어 주겠다'고 눈에 불을 켜고 공부하는 학생이 '이번 시험이 끝나면 뭐 하고 놀까?'를 고민하면서 공부하는 학생에게 하늘이 두 쪽이

나도 질 리가 없다. 반대로 '80점만 넘으면 된다'는 생각으로 친구들과 문자를 하고 게임을 하면서 공부하는 학생이 '100점이 안 나오면 죽겠다'는 각오로 공부하는 학생을 절대 따라잡을 수 없다. 여기서 어른들이 섣불리 개입하면 일을 그르친다. 어른들의 생각에 공부에 도움이 될 것이라는 얘기를 아이들에게 해준다. 아이들이 먼저 조언을 구하지도 않았는데 말이다.

"공부 열심히 해라."

"최선을 다해라."

"나 때는 공부 그런 식으로 안 했다. 공부는 목숨을 걸고 하는 거야."

"수학은 말이야, 그렇게 하는 게 아니야. 이리 줘 봐."

흥미로운 점은, 조언을 하는 대부분의 어른들은 학창 시절에 공부를 썩 잘하지 못했던 사람들이다. 사실 잘 모르면서 도와주려고 하는 것처럼 방해가 되는 경우가 없다. 문제는 어른들이 요즘 아이들을 잘 모른다는 것이다. 어른들이 알고 있는 아이들은 옛날 본인들이 살았던 '구석기' 시대의 아이들이다. 더 큰 문제는 실제로 모르고 있는데 안다고 착각하는 것이다.

그렇다면 '요즘' 아이들이 공부에 대해서 어떤 생각을 가지고 있는지 알아보자. 초등학교 6학년부터 고등학교 3학년까지 80명 정도를 설문했다. 결과를 분석해 보니 학년 별로 공통점이 존재했다. 현재 대한민국에서 살고 있는 아이들은 공부에 대해서 어떠한 생각을 가지고 있을까? 먼저 아이들의 상태를 정확히 파악해야 도움을 줄 수 있지 않겠나.

어른들의 생각으로 세뇌당한 아이들

아래 설문지를 보면, 초등학교 6학년 학생이 공부하는 이유가 굉장히 어른스럽다. 그런데 곰곰이 생각해 보면 조금 이상하다. 과연 좋은 대학, 자아실현, 공부 아니면 할 게 없고, 많이 배워서 똑똑해지고 싶다는 초등학교 6학년 학생의 말이 자연스러운 것일까? 참고로 나는 초등학교 6학년 때 먹고 노는 것으로 하루를 채웠다. 공부 아니면 할 게 없다니? 초등학생이면 사실 노는 게 직업이다. 마치 본인들의 생각을 말하는 게 아니라 어른들이 듣고 싶은 말을 하는 것 같다. 맞다! 이것은 아이들의 생각이 아니라 어른들의 생각이다.

1. 학생의 성별은 어떻게 됩니까?   ✓① 여자   ② 남자

2. 학생의 학교와 학년은 어떻게 됩니까?
   ✓① 초등학교 __6__ 학년   ② 중학교 ____ 학년   ③ 고등학교 ____ 학년

3. 학생은 왜 공부를 해야 한다고 생각하십니까? 본인의 생각을 자유롭게 적어 보세요.

   ① 좋은대학에 가려고.
   ② 자기가 하고싶은 것을 이룰려고.
   ③ 학생은 공부아니면 할게별로 없어서.
   ④ 많은것을 배워서 똑똑해지려고.

그럼 왜 아이가 이런 생각을 가지게 되었을까? 주위 어른들이 끊임없이 이런 얘기를 하니까 세뇌가 되어버린 것이다. 초등학교 6학년이면 서투르더라도 자기 생각이 생기기 시작할 나이이다. 한 나라의 대통령이 되고 싶다거나 부와 명예를 누리는 톱스타를 갈망하는 시기이다. 혹은 나쁜 범인을 찾아내는 탐정이 멋져 보여서 셜록홈즈를 꿈꾸거나, 뜬금없이 투명인간이 되고 싶어 할 수도 있다. 속세의 틀에 갇힌 사고방식이 아닌 다양한 생각들로 미래를 그리기 시작할 나이다. 다소 엉뚱하더라도 괜찮다. 아이들은 어설픈 것이 정상이니까. 그런데 아이들의 생각이 자라나기도 전에 어른들의 생각으로 아이들의 머릿속을 꽉 채워버린 것은 아닐까?

1. 학생의 성별은 어떻게 됩니까? ①여자 ✓   ②남자

2. 학생의 학교와 학년은 어떻게 됩니까?
①초등학교 _____ 학년 ②중학교 ✓ 1 학년 ③고등학교 _____ 학년

3. 학생은 왜 공부를 해야 한다고 생각하십니까? 본인의 생각을 자유롭게 적어 보세요.

① 엄마가 원해서 ② 아빠가 원해서 ③ 돈을 벌려고 ④ 대학가려고
⑤ 내가 하고싶은 것을 하려고

어려서부터 어른들의 생각으로 머리를 꽉 채운 아이들은 중학생

이 되어서도 다른 생각을 하지 못한다. 부모님이 공부를 하라고 해서 할 뿐이다. 물론 이것이 잘못되었다는 것은 아니다. 아마 전국의 대다수 아이들이 비슷한 생각을 가지고 있을 테니까.

　문제는 이런 생각을 가지고 공부를 하는 아이들이 결국에는 학업을 포기하는 지경에 이른다는 것이다. 5, 6, 7, 8, 9등급에 있는 고등학생들이 다 이런 생각으로 공부를 시작했던 아이들이다. 다시 말해 이러한 세뇌 교육으로 공부를 시작할 수는 있지만 공부를 완성할 수는 없는 것이다. '엄마가 원해서', '아빠가 원해서'라는 이유로 고3까지 열심히 공부할 수 있다면 전국은 우등생들로 넘쳐날 것이다. 이러한 세뇌의 효과는 초등학교 때까지 잠시 지속되는 듯하다가 중학교에 올라가면 순식간에 증발해 버린다. 물론 이는 우리나라만의 특성은 아니다. 외국의 연구를 보더라도 아이들이 공부하는 이유가 '공부를 하지 않으면 부모님, 선생님에게 혼난다'는 것이다.

　좀 더 커서 중학교 2학년이 되면 공부를 하는 이유가 한마디로 압축이 된다. 바로 '돈'이다. 자본주의 사회에서 돈이 있으면 인간답게 먹고사는 것이고 돈이 없으면 거지가 된다. 틀린 얘기는 아니지만 쓴웃음이 난다. 이 역시도 아이들이 경험적으로 체득했기보다는 어른들의 생각이 주입된 결과이다. 공부하는 이유가 '돈' 때문이라는 중학생들의 모습과 일하는 이유가 '돈' 때문이라는 어른들의 모습이 묘하게 겹친다. 결국 아이들은 원하든 원치 않든 어른들의 모습을 닮아가는 것이다.

1. 학생의 성별은 어떻게 됩니까?　①여자　✓②남자

2. 학생의 학교와 학년은 어떻게 됩니까?
①초등학교 _____ 학년　✓②중학교 __2__ 학년　③고등학교 _____ 학년

3. 학생은 왜 공부를 해야 한다고 생각하십니까? 본인의 생각을 자유롭게 적어 보세요.

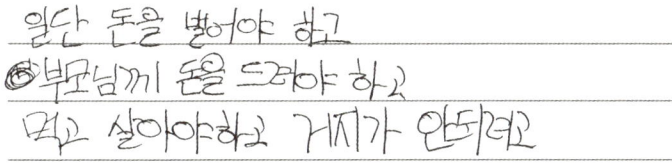
일단 돈을 벌어야 하고
②부모님께 돈을 드려야 하고
먹고 살아야하고 거지가 안되려고

그런데 이러한 아이들도 중학교 3학년이 되면 고민의 정점에 달한다. 학생들을 여러 해 동안 가르쳐 보니 그 나이에 보여주는 아이들의 행동양식이 꽤 비슷하다는 것을 알았다. 중1 아이들은 지나치게 해맑고, 중2 아이들은 감정 기복이 심하고, 중3 아이들은 얼굴이 굉장히 어둡다. 마치 고등학생이 되면 성적이 곤두박질칠 것이고, 거기서 올라가지 못하면 괜찮은 대학교는 갈 수 없고, 평생 힘들게 살게 될 것이 본인의 운명인 것처럼. 이런 중3 아이들의 특징을 한마디로 정의하면 '불안'이다. 중3은 불안하다. 그래서 공부에 관한 얘기만 나오면 입을 다물고 무기력해진다. 고통을 회피하는 건 모든 생명체의 본능이다.

1. 학생의 성별은 어떻게 됩니까?   ① 여자   ②✓남자

2. 학생의 학교와 학년은 어떻게 됩니까?
① 초등학교 _____ 학년 ✓② 중학교 __3__ 학년 ③ 고등학교 _____ 학년

3. 학생은 왜 공부를 해야 한다고 생각하십니까? 본인의 생각을 자유롭게 적어 보세요.
이런 질문은 나의 삶에 의미 없인다

아이들이 게임과 카톡에 매달리는 이유

어른들은 이런 아이들을 볼 때마다 "공부해라"라는 말만 앵무새처럼 반복한다. 그리고 아이는 아이대로, 어른은 어른대로 푸념한다.

"요즘 애들은 말을 안 들어."

"어른들하고는 말이 안 통해."

중3의 다른 이름은 예비 고등학생이다. 대한민국의 고등학생, 공부 이외에는 어떤 것도 허락되지 않는 신분이다. 아이들은 이러한 시기를 앞두고 본인의 상황을 잘 파악한다.

"나 조금 있으면 고딩인데, 큰일이다."

그리고 미래도 예측한다. 꽤 정확하게.

"나 이대로 가다가는 틀림없이 망할 텐데."

어른들은 성적 때문에 발생하는 이 불안감을 아이들이 공부를 열심히 해서 해소하길 바란다. 그런데 아이들은 어른들의 생각과는 전

혀 다른 방법으로 문제를 해결한다. 바로 현실을 등지고 가상현실로 가는 것이다. (몇몇 아이들은 현실을 등지고 하늘나라로 가기도 한다.)

여기서 남자와 여자가 선택하는 방법이 약간 다른데, 남자는 주로 게임을 하고 여자는 주로 대화를 한다. 남자의 DNA에는 경쟁을 통해서 승자가 되고 싶은 욕구가 있다. 그래서 현실에서 승자가 될 수 없는 아픔을 게임에서나마 승리하여 대리만족을 느끼는 것이다. 현실에서 1등이나 1등급을 받는 학생이 게임중독에 걸린 사례는 없다. 현실에서 이미 승리에 대한 욕구를 채웠기 때문이다. 수준별 이동수업 D반의 현실과 게임 속 레벨 99의 캐릭터 중에서 아이들은 늘 레벨 99의 삶을 갈망한다. 바로 이것이 남자아이들이 틈만 나면 게임을 하는 이유다.

역시나 어른들은 이러한 아이들의 마음을 이해하지 못하고 "공부해라"라는 말을 반복한다. 게임에 열중한 아이에게 "게임 좀 그만하고 공부 좀 해라"라고 말하는 것은 '한 부대를 통솔하는 장군에서 공부 못하는 D반 학생으로 돌아가라'는 말이다. 아이들이 돌아가고 싶을까? 이와 다르게 여자는 입장이 비슷한 친구들과 대화를 하면서 서로 공감하고 위로한다.

"나 어떻게 해. 이번 시험 망했어."

"어, 정말? 몇 점 나왔는데?"

"몰라, 채점 안 해봤어. 찍은 거 다 맞아 봐야 70점도 안 나올 것 같아."

"장난해? 나는 39점이야."

나보다 힘든 사람의 얘기는 나에게 힐링이 된다. 반면에 나보다 잘 사는 사람의 얘기는 나를 더 힘들게 한다.

"나 어떻게 해. 이번 시험 망했어."

"어, 정말? 나도 잘 못 봤는데. 다행이다. 나 혼자 망한 건 아니었네."

"찍은 거 다 맞아 봐야 70점도 안 나올 것 같아. 너는 몇 점이야?"

"나 이번에 하나 틀렸어. 만점이 안 나온 적은 처음이야. 아무래도 1등은 못 할 것 같아. 큰일이야."

"……."

이래서 전교 2등과 전교 200등이 여간해서는 친한 친구가 되지 않는다. 영화 〈여고괴담〉에서도 전교 2등이 전교 1등을 옥상에서 밀지, 전교 289등이 288등을 미는 경우는 없다. 오히려 289등과 288등은 사이가 좋다. 서로 위로가 되는 관계니까. 하지만 이는 아이들에게서만 보이는 행동양식이 아니다. 퇴근길 지하철이나 버스를 타 보면 알 수 있다. 괴로운 사회생활의 현실을 잊기 위해 휴대폰으로 게임과 대화에 몰두하는 어른들의 모습을 쉽게 확인할 수 있다.

어쨌든 중학교를 졸업한 아이들은 드디어 대한민국 고등학생이 된다. 고등학생이 되면 현실은 더욱 냉정해진다. 우리나라에서 고등학생에 대한 모든 것은 이 질문 하나로 평가한다.

"너 몇 등급이냐?"

이는 마치 도축된 돼지에게 등급을 매기는 것과 유사하다. 본인이 몇 등급인지 죽은 돼지는 말이 없다. 아이들도 본인이 받은 등급에 대해서 어떤 핑계도 대지 않는다. 그저 말없이 받아들일 뿐이다. 모든 말이 변명이라는 것을 고등학생 정도가 되면 인지하기 때문이다. 그리고 공부에 대해서뿐만 아니라 아예 생각이란 걸 하지 않는다. 어차피 답이 안 나오는 현실을 생각하면 괴로우니까. 그냥 사는 것이다. 아무 생각 없이. 공부도 '그냥' 한다.

1. 학생의 성별은 어떻게 됩니까? ① 여자   ②✓ 남자

2. 학생의 학교와 학년은 어떻게 됩니까?
① 초등학교 _____ 학년 ② 중학교 _____ 학년 ③✓ 고등학교 __1__ 학년

3. 학생은 왜 공부를 해야 한다고 생각하십니까? 본인의 생각을 자유롭게 적어 보세요.

<u>그냥한다 아직 학생만 같을 정하지 못해서 그냥 하고싶다</u>

> **정리하면**
>
> 공부를 힘들어하는 아이들을 보고 있으면 애가 탄다. 어른들은 뭐라도 도움을 주고 싶어 한다. 그러나 아이들의 공부에 대해서 어른들이 섣불리 개입하면 오히려 일을 그르치는 경우가 많다. 요즘 아이들을 잘 모르면서 도와주고 싶은 마음이 앞서기 때문이다. 그래서 요즘 아이들이 공부에 대해 어떤 생각을 하고 있는지 조금이나마 살펴보았다.
>
> 설문을 종합해 보면, 초등학교 때 아이들은 부모님의 생각에 따라서 움직인다. 시키는 대로 공부를 하지만 당장 중학교만 올라가도 아이들은 부모님의 생각대로 움직이지 않는다. 그리고 모든 아이들이 이구동성으로 하는 말이 있다. 대학 가서 돈을 잘 벌기 위해 공부를 한다는 것이다. 이것이 아이들이 경험하거나 스스로 생각해낸 것일까? 아니면 어른들과 사회에서 아이들에게 주입한 것일까? 더 중요한 질문은 과연 이런 주입된 생각이 아이들이 공부하고 균형 잡힌 어른으로 성장하는 데 도움이 되는지이다.
>
> 만약 이런 생각이 아이들의 학업과 성장에 도움을 주지 못한다면 어른들은 어떻게 해야 할까? 문제점을 바로 인식하고, 우리 아이들을 어떻게 하면 조금이라도 더 나은 방향으로 이끌 수 있는지 함께 고민해 봐야 하지 않을까?

아이가
공부를 잘하고 있는지
확인하는 방법

"선생님, 전화를 드릴까 말까 계속 고민하다가 이렇게 연락드립니다. 하아…… 우리 애가 중1 때는 공부를 곧잘 했는데 요즘은 성적이 계속 떨어지고 있어요. 이렇게 해서 SKY는 갈 수 있을지 너무 걱정이 됩니다. 아이는 열심히 하고 있다고 말은 하는데, 이번 시험 성적을 보면 기가 차서 말이 안 나와요. 차마 말씀드리기도 힘든 점수를 받아 왔어요. 잘못 본 건 아닌지 여러 번 확인했어요. 어떻게 단시간에 그렇게 점수가 떨어질 수 있죠? 학원에서 수업은 잘 따라가고 있나요? 너무 답답해요, 선생님. 누가 좀 확실하게 말해줬으면 좋겠어요. 얘가 정말로 가능성이 있나요?"

수화기 넘어 들려오는 어머니의 목소리는 절규에 가까웠다. 나는 어머니의 목소리를 통해 아이가 왜 성적이 떨어졌는지 알 수 있었다. 매일같이 그렇게 닦달해 대는데 성적이 떨어지지 않는다면 그게 더 이상할 것이다.

물론 궁금하고 혼란스러운 마음은 이해가 된다. 한창 공부해야 할 시기에 성적이 떨어지고 있으니 얼마나 걱정이 크겠는가? 더군다나 국내 최고의 대학교에 아이를 보내겠다는 기대를 하고 있는 걸로 보아 실망은 상상 이상일 것이다. 하지만 아이는 이제 중학교 2학년이다. 초등학교 시기를 제외하면 겨우 1년 정도 공부한 것이다. 그런 아이에게 너무 부담을 주는 것은 아닌지 스스로 돌아볼 필요가 있다.

때로는 공부에 대한 압박이 필요한 아이도 있다. 하지만 적당한 긴장감은 집중에 도움이 되지만 너무 큰 스트레스를 주면 역효과가 난다는 것을 기억하자. 결국 어머니가 알고 싶었던 것은 이것이었을 것이다.

"우리 아이가 공부는 잘하고 있나요?"

정도의 차이가 있겠지만, 학부모라면 누구나 아이가 공부를 잘하고 있는지 궁금할 것이다. 그런데 이를 정확히 파악하기란 쉽지 않다. 아이에게 물어보면 알 수 있을까? 아이는 이렇게 생각할 것이다.

'내가 공부를 잘하고 있나? 학교 끝나고 학원에 가서 열 시까지 있으니까 열심히 하고 있는 것 같은데. 근데 그렇게 죽어라 열심히 하는 것 같지는 않고…….'

명확히 공부를 잘하고 있다, 아니다, 단정적으로 말하기 어려운 문제다. 우리 어른들도 이렇게 질문 받았다고 생각해 보자.

"당신은 잘 살고 있나요?"

여기서 자신 있게 "네, 저는 정말 잘 살고 있습니다." 또는 "아니요, 저는 정말 못 살고 있습니다."라고 대답할 수 있는 사람이 얼마나 있을까? 대부분 그 중간쯤 어딘가에 위치해 있는데 이게 말로 정확히 표현하기 어렵다는 것이다.

아이를 가르치는 학교 선생님은 잘 알고 있지 않을까? 그러나 학교 선생님에게 전화해서 물어보는 것은 불가능하다고 봐야 한다. 내 아이의 성적을 주는 권한이 있는 사람에게 그런 전화를 걸 수 있는 학부모는 대한민국에 없다. 남은 사람은 현실적으로 학원, 과외 선생님 등이다. 그런데 이들도 마찬가지로 아이가 공부를 잘하고 있는지 아닌지 한마디로 표현하기 힘들다. 우리는 본인이 잘 살고 있는지도 정확히 모르지 않는가? 그래서 이렇게 말할 수밖에 없는 것이다.

"네, 어머니. 아이가 노력은 하고 있어요."

노력은 하고 있다. 이를 어떻게 해석해야 할까?

'얘가 정말로 요즘에는 노력을 하고 있나? 이게 집에서는 탱자탱자 놀지만 그래도 학원에서는 열심히 하는 걸까? 아니면 그저 빈말로 하는 건가?'

질문에 대한 답을 듣고 궁금증이 사라진 게 아니라 질문이 계속 꼬리에 꼬리를 문다. 그래서 앞서 전화를 건 어머니 사례처럼 감당하기 힘든 스트레스에 고통받게 되는 것이다.

자녀의 책상을 확인해 보자

아이가 공부를 잘하고 있는지 본인에게서도 다른 사람을 통해서도 알기 힘들다. 그런데 이는 어렵지 않게 확인할 수 있다. 아이가 학교에 가 있을 때 아이의 방으로 들어가자. 그리고 책상을 보면서 한번 생각해 보자. 이게 과연 공부를 잘하고 있는 아이의 책상인지 아닌지. 어렵게 생각할 것 없이 상식적인 잣대로 들여다보면 된다.

아이들의 책상은 어머니가 그렇게 알고 싶었던 것을 소리 없이 말하고 있었다. 보고 느낀 그 느낌이 맞다. 물론 성격이 깔끔한 아이는 공부를 안 해도 책상을 깨끗하게 정리해 놓고, 공부를 열심히 하지만

치우는 데 서투른 아이도 있다. 아이의 그런 특성도 감안해서 판단하면 된다.

만약 아이는 공부를 잘하고 있다고 말하는데 책상은 다른 얘기를 하고 있다면 어느 쪽을 더 신뢰해야 할까? 사람은 거짓말을 하지만 책상은 거짓말을 하지 않는다. 혹시 아이의 책상을 보고 호흡이 거칠어지고 심장이 쿵쾅거린다면 냉정을 되찾아야 된다. 더욱이 이런 생각이 들면 위험하다.

"공부 열심히 하라고 해달라는 것은 다 해주는데, 책상이 이게 뭐야? 내 이놈의 자식 들어오기만 해 봐라. 오늘은 그냥 안 넘어갈 테니!"

이렇게 한바탕 소란을 피우고 아이의 책상을 정리시키고 나면 문제가 해결될까? 내일부터 아이는 공부를 열심히 하고 정리도 잘할까? 아니다. 일주일만 지나면 다시 원위치로 돌아올 것이다. 아이의 부족한 점을 한 번 지적하고 혼내는 것은 잔소리 그 이상도 이하도 아니다.

어떤 어머니는 아이의 책상과 방을 직접 정리 정돈해 주는 방법을 선택하기도 한다. 그러나 이는 아이를 더 의존적으로 만드니 교육적으로 바람직한 방법이 아니다. 결국 어른의 역할은 아이가 스스로 할 수 있게 이끌어 주는 것이다. 한 번 말하고 끝나면 '잔소리'가 되지만 오랫동안, 꾸준히, 일관되게 말하면 '규칙'이 된다.

전문가들에 따르면 습관을 바꾸는 데 6개월에서 1년 정도가 걸린다고 한다. 그런데 중요한 것은 '어른이 규칙을 만들고 아이는 따라야 한다'는 방식으로 접근하면 아이는 반발한다. 이는 아이뿐만 아니라 사람은 원래 남이 시키는 일에는 열정이 생기지 않는 법이다.

회사에서 상사가 업무 지시를 할 때 받았던 느낌을 떠올려 보자. 그 일을 왜 하는지, 얼마나 중요한지, 하고 나면 어떤 결과가 기다리는지 모르고 한다면 마지못해서 하게 된다. 반면 회의 시간에 본인이 제출한 기획서가 발탁되어 그 일을 하게 되면 엄청난 자발적 동기가 생긴다. 그러므로 일방적으로 강요하기보다는 아이가 스스로 선택해서 할 수 있도록 어른은 조력자의 역할을 해야 한다. 이를 위해 무엇보다 문제의식의 공유가 선행되어야 한다. 그리고 문제를 해결해 나가는 '과정'에서부터 아이와 함께해야 한다.

그런데 스스로 정리 정돈하기로 결심했어도 아이는 계속 옛날 습관으로 돌아가려고 할 것이다. 이때 아이가 다소 부족하고 기대에 못 미치는 모습을 보여도 잔소리, 훈계, 짜증을 내는 것은 아이의 습관 형성에 도움이 안 된다.

그러면 아이가 실망스러운 모습을 보일 때는 어떻게 하면 좋을까? 올라오는 화를 가라앉히고 효과적인 방법으로 접근해야 한다. 추천하는 방법은 '체크리스트'를 만드는 것이다. 빈 종이에 정리하기로 한 날짜를 써 놓고 실제로 이행을 하면 O 표시를, 하지 않은 날에는 X 표시를 하는 것이다. 별것 아닌 것처럼 보여도 생각보다 효과가 좋다. 많은 교육 현장에서 검증된 방법이고 그렇게 어렵지도 않으니 큰 기대 없이 해보면 좋다. 본인의 성실도가 실제 눈으로 확인되니 아이도

★ ★ ★ 체크리스트 예시 ★ ★ ★

일일 정리 정돈 체크리스트		작성자	홍길동
		작성일	2017년 1월 1일
		관리자	엄마

일자	확인		내용
1월 1일 일요일	O		책장 정리, 과목별 교과서 문제집 정리
1월 4일 수요일	O		서랍 정리, 삼색 볼펜 발견
1월 8일 일요일	O		책상 정리, 잊었던 수행 평가 프린트 확인
1월 11일 수요일		X	학교 수련회
1월 15일 일요일	O		서랍 정리, 예전에 사 놓았던 노트 발견
...	...		...

적극성이 생긴다. 이 체크리스트는 후에 계획을 세우고 공부를 하는 데 긍정적으로 활용될 수도 있다.

　더 큰 효과를 보려면 아이가 정리하기로 한 시간에 부모님도 정리를 하면 좋다. 서랍 정리든 옷장 정리든 세탁물 정리든 어떤 것이든 상관없다. 원래 사람은 다른 사람이 하는 것을 따라 하는 경향이 있다. 더군다나 본인이 정리하기로 한 시간에 부모님이 정리하고 있는 걸 보게 되면 아이는 무언의 압박이 든다. 아이가 정리하기로 한 시간에 부모님이 모범을 보이는 집 또는 잔소리를 하는 집, 어떤 집의 아이가 먼저 정리하는 습관을 갖게 될까?

　이와 관련 있는 재미있는 일화가 있다. 미국 대학 농구팀 감독이었던 프레스 마라비치는 아들을 농구 선수로 키우고자 했다. 크리스마스 선물로 농구공을 사주었는데 아이가 관심이 없어 보였다. 여기서 아버지가 취한 방법은 무엇이었을까? 바로 아들이 볼 때마다 마당에서 농구를 했다. 아들은 곧 아버지와 함께 농구를 하게 되었고, 마침내 NBA에서 활약하는 선수로 성장했다.

자녀의 가방 속을 확인해 보자

책상만 봐서는 공부를 잘하고 있는지 판단하기 어려운 경우도 있다. 또 집에서 공부를 하지 않는 아이라면 책상이 판단의 기준이 될 수 없다. 이럴 때는 아이의 가방 속을 한번 확인해 보자. 책을 다루는 아이의 태도와 책 속의 내용을 다루는 아이의 학습 태도는 꽤 밀접한 관계가 있다. 아이가 공부하는 모습을 직접 볼 수 없으니 책을 다루는 모습을 통해서 이를 유추해 보자는 것이다.

중2 현수를 처음 봤을 때 여느 학생과 마찬가지로 공부에는 별 관심이 없고 학습 능력도 평범해 보였다. 그런데 두 달 정도 가르쳐 보니, 공부에 별 관심이 없는 것은 맞지만 학습 능력은 또래보다 좋았다. 그래서 점점 더 학습량을 늘려 보았다. 교사가 가르치는 학생에 대해서 우선적으로 알아야 할 것은 그 아이가 하루에 소화할 수 있는 학습량이다. 많은 연구 결과 학습량이 학습자의 용량을 넘지 않을 때, 학습자는 오히려 더 많은 것을 기억하는 것으로 나타났다. 주관적인 판단이지만 현수는 상위권 아이들과 경쟁할 수 있는 역량을 가진 것으로 보였다.

"현수야, 지금은 네가 그동안 공부를 안 해서 성적이 저조하지만, 넌 열심히 하면 공부를 잘할 수 있다."

"네, 알아요. 저 원래 공부 잘했어요."

이렇게 받아치는 게 아닌가? 스스로도 본인의 능력을 알고 있었던 것이다.

드디어 시험을 봤다. 시험 난이도는 평이했다. 대부분의 아이들이 80~90점대의 영어 성적을 받았다. 그런데 현수는 영어점수가 66점이 찍힌 성적표를 들고 왔다.

"너 뭐냐?"

"뭐가요?"

"점수가 이게 뭐야?"

"제 점수가 어때서요? 원래 이 정도 나와요. 그나마 좀 오른 건데."

"그게 아니라, 시험 전날 테스트 봤을 때는 몇 개 안 틀렸잖아?"

"아, 어쩔 수 없어요. 수행하고 태도에서 다 깎였어요."

얘기를 들어보니 몇몇 선생님들에게 찍혀서 본인에게만 수행 점수와 태도 점수를 박하게 준단다. 현수 외에도 이렇게 주장하는 아이들이 종종 있다. 그러나 우리가 어떤 사안에 대해서 판단할 때는 한쪽의 얘기만 듣고 결정하는 것은 지양해야 한다. 상대편 얘기도 들어봐야 한다. 보통 양쪽이 상반되는 주장을 할 때 양쪽 얘기를 조합해 보면 진실에 다가가는 경우가 많다. 그런데 현실적으로 선생님에게 확인할 수 있는 방법이 없다. 그리고 평소 현수의 건들거리는 태도로 보아 어른들에게 미움을 살 수도 있겠다 싶었다. 정작 현수는 성적에 별로 개의치 않는 듯 싱글벙글이었다.

어쨌든 수업을 시작하기 위해 아이들에게 교재를 꺼내라고 말했다. 그런데 현수는 가방 속만 계속 뒤적이고 있었다.

"어…… 이상하다? 분명히 가방 속에 넣어둔 기억이 나는데."

현수의 가방 속을 힐끗 보았다. 그 안에는 책과 프린트가 뒤엉켜 있었다. 마침 시험도 끝났고 급할 게 없어서 현수에게 가방을 정리하라고 시켰다. 가방 속에 있는 내용물을 다 꺼냈을 때 현수가 좋은 역량을 가지고도 왜 그렇게 저조한 점수를 받았는지 알 수 있었다.

현수의 가방 속은 아수라장이었다. 책가방에는 책이 없었다. 대신 쓰레기들로 가득 차 있었다. 게다가 선생님들이 나눠 준 프린트가 한 장도 멀쩡하지 않았다. 구겨지고 찢어져서 형체를 알아보기 어려웠다. 프린트는 선생님들이 교과 내용을 요약 정리해서 주는 경우가 많

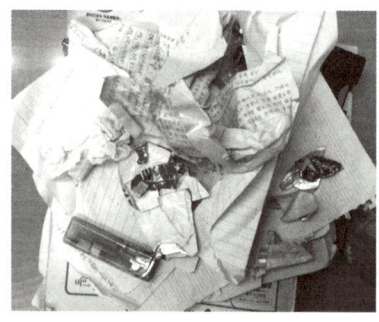 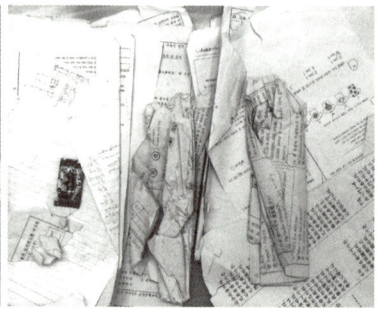

은데 이렇게 소중한 교육 자료를 함부로 다루니 공부를 잘할 수가 없는 것이다. 보통 한 시험에서 수행 점수가 20~40점까지 차지하는데 수행과 관련된 프린트도 다 찢겨 있었다.

공부를 열심히 하는 학생들은 선생님이 나눠 준 프린트를 절대 잊어버리는 법이 없다. 그러니 가방 속만 봐도 아이의 학업 수준을 꽤 정확하게 예측할 수 있는 것이다. 그리고 라이터가 있는 걸로 미루어 짐작컨대 담배를 피우는 것이 의심되었다. 슬쩍 추궁해 보니 라이터는 친구의 것이고 본인은 죽어도 담배를 피우지 않는다고 펄쩍 뛴다. 이렇게 격한 반응은 대체로 나쁜 짓을 하다가 들켰을 때 나온다. 심지어 저 음료수 병은 한 달 전에 친구에게 얻어먹은 것이란다.

어쨌든 현수는 매일 이렇게 다 쓴 책과 노트, 구겨진 프린트 그리고 쓰레기를 가방 속에 넣어서 들고 다녔던 것이다. 그런데 더 비극적인

사실은 현수는 가방 속에 어떤 책과 프린트가 있는지 전혀 기억하지 못했다. 일일이 친구의 도움을 받아가며 그게 어떤 것인지 파악했다.

"야, 이거 뭐냐?"

"그거 지난주에 학교에서 국어 쌤이 준 거잖아."

"아, 그래? 그럼 버려도 되겠군. 이건 뭐지?"

"그게 머였더라? 아, 지난달에 수련회 가기 전에 담임 쌤이 준 거잖아."

"그래? 그럼 이것도 필요 없는 거고. 이건 머였더라?"

"그건 1학기 중간고사 때 한문 쌤이 준 거잖아! 그게 아직도 있냐?"

"아, 그런가? 맞네."

이를 어떻게 해석해야 할까? 그저 정리를 잘 못하는 보통의 중학생으로 이해해야 하는 것일까? 아니다. 가방은 그 주인의 머릿속을 나타낸다고 보면 된다. 현수의 머릿속은 자기 가방 속처럼 공부한 내용 조금과 여기저기서 보고 들은 지식들이 두서없이 엉켜 있고, 나머지는 잡생각들로 가득 차 있다고 보면 틀리지 않을 것이다. 이런 현수에게 가장 시급한 것이 학교 수업일까, 학원 수업일까? 아니면 정리 정돈하는 습관일까?

공부는 머릿속에 지식을 정리해 나가는 과정이다. 공부를 잘하는 아이들은 머릿속에 지식들이 잘 정리되어 있다고 볼 수 있다. 그리고 그런 학생들은 십중팔구 가방 속에 그날 공부할 책이 순서대로 들어가 있다. 반면에 가방이 어지러운 학생은 머릿속도 혼란스럽다고 보면 대체로 맞다. 그런 상태로 학교와 학원을 오가며 공부해 봤자 성적은 늘 제자리걸음이다.

그렇다고 섣불리 아이를 다그치지 말자. 혼내서 문제가 해결된다면 전국에 이러한 문제로 인한 갈등은 사라졌을 것이다. 책상과 마찬가지로 가방도 정리하는 습관을 잡아줘야 한다. '가방을 정리한다고 뭐가 달라지겠어? 귀찮기만 하지.'라고 생각할 수도 있다. 하지만 가방을 꾸준히 정리시키면 학습 태도와 성적이 향상된다는 연구 결과가 있다. 가방을 정리하면서 중요한 프린트를 다시 한 번 보게 되고, 어떤 숙제를 언제까지 제출해야 하는지도 다시 한 번 확인하게 된다는 것이다. 이런 아이가 가방 속에 무엇이 들어 있는지도 모르는 아이들보다 공부를 더 잘하게 되는 것은 당연하다.

지인이 운영하는 한 학원에는 특별한 규칙이 있다. 모든 학생이 학원에 오자마자 무조건 가방과 개인 사물함을 정리해야 하는 것이다. 처음에는 반신반의했는데 할수록 아이들의 모습이 눈에 띄게 달라진단다. 원장의 말을 직접 들어보자.

> "특히 학업에 어려움을 겪는 아이일수록 그 효과는 더 큽니다. 성적만 달라지는 것이 아니라 아이들의 태도도 긍정적으로 변해요. 더 약속을 잘 지키고, 지각, 조퇴, 결석이 줄어들고, 수업 태도도 좋아지고, 자습 시간에 학습 효율도 올라갑니다."

그도 그럴 것이 내일 쪽지시험이 있는 것을 알고 있는 학생과 그렇지 못한 학생의 마음가짐이 같을 수가 없는 것이다. 정리하는 습관은 생각보다 아이들의 삶에 큰 영향을 미친다.

아이의 책상과 가방을 정리하는 습관에 이렇게까지 신경을 써야 하는지 의문이 생길 수도 있다. 그러나 교육 현장에서 많은 아이들을 지켜본 결과 공부는 단지 공부 자체의 문제만은 아니라는 결론에 이르렀다. 그 사람은 아무 것도 변한 것이 없는데 단지 공부를 좀 더 열심히 한다고 해서 성적이 달라지는 경우는 별로 없다. 공부를 잘하기 위해서는 보다 더 근본적인 변화가 필요한 것이다. 그중의 하나가 정리 정돈하는 습관이다.

공부도 결국 지식을 머릿속에 정리해서 넣는 것이다. 이렇게 한 번 바뀐 습관은 아이의 평생 자산이 된다. 재산을 물려주어도 탕진하면 끝이다. 그러나 습관을 물려주면 아이가 평생 부모에게 감사하게 된다. 이런 습관은 학교를 졸업하고 사회에 나가서도 빛을 발한다. 요컨대 어린 시절에 습관이 달라지면 공부뿐만 아니라 이후의 삶이 긍정적인 방향으로 바뀌는 것이다.

> **정리하면**

아이가 공부를 잘하고 있는지 많은 학부모들이 궁금해한다. 그런데 이를 확인하는 것은 생각처럼 쉬운 일이 아니다. 아이에게 물어봐도 선생님에게 물어봐도 속 시원한 대답을 듣기 어렵다. 이럴 때 아이의 책상과 가방 속을 한번 확인해 보자. 의외로 객관적인 정보를 얻을 수 있다. 책상과 가방은 그 주인의 학업 상태를 가감 없이 일러주기 때문이다.

그러나 흥분해서 잔소리를 퍼붓는 것은 금물이다. 중요한 것은 아이의 상태를 정확히 인지하고 발전을 모색하는 것이지 아이를 혼내는 것이 아니다. 그리고 아이를 혼낸다고 해결될 문제도 아니다. 아이는 엄마가 갑자기 왜 화를 내는지도 모른 채 놀란 토끼 눈을 하고 핑계대기 바쁠 것이다. 그리고 며칠만 지나면 다시 원점으로 돌아올 것이다. 그러니 보다 더 근본적으로 아이의 습관을 고쳐주어야 한다. 아이의 습관은 절대 말 한마디로 쉽게 바뀌지 않는다. 지속적으로, 꾸준히, 일관되게 말해야 잔소리가 아닌 규칙이 된다.

아이의 습관 형성에 도움이 되는 한 가지 방법을 추천하면 '체크리스트'를 활용하는 것이다. 체크리스트는 간단하지만 잘 활용하면 생각보다 큰 효과를 볼 수 있다. 그리고 이 체크리스트는 후에 아이의 학업 계획에도 적용될 수 있다.

혹시 우리 아이가
성적 들러리는 아닐까?

학생들은 오전부터 학교를 마칠 때까지 수업을 듣는다. 그리고 학원에 가서 다시 수업을 듣는다. 대한민국 학생들이 하루 중에 가장 많이 하는 일은 수업을 듣는 것이다. 그런데 궁금증이 생긴다. 과연 우리 아이는 수업 시간에 공부를 잘 따라가고 있는 걸까? 몇몇 부모님은 전화해서 아이가 요즘 잘하고 있는지 물어보기도 한다.

"안녕하세요, 저 원섭이 엄마예요."

"아, 예. 어머니 안녕하세요."

"제가 일하느라 바빠서 아이를 잘 볼 시간이 없네요. 요즘 애가 잘 하나요?"

"원섭이는 별다른 문제는 없어요. 수업도 열심히 듣고, 숙제도 성실하게 해 오는 편이에요."

"아, 그래요? 다행이네요. 다 선생님 덕분입니다."

"아니에요. 원섭이가 알아서 잘하는 거죠, 뭐."

"네, 선생님만 믿습니다. 앞으로도 잘 부탁드립니다~"

아이가 공부를 열심히 하면 선생님과 부모님의 대화는 이렇게 훈훈하게 마무리된다. 그런데 사실 이런 통화는 별로 없다. 대부분의 아이들이 학업에 어려움을 겪기 때문이다.

"안녕하세요, 다빈이 엄마예요."

"아, 예. 어머니 안녕하세요."

"선생님, 전화를 드릴까 말까 한참 고민했는데요, 하아…… 다빈이가요……."

"네……(뭔가 불길한 예감이 든다)."

"이번에 가져온 성적표를 봤는데요."

"아, 예……(불길한 예감은 항상 틀리지 않는다)."

"80점 넘은 과목이 하나도 없네요."

"아, 네……."

"얘가 뭐가 문제일까요?"

"……."

정적이 흐른다. 가르치는 사람으로서 무슨 말을 해야 할까? "한다고 열심히 가르쳤는데 아이가 따라오질 못하네요."라고 말하는 것은 책임을 전가하는 것이다. 코치의 능력은 지도하는 선수의 성적으로 평가되고, 교사의 능력은 가르치는 학생의 성적으로 평가되는 것이다. 그렇다고 "죄송합니다. 다 제 잘못입니다.", 이렇게 말할 수 있는 상황도 아니다. 학부모가 그런 말을 듣자고 전화한 것이 아니기 때문이다.

학교는 성적을 주는 권한을 가지고 있기 때문에 생활 문제가 아닌 성적 문제로 부모님이 먼저 연락하기 어렵다. 학원은 되도록 아이가 학원에 오래 다니길 바라기 때문에 진실을 은폐(?)하는 경우가 많다. 사실은 문제가 있는데도 이를 드러내지 않고 일단 덮어두는 것이다.

그러다 보니 일부 아이들은 많은 학부모들이 내 아이는 아닐 거라고 굳게 믿고 있는 '성적 들러리'가 되기도 한다. 어쩔 수 없이 어느 교실에나 들러리는 존재한다. 드라마를 보더라도 모두 주인공일 수는 없으니까. 그래도 우리 아이가 들러리가 되지는 않았으면 하는 것이 인지상정이다. 그러면 우리 아이가 들러리인지 아닌지 어떻게 알 수 있을까?

자녀의 시간표를 확인해 보자

다들 한 번쯤은 패키지여행을 갔던 경험이 있을 것이다. 패키지여행이 그렇듯 아침부터 저녁까지 빡빡한 일정이 기다리고 있다. 간단하게 아침 식사를 하고 관광 명소에 가서 가이드의 설명을 듣는다. 그리고 기념품 가게로 이동해서 이것저것 구경을 하다가 점심 식사를 한다. 소화가 되기도 전에 또 다른 곳으로 이동해서 쇼를 관람하고 사진을 찍는다. 이후에 유명하다는 거리에서 쇼핑을 하고 저녁을 먹는다. 다시 다른 곳으로 이동해서 가이드의 설명을 듣는데, 이제 이쯤 되면 무슨 말을 하는지 귀에 들어오지 않는다. 그리고 녹초가 되어서 호텔로 돌아온다. 이렇게 3일쯤 보내고 나면 휴가를 왔지만 일할 때보다 더 지쳐 있는 자신을 발견한다. 마지막 날 밤에 그동안 여행 와서 본 것을 떠올려 본다. 그런데 쉽게 떠오르지 않는다. 첫날, 이튿날, 그리고 마지막 날인 오늘 본 여러 장면들이 겹쳐서 떠오른다. 모든 것이 혼란스럽다. 그저 이것저것 '많이 봤다'는 사실에 만족한다.

요즘 아이들이 공부하는 모습도 이와 별반 다르지 않다. 아침 일찍 학교에 가서 오후까지 수업을 듣고, 집에 잠깐 들러서 허기를 채우고, 바로 학원으로 가서 밤까지 수업을 듣는다. 그리고 집에 와서 간식을 먹고 숙제를 한다. 아이들이 잠자리에 누워서 오늘 공부한 내용을 생각해 봤을 때 (이런 생각을 하는 경우도 매우 드물지만) 우리 아이는 다음 A와 B 중 어떤 경우와 더 비슷할까?

A: 아, 오늘 1교시 과학 시간에 암석의 구조에 대해서 배웠지. 석회암, 화강암, 퇴적암……. 2교시는 수학이었지. 원의 넓이를 구하는 공식이 '2파이R'이었나? '파이R제곱'이었던가? 3교시는 영어였지. 'to부정사'의 세 가지 용법에 대해서 배웠어. 명사적 용법, 형용사적 용법, 부사적 용법. 그리고 학원에서는 수학 시간에 '함수'를 배웠지. f(x) = ax + b에서 b가 y축에 나타나는 숫자를 얘기하는 거고. 영어는 분사구문을 배웠지, 접속사 생략, 주어 생략, 동사에 ~ing…….

B: 음, 오늘 뭘 배웠더라? 아이씨, 많이 배운 것 같은데 뭘 배웠는지 하나도 기억이 안 나냐? 에라, 모르겠다! 일단 많이 공부한 것 같으니 됐다. 졸린데 잠이나 자자!

결론부터 말하면, 수업을 듣는 것은 공부를 한 것이 아니다.
MIT대학교에서 흥미로운 실험을 했다. 한 대학생의 뇌파를 일주일 동안 측정했는데, 뇌가 가장 활성화되어 있을 때는 숙제하고 공부하고 시험을 볼 때였다. 그럼 뇌가 거의 활성화되어 있지 않을 때는? TV를 볼 때와 수업을 들을 때였다. 심지어 잠을 자고 있을 때가 TV를 보거나 수업을 들을 때보다 뇌가 더 활발하게 움직였다. 그러니 수업 시간에 자는 아이를 깨우는 것이 아이의 두뇌 활동을 방해하는 것일 수도 있다는 웃지 못할 결론에 이르게 된다.
자, 이제 우리 아이의 시간표를 확인해 보자. 아이의 시간표가 일주일 내내 수업으로 꽉 차 있다면 성적 들러리를 할 가능성이 높아진다. 배운 것을 소화할 시간이 없기 때문이다. 수업 시간에 설명하는 내용을 듣고 이해하지 못한다면 그 수업 시간의 주인공이 아니다. 이 경우 배운 내용을 자기 것으로 만들 시간이 가장 시급한 문제이다. 아이와 상의해서 무의미한 수업을 줄이고 진짜 공부를 할 수 있는 시간을 마련할 필요가 있다.

자녀의 책과 노트를 살펴보자

아이의 스케줄을 확인했으면 그 다음은 아이의 책이나 노트를 살펴볼 차례다. 책과 노트는 그 주인이 수업 시간을 어떻게 보내고 있는지 적나라하게 보여준다. 오히려 가르치는 선생님보다 더 객관적일 수 있다. 선생님들은 가르치는 방법과 열정에서의 차이가 있을 뿐, 전달하는 내용은 큰 차이가 없다. 다 교육 과정에 나와 있는 내용을 설명하는 것이다. 그래서 특별한 경우를 제외하고는 다른 수업을 들어도 성적에 변화가 없는 것이다.

아이의 책이나 노트를 보고 판단하는 별다른 기술은 없다. 그냥 펼쳐 놓고 상식적으로 판단하면 된다. 과연 이게 수업을 열심히 들은 사람의 책인지, 책을 펼쳐 놓고는 있었지만 딴생각을 하면서 시간을 보낸 것인지. 이는 누구나 판단할 수 있다. 필기가 잘되어 있으면 적어도 수업 시간에 딴짓을 하고 있는 것은 아니다.

그런데 같은 수업을 들은 아이들의 필기 수준이 꽤 차이가 나서 여전히 놀랄 때가 많다. 아이들의 성적이 다른 이유가 능력의 차이일까, 수업 태도의 차이일까?

고등학생 때였다. 수업 시간에 놓친 필기를 하기 위해 공부를 잘했던 친구의 책을 빌린 적이 있다. 그런데 책을 펼치고 충격을 받았다. 그 단원의 키워드는 형광펜으로 칠해져 있었고, 일반적인 필기는 파란색, 선생님이 중요하다고 강조한 내용은 빨간색으로 정리가 되어 있었다. 무성의하게 샤프로만 적어 놓았던 내 필기와 너무나 비교가

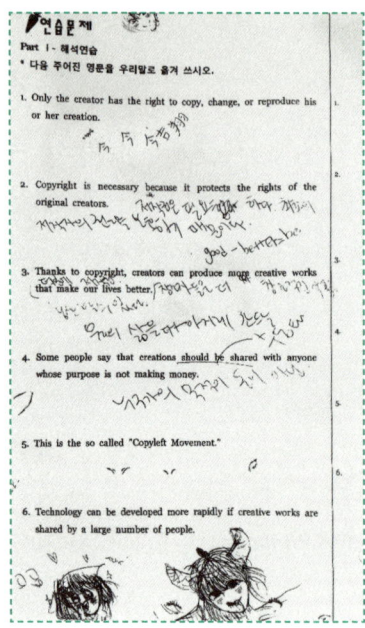 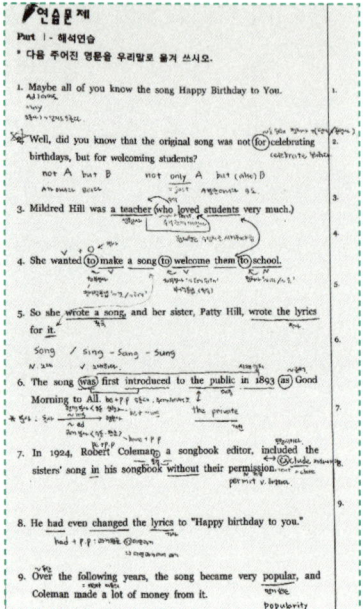

되었다. 이렇게 필기를 한 책으로 공부를 하면 어떤 부분이 더 중요한지 한눈에 파악할 수 있어서 성적이 안 좋을 리가 없다.

  이후로 그 친구를 따라 했다. 사실 초보자가 상급자로 가기 위한 지름길은 무작정 상급자를 따라 하는 것이다. 그렇게 지난번 시험과 비슷한 시간을 공부했는데 평균 5점이 올랐다. 학습량의 변화가 없었건만 어떻게 이런 변화가 가능했을까? 이전에 샤프로만 필기를 할 때는 그저 아무 생각 없이 칠판에 있는 내용을 옮겨 적을 때가 많았다. 그런데 형광펜과 파란색, 빨간색 볼펜을 활용하다 보니 '생각'을 하면서 수업을 듣게 되었다. '이거는 이 단원의 핵심 문장이니까 형광펜으로 칠하자.', '이 내용은 선생님이 중요하다고 했으니까 빨간색으로 써야지.' 수업 시간에 질적인 변화가 생긴 것이다. 그래서 단색으로 필기를 하는 학생을 보면 우선적으로 색깔 볼펜과 형광펜의 사용을 권장한다.

자녀의 필통 속을 확인해 보자

직간접적인 경험상 필기하는 방법만 바꿔도 성적은 달라진다. 그러나 필기하는 습관을 바꾸는 것은 결코 쉬운 일이 아니다. 사람은 해오던 습관을 바꾸는 것에는 본능적인 저항감이 있다. 변화는 필연적으로 고통을 수반하기 때문이다. 아이들에게 색깔 볼펜과 형광펜의 중요성을 설명하고 이를 권하면 대체로 두 가지 반응이 나온다.

첫째, 본인은 그냥 샤프로만 필기하는 것이 공부가 더 잘된단다. 물론 성적은 좋지 않다. 그럼에도 불구하고 본인의 방법을 고수하겠다고 단호하게 말한다. 그러니 방법이 없다.

"너는 선생님이 좋은 방법을 알려줘도 왜 시키는 대로 하지 않니? 그러니 성적이 그 모양이지!"

이렇게 말하고 싶어도 참아야 한다. 억지로 볼펜을 손에 쥐게 할 수는 있지만 강제로 공부를 시킬 수는 없기 때문이다. 특히 사람은 감정이 상해버리면 오히려 더 삐뚤어지는 경향이 있다.

둘째, 아이를 설득해서 필기를 열심히 하기로 합의를 해도 또 다른 문제가 기다리고 있다. 형광펜과 색깔 볼펜으로 필기를 하고 싶지만 지금 준비가 안 되어 있으니 다음 시간에 꼭 사가지고 오겠다고 약속을 한다. 물론 약속은 지켜지지 않는다. 3일이 지나고 일주일이 지나도 아이들은 준비물을 계속 잊어먹는다. 볼펜을 사오는 것도 기억하지 못하는 학생이 어려운 학업 내용을 기억할 수 있을까? 또 다른 핑계도 있다. 사오려고 했는데 돈이 없단다. 그런 아이들일수록 PC방에 가고 간식 사먹을 돈은 있다. 돈이 없는 것이 아니라 볼펜을 살 돈이 없는 것이다.

이처럼 교육 현장에서 만나는 아이들이 제대로 된 필기를 하기까지 걸리는 시간은 상당히 길다. 몇 달이 지나도록 필기도구를 '준비'조차 못하는 학생도 있다. 또 어찌어찌 준비했어도 금방 잃어버린다. 아니면 친구에게 빌려줬는데 못 받았단다. 그리고 필기를 못하는 것이 친구 때문이라며 억울해한다. 혹시 '우리 아이는 아니겠지?'라고 생각하는 부모님은 지금 아이의 필통을 한번 확인해 보길 바란다. 아이의 필통에 샤프 하나만 덩그러니 있다면 수업 시간에 아이가 어떤 모습으로 앉아 있을지 예상할 수 있는 것이다.

이렇게 수업 시간을 의미 없게 흘려보내면 1년이 아니라 10년을 공부해도 발전을 기대할 수가 없다. 이때 어른들이 할 수 있는 최악의 반응은 아이를 불러서 잔소리를 하는 것이다. 그리고 실제로 많은 어른들이 이 방법을 선택한다.

"너 책이 이게 뭐야? 공부를 하는 거야, 마는 거야?"

"아니, 갑자기 왜 그래요?"

아이 입장에서는 마른하늘에 날벼락이 떨어진 것이다.

"니 책하고 공책을 보니까 필기가 하나도 안 되어 있잖아! 편하게 공부하게 해주니까 세상 무서운 줄 모르고 어디 수업 시간에 딴짓을 하고 있어! 얼마나 힘들게 번 돈으로 공부시켜 주는데! 쫄쫄 굶어봐야 정신을 차리지! 이딴 식으로 할 거면 다 때려치우고 당장 기술이나 배워!"

"……."

이렇게 퍼붓고 나면 아이가 달라질까? 이런 말을 듣고 아이는 다음 중 어떤 생각을 할까?

A: 수업 시간에 필기를 안 하고 딴짓을 하다니 정말 잘못했구나! 앞으로는 열심히 해야겠다.

B: 갑자기 왜 이러는 거야? 아, 진짜 짜증나! 드라마 할 시간 다 되었는데 잔소리 좀 그만하지!

그럼 치밀어 오르는 화를 어떻게 하란 말인가. 일단 상황을 파악했으니 티내지 말고 조용히 알고만 있자. 섣불리 개입하려다가 역풍(?)을 맞을 수도 있다.

"너 책이 왜 이래? 왜 필기가 하나도 안 돼 있어? 공부는 제대로 하고 있는 거니?"

"엄마는 왜 허락도 없이 남의 책을 보고 그래?!"

아이가 사생활을 침해했다고 길길이 날뛰면 대처하기 힘들다. 일단 자식이라도 남의 물건을 주인 허락 없이 손댄 것은 사실이니까. 또 핑계의 내공이 높은 아이라면 더더욱 상대하기 어렵다.

"너는 수업 시간에 뭐 하는 거니? 왜 이렇게 책이 깨끗해?"

"이 선생님은 필기 안 하고 프린트로 정리해서 준단 말이야. 엄마는 잘 알지도 못하면서 갑자기 왜 그래?!"

이 또한 대조할 수 있는 증거가 부족하기 때문에 할 말이 없다. 그러므로 책을 보고 홧김에 잔소리를 하게 되면 아이의 행동을 고치지도 못할뿐더러 감정만 상하게 되는 결과를 초래할 수 있다.

모든 일은 타이밍이 맞아야 한다. 필기의 중요성을 알려줄 최적의 찬스는 아이들이 성적표를 가져오는 날이다. 성적표가 나오는 날이면 아이들은 죄인이 된다. 의기소침한 얼굴로 혼날 것을 각오한 아이들에게 평소처럼 잔소리를 하지는 말자. 오히려 자상하게 필기의 중요성을 설명하면서 아이의 필통에 형광펜과 색깔 볼펜을 채워 주자. 아주 친절하게 말이다. 엄마의 예상치 못한 행동에 아이가 섬뜩함(?)을 느낄지도 모른다. 여기서 중요한 것은, 이미 돌이킬 수 없는 성적에 대해 에너지를 쏟는 것이 아니다. 우리 아이가 하루빨리 성적 들러리에서 벗어나 주인공이 되도록 이끌어주는 것이다.

> **정리하면**

우리 아이가 성적 들러리인지 아닌지 확인하기 위해서 먼저 아이의 시간표를 확인해 보자. 만약 일주일 내내 수업으로 가득 차 있다면 위험신호다. 이때는 아이가 수업 시간에 배운 내용을 숙지할 수 있는 시간을 마련해 주어야 한다.

나아가 아이가 수업 시간을 어떻게 보내고 있는지 확인하기 위해서는 책이나 노트를 살펴보면 된다. 만약 지도가 필요하다면 아이에게 필기의 중요성을 인지시키고 두 가지 색깔 이상의 볼펜으로 필기할 것을 권해 보자. <u>책과 노트의 필기가 달라진다는 것은 샤프를 돌리면서 '수업이 끝나려면 몇 분 남았지?'라는 생각으로 시계만 보던 학생이 수업을 집중해서 듣고 정리하는 학생으로 변모했음을 의미한다.</u>

이렇게 학습 습관이 바뀌면 실력이 쌓인다. 그리고 실력이 탄탄하게 다져지면 성적은 자연스럽게 올라간다. 이에 더해 아이가 필기한 내용을 주기적으로 복습하게 이끌어주면 더 극적인 변화를 기대할 수 있다. 아이는 아무것도 달라지지 않았는데 성적만 올리려고 하면 거품이 생기게 된다. 학원에서 시험 보기 2~3일 전에 예상문제를 만들어서 풀게 하고, 틀린 것은 일단 암기시켜서 답을 맞게 하는 것이다. 그런데 이러한 거품은 오래가지 않는다. 고등학생이 되면 대부분의 거품이 사라진다. 희망과 함께.

우리 아이의
학습 환경 점검하기

예전에 같이 일하던 사람이 학원을 차렸는데, 학원 이름이 'In 서울'이었다. 이는 대부분의 학생들과 부모님들이 1차적으로 희망하는 목표이기도 하다. 그래서 처음에 공부를 시작할 때 아이들은 이런 질문을 많이 한다.

"선생님, 제가 ○○대학교에 갈 수 있을까요?"

이런 질문을 들으면 사실 좀 당황스럽다. 비관적으로 얘기하자니 아이가 상처 받을 것 같고, 낙관적으로 얘기하자니 희망고문을 하는 것 같다. 요즘은 이런 질문이 점점 아래 학년으로 내려가고 있다. 상담을 해보면 중학생, 심지어 초등학생의 부모님도 이를 궁금해한다.

"선생님, 우리 아이가 '서울 소재 4년제 대학'에 갈 수 있을까요?"

이 역시도 알 수 없다. 그 아이가 대학교에 가기 전까지 예상치 못한 변수가 얼마나 많겠는가. 지금은 잘하지만 어느 시점부터 공부에서 멀어질 수도 있고, 공부에 통 관심이 없었는데 어떤 계기로 공부에 매진할 수도 있는 것이다. 어쨌든 아이의 학업 능력을 예측하는 질문에는 사실 답이 정해져 있다.

"이 아이는 공부를 잘할 것 같습니다."

"이 아이는 공부를 잘 못할 것 같습니다."

설사 공부에 전혀 관심이 없어 보여도 이렇게 대답할 수는 없는 것이다. 반대로 공부에 소질이 있어 보여도 마찬가지다. 공부를 잘할 것이라고 말했는데 나중에 아이가 공부를 못하면 어떻게 책임질 것인가? 우리는 내일 스스로에게 무슨 일이 일어날지도 예측하지 못한다. 그런데 아이의 10년 뒤 미래를 정확히 예측할 수 있을까? 그래서 다음과 같이 대답할 수밖에 없는 것이다.

"아이가 잠재력이 있습니다."

"아이가 가능성이 있습니다."

자녀의 만족지연능력을 확인해 보자

그런데 이 궁금증에 대한 답을 조금이나마 알 수 있는 연구가 있다. 1968~1974년에 스탠퍼드대학교의 유아원에 다녔던 550명의 아이들에게 한 가지 실험을 했다. 연구자는 아이들이 엄청 좋아하는 마시멜로를 주면서 다음과 같이 제안했다.

"내가 잠깐 나갔다 올 동안 기다리면 마시멜로를 두 개 먹을 수 있어. 그런데 기다리지 않고 먼저 먹으면 한 개만 먹을 수 있단다."

즉, 15분을 참으면 마시멜로를 하나 더 먹을 수 있다는 말이다. 태어나서 가장 어려운 순간을 맞이한 아이들은 저마다 고민을 한다. 먹고 싶은 간식을 눈앞에서 보고만 있어야 하는 고통은 네 살짜리 아이들에게 지나치게 가혹한 것일 수도 있다. 어쨌든 어떤 아이는 끝까지 참고 버텼다. 반대로 참지 못하고 눈앞의 마시멜로를 먹어 치운 아이도 있었다.

그런데 이 실험이 전 세계의 이목을 끈 것은 마시멜로를 먹은 아이와 참았던 아이의 미래가 너무나 달랐기 때문이다. 이 실험에서 15분을 인내한 뒤 마시멜로 두 개를 먹은 아이들이 약 12년 후 청소년이 되어서는 자제력, 집중력, 자립심, 자신감, 학습 동기가 더 높은 것으로 나타났다. 당연히 미국의 수능시험인 SAT 점수도 더 높았고, 더 좋은 대학을 다니고 있었다.

이들이 20대 후반이 되었을 때는 교육 수준과 자아 존중감이 더 높고 건강 상태가 더 양호한 것으로 나타났다. 연구 참여자들이 40대 중반에 이르렀을 때 이들의 뇌를 fMRI로 촬영을 했다. 그 결과 마시멜로의 유혹을 더 오래 참았던 사람들의 전전두피질 부위가 더 활성화되었다. 전전두피질은 동기 부여, 창의력, 자제력 등을 관장하는 곳이다. 이들이 소유한 재산이 더 많았으며, 더 행복한 결혼 생활을 하고 있었다.

백인 중산층이 많이 사는 스탠퍼드대학교의 유아원이라는 특수한 집단에서 나타난 결과를 일반화시키는 데 의구심이 들 수도 있다. 그래서 연구자는 경제, 문화, 인종, 종교적으로 다양한 지역에서 이 연구를 진행했지만 결과는 같았다.

이렇게 나중에 더 큰 만족을 위해 당장의 만족을 참는 능력을 '만족지연능력'이라고 한다. 위 연구 결과처럼 만족지연능력과 공부는 꽤 상관관계가 크다. 누구에게나 하루는 24시간이고, 공부 외 다른 활동을 한다는 얘기는 곧 공부하는 시간이 줄어든다는 것을 의미한다. 그럼 우리 아이의 만족지연능력은 얼마나 될까? 아이가 어리다면 마시멜로 실험을 해봐도 되지만 이는 식사 시간에 간단하게 확인할 수 있다. 아이가 좋아하는 반찬을 먼저 먹는지, 아니면 남겨 두었다가 마지막에 먹는지 보면 된다. 이럴 때 두 번째 아이가 만족지연능력이 더 높은 셈이다.

이러한 습관은 삶의 구석구석에서 드러난다. 주말 숙제를 토요일에 미리 해놓고 일요일에는 편하게 쉬는 아이가 있고, 반면에 일요일 마지막까지 미루다가 결국 못해 가거나 엉터리로 해 가는 아이도 있다. 사실 공부는 미래를 위해서 현재의 즐거움을 포기하는 것이다. TV도 보고 싶고, 친구도 만나고 싶고, 게임도 하고 싶고, 만화도 보고 싶고, 영화도 보고 싶고 등등 얼마나 많은 유혹들이 있는가? 미래의 삶을 위해서 현재의 즐거움을 포기하고, 재미없는 책을 읽으며 이해하고 외우는 것이 공부이다. 따라서 만족지연능력이 부족한 학생은 공부를 잘하기 어렵다.

자녀의 학습 환경을 확인해 보자

사실 마시멜로 테스트는 워낙 유명한 실험이라서 그 결과는 많은 사람들이 이미 알고 있다. 그런데 이 연구에 대해 우리가 모든 것을 다 알고 있는 것은 아니다. 이 실험을 주도한 미국의 심리학자 월터 미셸(1930~)은 그의 저서 『마시멜로 테스트』에서 우리가 놓치고 있었던 부분을 설명하고 있다.

연구자들은 여러 가지 실험 환경을 고안했는데, 그중 한 가지가 마시멜로의 접시를 아래에 놓아 잘 안 보이게 한 것이다. 마시멜로가 책상 위 잘 보이는 곳에 있었을 때는 아이들이 평균 1분을 기다렸지만 마시멜로를 눈에 보이지 않는 곳에 놓았을 때는 아이들이 평균 10분을 기다렸다. 요컨대 환경이 아이들의 자제력에 큰 영향을 미칠 수 있다는 것이다.

지금 우리 아이들이 공부하고 있는 공간을 보자. 주변에 컴퓨터, 휴대폰, TV 등 손만 뻗으면 실행할 수 있는 전자기기들이 즐비하지 않은가? 아이들에게 왜 그렇게 공부에 집중을 못하느냐고 지적하기 전에 공부에 집중할 수 있는 환경을 조성했는지를 먼저 살펴봐야 한다. 실제로 한 고등학생의 어머니는 아들이 틈만 나면 컴퓨터 게임을 한다고 푸념했다. 그래서 컴퓨터가 어디 있는지 물어보니 다음과 같은 대답을 들려주었다.

"그야 애 방에 있죠."

고양이에게 생선을 맡긴 꼴이다. 당장 컴퓨터를 아들의 방에서 거실로 옮길 것을 권했다. 그런데 아들의 반발로 옮기지 못했다. 진짜 조금만 하겠다며 딱 한 번만 믿어달라는 아들의 연기(?)에 마음이 흔들린 것이다. 그 학생은 결국 대입에서 원하는 결과를 얻지 못해 재수를 했다. 그런데 재수를 할 때도 컴퓨터는 아이의 방 안에 있었다. 결국 재수도 실패했다. 그런데 재수도 실패한 뒤에 아이가 스스로 컴퓨터를 거실로 내놓는 것이 아닌가? 본인도 무엇이 문제인지 인식하고 있었던 것이다. 결국 삼수 끝에 대학교에 들어갔다.

아이들의 공부를 방해하는 것이 비단 컴퓨터뿐일까? 요즘 아이들은 틈만 나면 휴대폰을 들여다보고 있다. 아이들이 스마트폰을 사용하는 가장 큰 명분은 공부로 지친 머리를 식힌다는 것이다. 그러면 스마트폰을 사용하는 시간은 정말 아이들에게 휴식이 될까? 결론부터 얘기하면 아니다. 오히려 스마트폰을 사용하면 아이들의 집중력은 급격히 소모된다. 스마트폰을 사용하면서 MRI로 뇌를 찍어본 결과 거의 모든 영역이 다 활성화되었다. 결국 아이들은 스마트폰을 하면서 정신적 에너지를 상당히 소비하는 것이다.

우리의 체력에 한계가 있는 것처럼 집중력에도 한계가 있다. 공부에 써야 할 집중력을 스마트폰에 쓴다는 얘기는 스마트폰을 하고 나면 공부에 사용할 집중력이 없다는 말이다. 이를 뒷받침하는 전 세계의 수많은 연구 결과들이 있다. 그 모든 연구들은 이구동성으로 같은 결론을 내리고 있다.

> "어떤 문화권이든 스마트폰의 사용 시간과 성적은 정확히 반비례한다."

이러한 연구를 바탕으로 외국의 몇몇 학교들은 학교에 휴대폰을 가져오는 것을 금지하는 정책을 시행했다. 처음에는 반발이 심했고 심지어 압수당한 아이의 부모가 학교에 와서 항의하기도 했다. 그럼에도 불구하고 학교에서 단호하게 휴대폰 금지 정책을 밀어붙였다. 결과는? 휴대폰을 금지한 학교 아이들의 성적이 눈에 띄게 상승했다. 그 이후로는 학생과 학부모들이 오히려 그 정책을 더 지지하고 있다.

그러나 우리나라 학교에서는 휴대폰을 금지하는 경우가 드물다. 수업 시간에 사용을 자제시키거나 아침 조회 시간에 걷어가는 경우가 대부분이다. 스마트폰이 없던 시절에 학창 시절을 보냈던 어른들이라면 이렇게 생각해 보자. 책상 위에 만화책, 성인 잡지, 연예인 브로마이드를 펼쳐 놓고, 뒤에 TV를 켜 놓고, 옆에서 동생이 컴퓨터 게임을 하는 방에서 공부를 하라고 하면 잘될까? 아이들이 스마트폰을 책상 위에 올려놓고 공부하는 것도 이와 별반 다르지 않다. 손가락만 몇 번 움직이면 위와 같은 것들을 바로 할 수 있다. 아이들은 너무나 큰 유혹을 참아내면서 공부를 해야 하는 것이다. 그리고 많은 아이들이 결국 이 유혹에 굴복하고 만다. 설사 스마트폰을 잊어버리고 공부에 몰입하는 순간이 있다고 해도 불쑥불쑥 날아오는 친구들의 대화가 공부를 방해한다.

결론은, 아이들에게 스마트폰을 주고 사용하지 말라는 것은 배고픈데 치킨을 시켜 놓고 먹지 말라는 것보다 더 가혹한 것이다. 현실에서 스마트폰 문제를 해결할 수 있는 솔루션을 제안하면 다음과 같다.

1. 대학생이 될 때까지 일반 휴대폰을 사 준다.
2. 스마트폰(다른 전자 기기 포함)을 사용하는 경우 공부 시간에는 이것들을 거실에 둔다.

일단 아이들을 스마트폰의 세계에 들이면 다시 빼낼 가능성이 희박하다. 그래서 되도록 일반 휴대폰을 사 주길 권한다. 물론 어린이날이나 생일마다, 시대에 뒤떨어진 부모님이라는 둥 반에서 스마트폰이 없는 아이는 나 혼자뿐이라는 푸념을 감내해야 한다. 그렇더라도 일반 휴대폰을 가지고 있는 아이들은 유혹을 훨씬 적게 받는다. 전화, 문자 그리고 사전 기능밖에 없으니 휴대폰 중독에 걸릴 위험도 적다. 실제로 일반 휴대폰을 들고 다니는 학생들을 보면 크게 불편해 보이지도 않는다.

물론 이상적인 방법이야 존재한다. 스마트폰을 사 주더라도 아이들이 자제할 수 있게 사용 시간을 정하고, 스마트폰의 위험성을 알려 주는 것 등이다. 그러나 이런 방법들이 현실에서는 잘 통하지 않는다.

따라서 일단 스마트폰을 사 주면 공부 시간에는 무조건 스마트폰을 거실에 둔다는 약속을 받아 이를 엄격하게 지켜야 한다. 아이들은 인터넷 강의, 수행 평가 등의 핑계를 대면서 스마트폰을 방 안으로 가져가려고 할 것이다. 여기서 타협하기 시작하면 결국 아이들의 눈앞에 달콤한 마시멜로를 놓는 것과 같다. 인터넷 강의용 전자 기기를 따로 구매하는 한이 있더라도 공부하는 공간에서 스마트폰과 공부에 방해되는 물건은 반드시 꺼내 놓아야 한다.

> **정리하면**
>
> '우리 아이가 앞으로 공부를 잘할 수 있을까?'에 대한 답은 '만족지연능력'이라는 개념을 통해서 확인할 수 있다. 공부를 한다는 것은 미래를 위해 현재의 즐거움을 참아야 하는 것이다. 이 '만족지연능력'은 자녀가 생활하는 곳곳에서 발견할 수 있지만 쉽게 식사 자리에서 확인할 수 있다. 몇 개 안 되는 좋아하는 반찬을 먼저 먹는 아이보다, 이를 아껴 두었다가 나중에 먹는 아이가 만족지연능력이 높은 셈이다.
>
> 그러나 만족지연능력은 환경의 변화를 통해서 향상시킬 수도 있다. 연구 결과 마시멜로가 눈앞에 있을 때보다 눈에서 보이지 않을 때 유아들은 열 배나 오래 기다렸다. 지금 아이의 방에 있는 컴퓨터,

휴대폰 등이 바로 마시멜로들이다. 이를 아이들 눈앞에서 치우는 것이 아이들의 만족지연능력을 높이는 데 도움이 된다.

　뭐니 뭐니 해도 최선의 방법은 마시멜로를 주지 않는 것이다. 즉, 대학생이 될 때까지 일반 휴대폰을 사 주는 것이다. 그러나 어릴 때부터 스마트폰에 익숙한 아이들을 중·고등학교 때 다시 일반 휴대폰으로 돌리기는 어렵다. 없다가 있는 것은 가능하지만 있다가 없이는 못살기 때문이다. 결국 스마트폰을 사 주게 되면 반드시 공부할 때는 거실에 둔다는 약속을 받아야 한다. 그러나 아이들은 스마트폰이 필요한 이유를 꽤나 합리적으로 만들어낼 것이다. 여기서 마음이 흔들린다면 아이의 눈앞에 마시멜로를 놓아 두는 것이다. <u>아이의 학업과 장래를 진심으로 생각한다면 아이의 눈앞에서 과감히 마시멜로를 치워 주는 게 더 좋다. 당장은 아이들의 볼멘소리를 듣겠지만 나중에는 감사하다는 말을 듣게 될 것이다.</u>

Chapter 2

공부 의지를 향상시키는 비법

아이의 학습 의욕을 죽이는 지름길

학원을 운영할 때였다. 원생을 모집하기 위해서 광고지를 집집마다 돌렸다. 그런데 기다리던 상담 전화는 오지 않고 경찰서에서 오라는 것이 아닌가? 이유를 물어보니 남의 집에 허락 없이 광고물을 붙여서 신고가 들어왔단다. 현행법상 남의 집 대문에 광고지를 붙이는 것이 불법이란다. 태어나서 처음으로 범법자가 되었다. 경찰서에서 "몰랐습니다"라는 변명은 통하지 않았다. 그러면 우리 집 대문에 매일 붙어 있는 중국집, 치킨, 피자 광고지는 뭐냐고 물어보니까, 그분들은 벌금을 감수하고 광고를 하는 거란다. 그렇게라도 안 하면 영업이 안 되니까. 세상물정을 몰랐던 나의 미숙함에 입술을 깨물고 벌금을 낸 후 경찰서를 나왔다.

며칠 뒤 다른 경찰서에서 또 오라고 연락이 왔다. 벌금을 냈는데 왜 또 그러냐고 흥분해서 따졌다. 나의 이런 반응에 익숙한 듯 수화기 넘어 직원은 노련하게 나의 분노를 잠재워 경찰서까지 오게 했다. 얘기를 들어보니 경찰서마다 관할 구역이라는 것이 있는데, 지난번 경찰서에서는 A구역을, 이 경찰서에서는 B구역을 담당한단다. 그런데 전단지를 돌린 지역이 A구역과 B구역을 포함하기 때문에 어쩔 수 없이 각각의 경찰서에서 벌금을 내야 한다고 했다. 그게 '법'이란다. 미치고 환장한다는 것이 어떤 상황에 쓰는 말인지 뼈저리게 깨달았다.

"요즘 다들 먹고살기 힘든데 어떻게 이럴 수 있습니까?"

"정말 저에게 재량권이 있으면 이런 민생 관련 일은 훈방 조치로 보내드리고 싶습니다. 그런데 신고가 들어오면 어쩔 수 없이 처리를 해야 합니다."

"지난번에도 냈는데 또 내라니, 이건 정말 말이 안 되는 것 같지 않습니까?"

"네, 맞습니다. 정말 미안하고 저도 이게 옳다고 생각하지 않습니다. 원장님 말고도 이렇게 많은 신고가 들어옵니다. 그런데 원장님은 그나마 형편이 좋은 분이에요. 좀 전에 여기 열쇠 하는 분이 다녀가셨는데, 그 할아버지는 며칠 동안 일해서 번 돈을 벌금으로 낸 거예요. 원장님은 그 정도는 아니잖아요."

"……."

"제가 해드릴 수 있는 건 최대한 하겠습니다. 제일 액수가 적은 걸로 끊어드리겠습니다."

경찰서를 나오면서 다시 한 번 인생을 배운 수업료를 치렀다. 그리고 며칠 뒤에 그 광고지를 보고 초등학교 6학년 유종이라는 아이가 등록을 했다.

그 아이가 얼마나 애지중지 귀했는지는 말로 다 설명할 수가 없다. 그런데 유종이는 또래의 다른 아이들과는 다르게 굉장히 해맑았다. 속으로 '한국에서 이렇게 해맑은 아이는 보기 힘든데.'라고 생각했다. 아니나 다를까, 부모님의 사업으로 베트남에서 초등학교를 보내고 이제 막 한국에 왔단다. 비교와 경쟁으로 내몰리는 한국에서 초등학생 시절을 보냈으면 그런 천진난만한 표정이 나올 수가 없다.

일이라는 것이 뜻대로만 되는 것이 아니다. 유종이가 들어오고 조금 있다가 잘 다니던 미정이가 학원을 그만두겠다는 것이 아닌가? 어머니와 통화를 해보니 특목고를 보내기 위해서 아이를 소위 빡센 학원에 보내겠다는 것이었다. 그때 미정이는 초등학교 3학년이었다. 평소 나이에 맞지 않게 어둡던 미정이의 표정에 대한 의문이 풀리는 순간이었다. 집에서 날마다 얼마나 시달렸을까?

미정이는 지극히 정상이자 평균적인 아이였다. 그런데 어머니는 미정이가 '영재'라고 굳게 믿고 있었다. 영재가 아니라면 교육을 통해서 영재가 되게끔 만들 기세였다. 그러한 어머니의 기대를 충족시키기 위해서 미정이는 영재 코스프레를 해야 했다. 인간은 자신의 양육자에게 잘 보이기 위해서 그들이 요구하는 것을 알아차리는 능력이 본능적으로 존재한다. 이 동물적 감각은 후에 자신보다 권한이 센 사람이 요구하는 것을 말하지 않아도 파악하는 능력으로 이어진다. 이 능력이 현저히 떨어지면 사회생활이 고달파진다. 어쨌든 미정이는 열혈 어머니 덕분에(?) 그러한 감각이 또래보다 월등히 발달할 수 있었다.

사실 학원에서도 미정이는 초3 친구들과 수업을 듣지 않았다. 어머니의 성화에 초4 언니 오빠들과 같이 수업을 들었다. 초3과 초4는 큰 차이가 없기에 거기까지는 아이도 그럭저럭 따라오고 있었다. 그런데 한 학년 선행으로는 어머니의 성에 차지 않았나 보다. 후문으로 들었는데 미정이는 특목고 대비 학원의 '심화선행' 반에 들어갔단다. 미정이의 실력은 정확히 초등학교 3학년 중간 정도이다. 그런데 중학교 과정을 심도 있게 먼저 배우는 반에 들어간 것이다. 일종의 선행학습이라고 볼 수 있다.

정부에서는 2014년 9월 12일부로 '공교육 정상화 촉진 및 선행교육 규제에 관한 특별법'을 시행할 정도로 선행학습에 대해서 부정적인 인식을 가지고 있다. 이 법을 시행한 지 2년이 넘었지만 얼마나 효과가 있는지는 미지수다. 하지만 아이들의 수준에 맞지 않는 무분별한 선행학습이 문제이지 모든 선행학습이 문제는 아니다.

예컨대 중3 겨울방학에 고등학교 1학년 과정을 선행하는 경우는 문제라고 보기 어렵다. 문제는 초등학교 6학년이 고등학교 1학년 과정을 선행하는 것이다. 아이의 발달 수준에 맞지 않는 내용을 가르치고, 시험을 보고, 성적이 저조하면 비난하는 것은 선행학습의 폐해라는 말로는 부족하다. 일종의 폭력이다. 꼭 물리적인 충격을 가해야만 폭력인가? 이 경우도 정신적인 폭력이다. 인지 발달을 훌쩍 뛰어넘는 교육을 받는 아이들과 대화를 해보면 표정, 눈빛, 말투 등이 어딘가 모르게 부자연스럽다. 남보다 무리하게 앞서 가려는 욕심에는 이렇게 큰 대가가 따른다.

발달 단계에 맞는 교육을 시키자

인간은 태어나서 발달을 한다. 발달하는 속도는 제각각이지만 단계는 정해져 있다. 이 단계를 이론으로 정립한 사람이 스위스의 발달심리학자인 피아제(1896~1980)이다. 이런 이론을 토대로 몇몇 선진국에서는 초1~2학년, 초3~4학년 등을 한 반에서 함께 지도하기도 한다. 나이는 같지만 발달 수준이 다를 수 있음을 인정하는 것이다. 발달 수준에 맞게 가르치는 것이 그들이 생각하는 '교육'인 것이다. 그러나 우리는 발달 수준을 고려하기보다 아이들을 비교하는 것에 더 관심이 있다. 학교와 사회에서는 그렇다 하더라도 가정에서나마 자녀가 발달 수준에 맞는 교육을 받는지 확인할 필요가 있다.

인간의 인지 발달에 대해 간단하게 정리해 보자. 1~2세 아기는 눈에 보이는 물건을 서랍 속에 넣으면 그 물건이 어디로 갔는지 두리번거린다. 눈에 보이지 않는 것은 존재하지 않는다고 받아들이는 것이다. 이는 아직 이 부분을 사고하는 뇌 부위가 발달하지 않았기 때문이다. 이 아이에게는 (설사 말을 알아듣는다고 해도) 아무리 설명해도 이해할 수 없는 것이다. 갓난아기들은 눈에 보이면 사물이 존재한다고 믿고, 눈에 보이지 않으면 사물이 사라진다고 믿는다.

물체가 시야에서 사라져도 계속 존재한다고 인식하는 능력을 '대상영속성'이라고 한다. 이게 어른들에게는 당연한 것이지만, 아기 입장에서는 도무지 이해가 안 되는 것이다. 그러다 3~7세가 되면 뇌의 여러 부위가 성장하기 시작한다. 말도 하고, 그림도 그리고, 감정 표현도 한다. 그러나 아직도 뇌는 발달 중이다. 이 시기의 아이는 대상영속성은 습득했지만 아직 어른의 뇌와는 다르다. 3~7세 아이들은 눈에 보이는 대로 생각한다. 예컨대 똑같은 양의 물을 보여주고 한쪽 물을 높은 통으로 옮겨서 어떤 물이 더 많은지 물어보면, 높은 통으로 옮긴 물이 더 많다고 얘기한다. 이때 어른이 할 수 있는 최악의 반응은 다음과 같다.

"너 바보냐? 이걸 왜 몰라? 봐, 같잖아. 같은 양이야! 이걸 다른 통으로 옮기도 당연히 같지! 응? 알겠지?"

"네……."

며칠 뒤에 혹시나 하는 마음에 다시 한 번 확인해 본다. 그런데 이 시기 아이들은 논리적인 사고를 하지 못하고, 기억력도 어른과 다르다. 며칠 전 일을 새까맣게 잊어먹고 같은 실수를 반복한다.

"너는 지난번에 가르쳐 줬는데 그걸 벌써 잊어먹었니? 이게 같은 거라고! 봐봐! 같잖아!"

"네……."

며칠 뒤에도 혹시나 하고 다시 한 번 확인을 했다. 그제야 아이는 부모가 원하는 대답을 들려준다. 이해를 한 것일까? 그렇지 않을 가능성이 높다. 여전히 이해는 되지 않지만 혼나지 않은 선택을 한 것일 뿐이다.

　왜 이 시기의 아이들은 이 간단한 것을 이해하지 못할까? 이 시기의 아이들은 많아 보이면 많은 거라고 생각한다. 이게 많아 보이지만 좀 전에 같은 양이 있었으므로 같은 것이라는 논리적 사고를 하지 못한다. 이를 '직관적 사고'라고 한다. 이러한 아이를 때리고 윽박지른다고 해결될 일이 아니다. 또 가르친다고 이해가 되는 것도 아니다. 논리적인 사고를 관장하는 뇌의 부위가 발달한 후에야 직관적인 사고에서 벗어날 수 있기 때문이다.

　그래서 이 나이의 아이들은 엄마의 생일 선물로 뽀로로 인형을 준다. 즉, 내가 뽀로로를 좋아하면 다른 사람도 뽀로로를 좋아할 거라고 생각한다. 타인의 생각이나 관점이 자신과 다를 수 있다는 것을 이해하지 못하는 것이다. 이를 '자아중심성'이라고 한다. 그런데 중요한 것은 뇌가 발달하는 속도는 개인의 경험, 문화, 성숙도 등에 따라 다르다. 소개팅에 나가서 본인이 좋아하는 게임 얘기를 늘어놓는 남자, 또는 본인이 좋아하는 연예인 얘기만 하는 여자는 아직 자아중심성에서 완전히 벗어났다고 볼 수 없다. 어른이 되고 결혼을 한다고 해결되는 것도 아니다. 아내 생일에 본인이 좋아하는 술을 선물하는 남편은 아직 자아중심성에서 완전히 벗어나지 못한 것이다.

　하지만 같은 또래의 옆집 아이가 중학교 문제를 풀고 있으면 '내 아이만 뒤처지는 것은 아닌가?' 하는 마음에 부모는 불안하고 조급해진다. 그 옆집 아이는 둘 중 하나이다. 나이는 같지만 인지 발달이 빠르거나, 이해가 안 되는데 풀이 과정만 기계적으로 외우고 있는 것이다. 대개 후자의 경우가 많다. 그러므로 초등학생 아이에게 중학교 문제를 풀게 하려고 애쓰지 말자. 발달 수준에 맞는 교육을 하는 것이 가장 자연스러운 것이다. 초등학교 때 이해할 수 없는 중학교 내용을 공부하는 아이가 얼마나 끔찍한 경험을 하는 것인지 알아야 한다.

정리 하면

아이를 교육하는 데 고려해야 할 중요한 사항은 '발달 수준'이다. 구체적으로 뇌의 인지 발달을 말한다. 연구 결과 일반적으로 질량, 길이, 면적을 담당하는 뇌는 7~9세 때, 무게의 개념을 담당하는 뇌는 9~10세 때, 부피의 개념을 담당하는 뇌는 14~15세 때 발달하는 것으로 확인되었다. 그러나 이 또한 개인차가 존재한다.

발달 수준에 맞지 않는 내용을 억지로 가르치면 아이의 마음속 깊은 곳에서 공부에 대한 혐오감이 싹트기 시작한다. 어차피 시간이 지나면 다 할 수 있는 내용을 굳이 1~2년 먼저 시키겠다고 공부의 첫 단추를 괴로움으로 채울 필요가 있을까? 그렇게 교육받은 아이는 다른 아이보다 조금 먼저 갈지는 모르지만 절대로 멀리 갈 수는 없다. 그러므로 아이의 인지 발달 수준에 맞는 교육을 제공하는 것이 어른으로서의 책임이자 의무이다.

아이의 공부 스타일을 아시나요?

1990년 미국 세인트존스대학교의 교수였던 리타 던(1929~2009)은 이전의 학교에서 적응하지 못한 중학생들만 불러 모았다. 각 학교에서 속칭 골치 아픈 '문제아'들만 모은 것이다. 그리고 그들이 각각 언제 공부할 때 가장 맑은 정신으로 집중이 잘되는지 조사했다. 아침에 공부하는 것을 선호하는 학생이 있었고, 오후 또는 밤에 공부하는 것을 선호하는 학생도 있었다.

조사 후에 리타 던은 학생들이 원하는 시간에 공부를 하도록 허락했다. 그러자 학생들의 수업 태도가 달라졌고, 성적이 향상되었다. 벌써 25년이 지난 다른 나라의 연구이지만 여전히 교육에 관해서 시사하는 바가 크다. 그것은 아무리 시대가 변하고 새로운 학습 방법이 생겨나도 교육은 학습자에 대한 이해를 바탕으로 시작한다는 것이다.

아이들을 보면 가끔씩 특이한 목걸이나 귀걸이를 하고 오는 경우가 있다. 아이들에게 왜 그런 걸 하는지 물어보면 다음과 같은 대답을 들을 수 있다.

"제 스타일인데요."

그러면 더 이상 할 말이 없다. 스타일이란 간단히 '개인의 취향' 정도로 정리할 수 있다. 그런데 취향은 지극히 주관적인 것이므로 옳고 그름을 따질 수 없음을 우리 모두 알고 있다. "제 스타일이에요."라고 말하는 순간 논란의 여지는 사라진다. 그냥 어떠한 연유로 그게 좋아서 그렇게 할 뿐이다. 개인의 취향은 그 사람의 일부분으로 인정해야 할 요소이지 남에게 피해가 가지 않는 한 그것을 억지로 바꾸고 고칠 필요가 전혀 없다.

배움에도 스타일이 있다. 영어로는 'Learning Style', 우리말로는 '학습 양식' 정도로 번역된다. 그런데 사람들은 옷을 입거나 음식을 선호하는 스타일은 잘 인정하는 데 반해 공부하는 스타일은 인정하려 들지 않는다. 오히려 본인이 옳다고 생각하는 방법을 자꾸 강요한다. 특히 학창 시절에 공부깨나 했던 어른들은 다음과 같은 식의 주장을 펼친다.

"수업 시간에는 선생님이 농담하는 것까지 다 받아 적어야 된다."

"한자리에 앉으면 엉덩이를 떼지 말고 세 시간은 공부해야 된다."

그리고 본인이 만났던 공부를 잘하는 학생들은 다 그렇게 한다며 반론의 여지를 없앤다. 과연 그럴까?

전국에서 공부 잘하기로 소문난 학생들을 인터뷰하고 그들의 일상과 공부법을 소개한 〈공부의 왕도〉라는 EBS 프로그램이 있다. 따라서 이 프로그램에 출연한 학생들은 공부에 관해서는 시비의 대상이 아니다. 이렇게 우수한 학업 성취를 보이는 학생들 52명의 특성을 분석한 결과 그들의 공부 방법이 매우 다르다는 것을 확인할 수 있었다.

혼자서 조용히 공부하는 것을 선호하는 학생이 있는 반면 어머니를 불러서 공부한 내용을 열심히 설명하는 학생도 있었다. PD가 왜 그렇게 어머니에게 열심히 설명하느냐고 묻자, 그 학생은 그래야 기억이 더 잘된다고 답했다. 책에서 읽을 때는 아는 것 같았는데 막상 설명하려고 하면 막히는 부분이 있어서 어느 부분의 공부가 부족한지 정확히 알 수 있다는 것이다. 또 한자리에 앉으면 몇 시간 동안 옆 친구들이 말을 걸어도 못 들을 정도로 집중하는 학생이 있었다. 반면 20분마다 자리를 옮겨 다니며 공부를 하는 학생도 있었다. PD가 왜 그렇게 자주 움직이느냐고 묻자 한자리에 앉아서 일정 시간이 지나면 집중력이 흐려지기 때문에 자꾸 옮겨 다니는 게 최고의 집중력을 유지할 수 있는 방법이란다. 또 수학 문제를 가능한 머릿속에서 푸는 학생이 있었고, 모든 수식을 적어가며 문제를 푸는 학생도 있었다. 그러니 공부를 잘하는 어떤 절대적인 방법이 있다고 말할 수 있을까?

본인에게 더 적절한 공부 방법이 있을 뿐이다. 그리고 이는 본인이 찾아가는 것이지 남이 알려줄 수 없다. 칸막이 책상이 좋은지 탁 트인 책상이 좋은지, 환한 곳이 좋은지 약간 어두운 곳이 좋은지, 아침에 공부가 잘되는지 저녁에 공부가 잘되는지, 여러 과목을 자주 바꾸어 가며 공부하는 것이 좋은지, 한 과목을 오래 하는 게 좋은지, 문제집을 풀고 내용을 정리하는 게 좋은지, 내용을 정리하고 문제집을 푸는 게 좋은지, 책은 최대한 깨끗하게 쓰고 노트에 필기하는 게 좋은지, 책에다 필기를 꽉꽉 채우는 것이 좋은지, 학교에서 공부가 잘되는지, 학원에서 잘되는지, 독서실에서 잘되는지, 집에서 잘되는지 남이 알려줄 수 없는 것이다.

학생이 아직 공부하는 법을 잘 모를 때는 어른이 올바른 방법을 알려줘야 한다고 주장하는 사람이 있다. 어른들이 생각하기에 나쁜 습관들을 고쳐야 한다고 말한다. 그러나 개인마다 특성이 너무 다르기 때문에 한 가지 방법을 모두에게 강요하면 반드시 그 방법에 맞지 않는 사람이 나타난다. 그러므로 학생이 선호하는 방법을 수정·보완해 가면서 발전시키는 것이 더 학습 효율이 좋다. 물론 강제로 잠시 바꿀 수는 있다. 그러나 그 사람이 없으면 다시 본인의 스타일로 돌아올 것이다. 그러므로 개인의 장점과 특성을 살리는 방법으로 공부를 할 수 있게 주변 사람들이 도와주자는 것이다. 이 과정에서 아이들은 시행착오를 거치며 본인에게 맞는 스타일을 스스로 찾아갈 것이다.

그러나 개개인의 특성을 인정해 주면 이를 악용하는 아이들이 있다. 예컨대, 본인은 음악을 들으면서 공부하는 게 더 잘된다든지, 책상에 엎드려서 공부하는 게 더 잘된다는 식이다. 이럴 때 부모님의 반응이 중요하다.

"너는 음악을 듣는 거니, 공부를 하는 거니? 당장 이어폰 안 빼?!"

"공부를 하든지, 잠을 자든지, 책상에 엎드려서 뭐 하는 거니? 하여튼 누굴 닮아서 제대로 하는 게 하나도 없어. 어이구, 속 터져!"

이런 식으로 반응하지 말자. 물론 그 마음은 충분히 이해가 된다. 그리고 대부분의 경우 아이들이 그런 말을 들을 행동을 한다. 그러나 이런 말을 듣고 나면 아이가 어떻게 생각할까?

A: 엄마 말이 맞아. 내가 너무 생각이 짧았어. 정신 차리고 더욱 열심히 해야겠다.

B: 갑자기 오늘따라 왜 그러지? 아이, 짜증나. 공부도 안 되는데 친구나 만나러 나가야겠다.

이럴 때는 지금 당장 그 문제를 해결하려는 마음을 내려놓아야 한다. 그리고 본인의 행동에 대해서 스스로 생각할 기회를 줘 보자. 이렇게 본인의 생각, 말, 행동을 스스로 돌아보는 것을 '메타인지'라고 한다. 20세기 후반부터 메타인지에 대한 연구가 활발히 진행되고 있다. 많은 연구 결과 메타인지는 학습 능력에 큰 영향을 미치는 것으로 나타났다.

"음악을 들으면서 공부하는 게 정말 잘되는지 한번 생각해 보고 다음에 다시 얘기하자."

이렇게 말하면 아이들은 일단 기분이 상하지 않는다. 아이들의 눈치까지 봐야 하는 것은 아니지만 불필요한 갈등은 만들지 않는 것이 좋다. 그리고 음악을 듣는 것이 공부하는 데 도움이 되는지 아이 스스로 생각해 볼 기회를 가질 수 있다.

물론 모든 아이들이 음악을 듣는 것이 공부에 방해된다는 결론으로 다다르는 것은 아니다. 이렇게 스스로 판단해서 결정해 보라고 하면 경험상 3분의 1 정도는 웃으면서 귀에서 이어폰을 빼고, 3분의 1 정도는 이어폰을 빼야 하나 말아야 하나 갈등하고, 나머지 3분의 1은 음악을 듣다가 엎드려 잔다. 이 방법으로는 3분의 2 정도의 아이들에게 스스로의 행동을 고칠 수 있는 기회를 주는 셈이다.

대개 사람은 본인의 문제점과 그 해결책을 이미 인식하고 있는 경우가 많다. 앞으로 아이들의 행동에 고쳐야 할 부분이 있을 때 이를 직접 지적하는 대신 아이들의 메타인지를 활용해 보자. 아이와 감정적 충돌을 피하고, 행동도 바로잡을 수 있고, 메타인지 능력이 높아지면 학업에도 도움을 주니 일석삼조의 방법인 셈이다.

아이의 공부 스타일을 인정해 주자

이와 관련해서 개인적으로 연구를 진행한 적이 있다. 서울과 대전의 중학생 524명을 대상으로 학습 양식과 다양한 변인에 관해서 분석을 했다. 중1은 초6과, 중3은 고1과 어느 정도 발달 과정을 공유하고 있으니 이를 참고해서 이해하면 더 도움이 될 것이다.

먼저 여학생은 청각과 촉각으로 학습하는 방식을 선호하고, 남학생은 시각과 운동감각으로 학습하는 것을 선호하는 것으로 나타났다.

즉, 여학생은 수업을 듣거나 필기를 하는 방식을, 남학생은 화면을 보거나 실험을 하는 방식을 더 선호한다고 볼 수 있다. 또 여학생은 밤에, 남학생은 낮에 학습하는 것을 선호하는 것으로 나타났다. 그리고 학년이 높아질수록 청각, 시각, 촉각으로 학습하는 것을 더 선호하는 반면 운동감각으로 학습하는 것은 덜 선호하는 것으로 나타났다. 이를 통해 아이들이 커갈수록 수업을 보고 듣고 정리하는 것에 대한 선호도가 증가하는 것을 확인할 수 있다.

그러니 초등학생에게 한자리에 앉아서 수업에 집중하며 필기하라고 강요하지 말자. 이는 아이의 학습 양식에 맞지 않는 것이다. 나이가 어릴수록 활동을 통해서 학습하는 것을 선호하니 이에 맞게 지도할 필요가 있다. 예컨대 영어 말하기의 경우 초등학생 때가 훈련하기에 가장 적절한 시기라고 볼 수 있다. 아이들은 중학교 2학년만 올라가도 운동감각으로 학습하는 것에 대한 선호도가 떨어지기 때문이다. 실제로도 중학생이 되면 아이들은 수업 시간에 입을 잘 열지 않는다. 고등학생이 되면 묵언수행을 하는 스님 수준이다. 또 학년이 높아질수록 밤에 학습하는 것을 더 선호하는 것으로 나타났다. 그러므로 고학년 학생에게 밤에 일찍 자라고 강요하는 것은 가장 공부가 잘되는 시간을 빼앗는 것이다.

물론 이는 데이터의 평균을 의미하는 것이지 내 아이와는 다소 차이가 있을 수 있다. 중요한 것은 학생들마다 서로 다르다는 사실을 받아들이고 개인에게 맞는 학습 방법을 더 발전시킬 수 있게 도와주는 것

★ ★ ★ 성별·학년별 선호하는 학습양식 ★ ★ ★

중학생 여자	청각, 촉각으로 학습 / 밤에 학습
중학생 남자	시각, 운동감각으로 학습 / 낮에 학습
저학년(초6~중1)	운동감각으로 학습 / 낮에 학습
고학년(중3~고1)	청각, 시각, 촉각으로 학습 / 밤에 학습

이다. 개인의 학습 양식에 적합한 방법으로 학습할 때 학업 성취도, 학습 태도, 그리고 학습 동기 등에 긍정적인 변화를 기대할 수 있다고 연구는 알려주고 있기 때문이다.

> **정리하면**
>
> 사람마다 스타일이 다르다. 옷 입는 스타일, 음식 먹는 스타일, 일하는 스타일, 노는 스타일 등등. 공부에도 스타일이 있는데 이를 '학습 양식'이라고 한다. 다른 스타일을 인정하는 것처럼 공부하는 스타일도 인정해 주자는 것이다. <u>학습자의 특성을 무시한 채 획일적인 학습 방법을 강요한다면 단언컨대 그 아이는 공부를 싫어하게 될</u>

것이다. <u>공부의 시작은 학습자를 이해하는 것으로부터 시작하기 때문이다.</u> 이런 특성을 인정한다면 아이들은 같은 시간에 더 효율적으로 공부할 수 있다.

물론 처음부터 본인에게 딱 맞는 방법을 찾는 경우는 드물다. 학업을 진행해 가면서 조금씩 다듬어 나가야 한다. 이 과정에서 주변 사람들이 아이의 특성과 맞지 않는 방법을 강요하지 말아야 한다. 그러나 몇몇 아이들에게 자율성을 주면 이를 악용하기도 한다. 하지만 공부하기 싫어하는 아이들이 핑계를 대는 것인지 정말 본인에게 맞는 학습 양식으로 공부하는 것인지 구분하는 것은 어렵지 않다. 본인에게 맞는 학습 양식을 보완·발전해 나가는 과정에서 아이의 학습 의욕은 향상될 것이다.

우리 아이는
꿈을 가지고 있을까?

2015년에 개봉한 영화 〈스물〉에서 주인공은 아빠에게 중대 발표를 한다. 몇 달째 계속되는 '뭐 해서 먹고살 것이냐'는 아버지의 질문에 아들이 드디어 꿈을 정한 것이다.

"아빠, 나 영화 하기로 했어. 영화감독!"

아빠는 일그러지는 표정으로 힘겹게 입을 뗀다.

"여보, 나 저기 두통약 좀……."

어른들은 커서 뭐가 되고 싶은지 묻는다. 그리고 아이들은 솔직하게 본인의 생각을 말한다.

"연예인이요."

"프로 게이머요."

"세계 제일의 갑부요."

그리고 이어지는 어른들의 반응은 한결같다. 바로 세상물정 모른다며 일장 훈계를 하는 것이다. 예상 밖의 꾸지람에 의기소침해진 아이들은 다음부터는 입을 다문다.

"너는 꿈이 뭐니?"

"그런 거 없는데요."

그런데 이번에는 "너는 꿈도 없냐?"며 한 소리를 한다. 그러니 아이들 입장에서는 꿈이 있어도 혼나고, 꿈이 없어도 혼나는 것이다. 아이들은 모르겠지만 사실 이 질문에 대한 정답은 어느 정도 정해져 있다. 다음과 같은 대답이 모범 답안에 근접한 것들이 아닐까?

"저는 공부를 열심히 해서 아픈 사람을 치료하는 의사가 될 거예요."

"저는 어릴 때부터 선생님이 되는 것이 꿈이에요."

"저는 곤충을 좋아해서 곤충 관련 과학자가 되고 싶어요."

이 외에도 '사' 자로 끝나는 대부분의 직업도 어른들의 얼굴을 환하게 만드는 대답이다. 판사, 검사, 변호사, 변리사, 회계사, 세무사, 간호사 등등.

영화 〈스물〉에는 이런 장면도 나온다. 동우의 꿈은 만화가이다. 어느 날 큰아버지가 찾아와서 동우에게 말한다.

"너 뭐 만환지 뭔지 배운다며? 하아…… 공장에 니 자리 하나 만들어 놨다. 그리고 만환지 뭔지는 거 취미로 하고……."

즉, 안정적인 수입이 있는 일을 본업으로 삼고, 하고 싶은 만화는 취미로 하라는 얘기다. 교육적으로 보면 아이의 적성과 소질을 무시

한 일방적인 진로상담이다. 흔히들 이렇게 말한다.

"사람은 본인이 하고 싶은 일을 할 때가 가장 행복하다."

혜현이는 프랑스에서 초등학교를 보내고 중학교 때 한국으로 왔다. 그런데 프랑스와 한국은 달라도 너무 달랐다. 예컨대 프랑스 수학 시험은 객관식이 없다. 주관식으로 다섯 문제 정도를 한 시간 동안 푸는데, 풀이 과정을 쓰지 않으면 답이 맞아도 이를 인정받지 못한다. 반대로 답이 틀려도 풀이 과정이 올바르면 어느 정도 정답으로 인정된다. 그런데 한국에 와서 객관식 문제를 처음 접했고 풀이 과정을 쓰지 않아도 번호만 올바르게 찍으면 정답으로 인정되는 것이 신기했다고 한다. 물론 찍어서 맞추는 경우도 정답으로 인정되는 것이 처음에는 이해하기 힘들었다.

프랑스와 한국의 차이는 학교 밖에서도 이어졌다. 혜현이는 어려서부터 조각에 소질이 있어서 이를 꾸준히 계발시켜 왔다. 그런데 한국에서 조각으로는 도저히 생계를 꾸려 나갈 수가 없었다. 프랑스에서는 일정 시간 예술 활동을 하면 국가지원금으로 생활이 가능하다. 그런 식으로 국가가 예술에 투자하는 것이다. 역시 명품은 괜히 탄생하는 것이 아니다. 어쨌든 혜현이는 교육학을 공부하러 대학원에 진학하게 되었다. (이때 여기서 나와 같이 공부했다.) 졸업 후에는 교육 관련 회사에 취직했다. 본인이 정말로 좋아하는 일은 아니지만 열심히 공부해서 이를 바탕으로 일을 하며 급여를 받아 생활할 수 있음에 스스로는 만족한다는 얘기를 들려주었다. 이렇게 사회에서 다양한 사람들을 만나다 보니 나도 생각이 바뀌었다.

"일단 생계가 우선이다."

앞으로 생각이 또 바뀔지 모르겠지만, 먹고사는 문제가 해결되지 않고서 행복할 수 있는 사람은 정말 극소수인 것 같다. 그런데 이러한 생각은 본인이 직접 사회에 나가서 뼈저리게 경험해 보지 않으면 가지기 힘들다. 머리로는 이해를 해도 몸으로는 받아들일 수가 없기 때문이다. 사회생활을 해보지 않은 청소년들이 거의 다 이러한 특성을 보인다. 이는 아이들이 부족해서도 아니고 정신이 나약해서도 아니다. 아직 냉혹한 사회 경험을 못 해봤기 때문이다. 사실 대한민국 청소년들이 태어나서 해본 경험이라고는 공부밖에 없지 않은가? 진로 적성 시간이 따로 있는 학교도 있지만 고학년으로 올라갈수록 자습 시간으로 대체되는 경우가 많다. 간혹 어른들과 꿈에 대해서 이야기를 나눌 기회가 생기면 혼나거나 "쓸데없는 생각 집어치우고 공부나 열심히 해라!"는 말을 듣기 쉽다. 이러한 환경에서 아이들이 제대로 된 꿈을 가지길 기대하는 것은 무리 아닐까?

사실 어른과 아이가 꿈에 대해서 이야기를 나누는 것은 모두에게 의미 있는 시간이다. 어른은 아이의 미래를 함께 그려 나가는 것이고, 아이는 본인의 미래가 달라지는 순간이기 때문이다. 그런데 아이들이 말하는 것을 자세히 들어보면 지나치게 비논리적이고 자기중심적으로 생각하며 말하는 경우가 많다. 그리고 기억이 잘 안 나겠지만 지금의 어른들도 어릴 적에 비슷한 말과 행동을 했을 것이다. 따라서 아이가 대화 중에 이러한 모습을 보일 때 "너는 왜 그렇게 생각이 모자라니?" 하면서 흥분할 일이 아니다. 그저 속으로 '아직 청소년이니까 그러는 게 당연하다. 크면 달라질 거야.'라고 이해하고 넘어가면 그만이다. 중요한 것은 아이의 미래를 설계하는 것이지 아이의 단점을 지적하는 것이 아니다.

무엇이든 꿈을 꾸게 하자

대부분의 사람들은 미래의 직업을 생각할 때 그 분야의 성공한 사람을 보면서 꿈을 꾸는 경향이 있다. 예컨대 박찬호, 박세리, 박지성은 각각 야구, 골프, 축구에 대한 국민들의 관심을 한 단계 올려놓았을 뿐만 아니라 많은 아이들의 롤모델이 되었다. 이후에 김연아와 올림픽 영웅들, 스티브 잡스, 오프라 윈프리, 한국의 IT 신화 김택진 등이 있었고, 지금은 유명 셰프들이 그 역할을 대신하고 있다.

아이들이 자주 보게 되는 사람의 직업을 희망하는 것은 자연스러운 것이지 혼낼 일이 아니다. 그리고 겉으로 보기에 멋있고 화려해 보이는 직업도 선망의 대상이다. 미디어의 영향으로 가수와 연예인은 아이들이 갈망하는 직업 1순위이다. 나아가 방송 관련 직업인 PD, 작가 또는 언론 관련 직업들을 희망하는 경우도 점점 늘고 있다. 이는 아이들이 방송에 잠깐 비치는 화려한 모습만 보고 연예인이나 스태프들의 실제 모습을 보지 못했기 때문이다.

　대학생 때 교환학생을 온 외국인에게 서울 관광을 시켜준 적이 있었다. 어린이 대공원을 지날 때 귀여운 뽀로로 탈을 쓴 인형이 아이들과 촬영을 하고 있었다. 흐뭇한 마음으로 지켜보고 있었는데 조금 한산해지자 뽀로로가 고개를 숙이고 외진 쪽으로 걸어갔다. 그리고 머리의 탈을 벗었는데 예상과는 달리 안에는 왜소한 여학생이 있었다. 한여름 푹푹 찌는 날씨에 뽀로로 탈 안에서 얼마나 더웠을까? 같이 촬영을 하는 스태프가 와서 한마디 하는 게 들렸다.

　"더우시죠?"

　공교롭게도 뽀로로가 하는 대답도 듣게 되었다.

　"XX, 그럼 춥겠냐?"

　방송일이 이렇게 고되고 힘들다는 것을 아이들은 모를 것이다. 꿈에 그리던 스타가 되면 달라질까?

　2012년 겨울 모 대학교에서 걸그룹 시스타와 미스에이가 〈출발 드림팀〉 방송 촬영을 했다. 어쩌다 보니 나도 같이 촬영할 기회를 얻었다. 이날 카메라에 담기지 않은 연예인의 모습을 가까이에서 볼 수 있었다. 한겨울 매우 추운 날씨였는데도 가수들은 날씨가 무색할 정도로 짧은 의상을 입고 있었다. 촬영이 시작되자 가수들의 공연으로 분위기가 한껏 뜨거워지는 듯했다. 그런데 열심히 공연을 하는 도중에 갑자기 음악이 꺼졌다. 가수들은 겸연쩍은 표정으로 어색하게 서 있었고 이를 보는 우리들도 긴장하게 되었다. 분위기는 순식간에 싸

늘해졌고 방송 관계자의 무거운 음성이 스피커를 타고 흘러나왔다.

"제대로 하자."

카메라로 볼 때 흥겨움이 느껴지지 않아서 더 열심히 하라는 메시지였다. 다시 카메라에 불이 들어오자 가수들은 좀 전의 어두운 얼굴을 뒤로하고 바로 밝게 웃으면서 춤을 추었다. 그런데 공연을 하는 도중에 또 음악이 꺼졌다. 뒤에 있는 관객들의 반응이 시원찮은 게 이유였다. 가수들은 몇 번이고 혼신의 힘을 다해서 공연을 했다. TV에서 잠깐 스쳐 지나가는 모습은 그렇게 여러 번 찍은 공연들 중 하나에 불과한 것이었다.

겨울에 땀이 나도록 춤을 추고 난 뒤에는 다들 덜덜 떨었다. 더군다나 의상도 얇고 짧았다. 근처에 있는 코디나 매니저가 가져다주는 수건을 덮는 것이 전부였다. 그러나 한겨울에 땀이 식으면서 체온이 떨어지는 것을 보호하기에는 역부족이었다. 그런 휴식 시간조차 바로 앞에서 개인 카메라가 가수들을 따라다니고 있었다. 뭔가 재미있는 영상이나 굴욕 장면을 잡기 위해서 가수들을 일일이 촬영하고 있었던 것이다. 그러다가 카메라에 불이 들어오면 다시 밝게 웃는 얼굴로 촬영을 이어 나갔다. 짧은 휴식 시간마저도 끊임없이 찾아오는 팬들과 사진을 찍고 사인을 해주느라 편히 쉴 수가 없었다. 오전 열 시쯤 시작된 촬영은 오후 다섯 시가 되어서도 끝나지 않았다. 개인적인 일이 있어서 끝까지 함께하지 못하고 중간에 먼저 나와야 했지만 연예인들의 화려함 뒤에 감춰진 실제 모습을 알기에는 부족하지 않았다.

아이들이 꿈으로 연예인이나 방송 관련 일을 하겠다고 하면 허락해 주자. 이들 중 반은 막상 자리를 깔아주면 생각을 바꿀 것이다. 그리고 나머지 반 중에서 대부분은 현실이 예상과 다르다는 것을 경험하고 다시 원래 자리로 돌아올 것이다.

몇 년 전 가르쳤던 고3 아이가 실용음악과에 지원하고 싶어 했다. 대부분 그렇듯 가족들의 반대가 심했다. 그런데 아이가 노래를 꽤나 잘 부른다는 지인들의 말에 부모님이 기회를 주기로 했다. 실제로 노래를 들어보면 일반인이 듣기에 차원이 다른 실력을 가지고 있었다. 그런데 실용음악 학원에 한 달 정도 다니더니 아이가 그토록 원하던 노래를 안 하겠다며 다시 공부에 매진하기로 한 것이 아닌가? 아이가 한 말은 다음과 같았다.

"거기에 가 보니까 저는 보통이더라고요."

일반인들 사이에서는 군계일학이었지만, 노래에 재능이 있는 아이들이 모인 공간에서는 평범했던 모양이다.

아이들이 공부 외에 가수, 배우, 모델, 그림, 춤, 장사 등을 하겠다고 하면 말리지 말자. 사람은 말리면 더 하고 싶은 마음이 강해지는 경향이 있다. 그러니 아이들이 무언가를 하겠다고 하면 일단 허락해 주자. 본인의 적성과 소질을 탐색해 볼 좋은 기회가 될 수 있다. 혹시 그쪽에 재능을 발견할 수도 있다. 반면 그쪽에 재능이 없다면 주변에서 하라고 떠밀어도 아이는 다시 돌아올 것이다. 실패를 통해 깨닫고 배우는 것도 충분히 가치 있는 일이다.

그리고 아이들의 꿈은 자주 바뀐다. 바뀌는 것이 당연하다. 상황과 입장이 달라지고 세상에 대한 경험치가 쌓여가면서 판단의 기준이 달라지기 때문이다. 그러므로 아이들과 꿈 얘기를 할 때 그리 심각하게 받아들일 필요는 없다. 중요한 것은 꿈을 꾸는 그 자체이지, 어떤 꿈을 꾸느냐가 아니다. 꿈이 없어서 매사에 의욕이 없는 아이보다 뭐라도 하겠다는 아이가 더 좋지 않을까? 꿈도 강력한 학습 동기 중의 하나이다.

꿈은 '되는 것'이 아니라 '하는 것'이다

꿈이 없는 아이를 위해서 아이의 꿈을 직접 정해주는 부모도 있다. 초등학교 4학년 시현이는 꿈이 있다. 바로 '9급 공무원'이 되는 것이다. 왜 9급 공무원이 꿈이냐는 질문에 시현이는 해맑게 웃으면서 이렇게 답했다.

"엄마가요, 요즘은 공무원이 짱이래요. 그런데 저는 머리가 나빠서 7급 공무원은 힘들 거래요."

요즘처럼 앞날을 예측하기 어려운 시대에 어른들의 생각이 아이들에게 얼마나 도움이 될지 모르겠다. 사회적 변화의 속도가 상대적으로 느렸던 농경사회와 산업사회에는 어른들의 생각이 혜안이었다. 그러나 지금은 무인자동차 시대를 앞두고 있는 정보화사회이다. 현재 스마트폰이 시계, 안경, 옷 등으로 접목되고 있지만 곧 우리 몸에 더 깊숙이 파고들어 24시간 인터넷에 접속되어 있는 유비쿼터스시대로 나아갈 것이다.

　어른들이 아이들에게 추천하는 직종인 교사, 의사, 약사, 공무원, 판사, 검사, 변호사, 금융권, 대기업 등이 10년 뒤에도 지금과 같은 사회·경제적 지위를 누릴 수 있을지 누구도 장담할 수 없다. 기술의 발달로 직업 자체가 사라질 수도 있다. 그러므로 어른들이 해야 할 일은 아이들의 꿈에 관한 이야기를 그저 들어주는 것이다. 그것뿐이다. 사람이 우울증에 걸리고 극단적인 선택을 하는 이유는 따끔한 충고가 모자라서가 아니라 아무도 자신의 말을 들어주지 않기 때문이다. 그저 '아, 네가 지금은 이런 생각을 하고 있구나. 조금 있으면 바뀔 수도 있겠지.' 하고 들어주면 된다. 이야기를 들어주는 것이 사실은 아이가 공부하는 데 큰 도움을 주는 것이다.

　사실 꿈은 누군가가 '되는 것'이 아니라 무엇을 '하는 것'이다. 사회복지사가 꿈인 아이는 사회복지사가 되지 못하면 좌절할 수도 있다. 하지만 남을 도와주는 것이 꿈인 아이는 사회복지사가 여의치 않으면 다른 직업을 가지면서 봉사활동, 기부 등을 통해 본인의 꿈을 실현시킬 수 있다. 마찬가지로 의사가 되는 것도 꿈이 될 수 없다. 오히려 의사가 되고 난 후 무엇을 하느냐가 꿈이 될 수 있다. 아픈 사람을 치료하고 싶은 게 꿈이라면 꼭 의사일 필요는 없다. 실험실에서 신약을 개발하는 것이 어떤 환자들에게는 유일한 희망이다. 혹은 부와 명예를 누리고 싶어서 의사를 희망할 수도 있다. 이 경우도 의사가 여의치 않으면 창업, 고시 등 다른 길을 통해서 본인이 원하는 삶에 다가갈 수 있다. 어차피 의대 정원은 정해져 있고 누군가는 떨어져야 하는 시스템이다. 재능, 의지, 환경, 운 등 다양한 변수가 존재하므로 개인의 노력으로만 합격을 보장할 수 없다. 따라서 먼저 정해야 할 것은 무엇이 '되고 싶은지'가 아니라 무엇을 '하고 싶은지'이다. 그렇게 원하는 삶을 직업을 통해서 실현하는 것이다.

그리고 몇몇 직업들은 그 일을 하기 위해서 필요한 능력과 막상 일을 하는 데 필요한 능력이 전혀 다르다. 예컨대 선생님의 경우 임용고시를 통과하기 위해 필요한 것은 본인의 학습 능력이다. 하지만 막상 일을 시작하면 소통, 공감, 전달력, 헌신적 소명감 등이 필요하다. 똑똑하고 열심히 공부해서 시험은 통과했지만 아이들에 대한 관심이 부족할 수도 있다. 이런 사람이 교육 현장에서 일하게 되면 본인뿐만 아니라 아이들에게도 말하기 힘든 고통을 안겨준다. 직업은 한 번 정하면 쉽게 바꿀 수 없다. 따라서 스스로에 대한 냉철하고 객관적인 탐색이 선행되어야 한다.

'내가 진짜로 하고 싶은 게 무엇인가?'

> **정리하면**

아이들이 꿈에 대해서 얘기할 때 심각하게 받아들이지 말자. 어른들이 생각하기에 비현실적이고 엉뚱한 꿈을 꾸고 있어도 내버려 두자. 왜냐하면 이는 아직 아이라서 누릴 수 있는 몇 안 되는 특권 중의 하나이기 때문이다. 그리고 아이들의 꿈은 수시로 변한다. 중요한 것은 어떤 꿈을 꾸는지가 아니라, 꿈을 꾸면서 그 에너지를 바탕으로 열심히 살아가는 것이다. 그러니 화낼 일도 아니고, 세상물정 운운하며 아이들의 생각을 바꾸려고 불필요한 에너지를 낭비할 일도 아니다.

정 하겠다고 하면 기회를 줘 보자. 6개월이면 자연스럽게 결론이 날 것이다. 아이는 그 과정을 통해 스스로에 대해서 좀 더 알아갈 수 있다. 요즘은 하루가 다르게 세상이 달라지고 있다. 이런 현실에서 아이들보다 미래를 예측하는 능력이 떨어지는 어른들이 조언하는 것이 실제로 얼마나 도움이 될까? 오답일지도 모르는 정답을 아이들에게 강요하지 말자. 본인이 살았던 시대의 생각으로 아이들의 꿈을 정해 주려 하지 말고 그저 얘기를 들어주자. 그것만으로도 아이의 학업과 미래에 큰 도움을 주는 것이다.

혹시 아이들이 꿈이 없다고 말하면 무엇이 '되고 싶은지'가 아니라 무엇을 '하고 싶은지' 물어보자. 직업은 본인이 원하는 삶을 이루기 위한 수단이지 목적이 아니기 때문이다.

아이를 공부에 미치게 하는 방법

몇 년 전 학생들을 불러서 주말에 자습을 시키고 있었다. 그때 옆에서 공부하던 중학교 1학년 학생이 수학 문제를 질문했다. 나는 "수학 선생님에게 물어봐."라고 말하려다가 '1학년 문제이니 나도 풀 수 있지 않을까?'라는 위험한 생각을 했다. 마침 무료했기 때문에 그 문제를 풀면서 지루함을 달래 보려는 생각도 있었다.

어? 그런데 문제가 생각보다 간단하지 않았다. 여러 각도로 식을 세웠지만 답을 찾을 수 없었다. 얼굴이 화끈거렸다. 나의 수학 실력은 중학교 1학년 문제도 풀 수 없었던 것이다. 창피했지만, 인정했다. 그리고 그 자리에 있는 중2 아이들에게 문제를 풀 수 있는지 물어보기로 했다. 개인적으로 풀이 방법이 궁금하기도 했다.

당시 중학교 2학년 아이들은 월요일에 영어 시험을 앞두고 있어서 모두 영어를 공부하고 있었다. 그런데 주말에 강제로 학원에 나와서 하기 싫은 공부를 억지로 하고 있으니 열심히 할 리 없었다. 졸거나 낙서를 하고, 엎드려서 영어를 공부하고 있었다. 그런데 수학 문제를 물어보자 갑자기 능동적이고 생동감 있는 기류가 형성되는 것이 느껴졌다. 그리고 의욕 없이 영어를 공부하던 아이들이 모두 수학 문제를 풀기 시작했다. 사실 이러한 상황을 의도한 것은 아니었다. 수학에 관심이 있는 아이 두세 명이 풀어볼 것으로 예상했었다. 그런데 중2 모든 아이들이 그 문제에 완전히 몰두하던 모습은 지금도 흥미로운 기억으로 남아 있다. 어쨌든 10분이 지나도록 문제를 푼 아이가 나오질 않았다.

"야! 수학 문제는 됐고, 월요일에 시험 보는 영어 공부나 하자."

아이들에게 수학 문제를 그만 풀라고 말하고 30분 정도가 지났다. 아이들이 영어 공부를 잘하고 있나 자습실을 돌아보는데 중2 아이들이 전부 다 아까 그 수학 문제를 붙들고 있는 것이 아닌가? 머리를 긁적이고, 식을 세우고, 고민에 고민을 거듭하고 있었다. 그때 그 아이들이 문제를 푸는 모습은 흔히 말하는 '진심으로' 공부를 하는 바로 그 모습이었다. 모르는 부분은 진지하게 서로 의견을 교환했다. 그만 풀라고 소리치고 윽박질렀지만 아이들은 협박에 굴하지 않고 문제를 풀었다. 어떤 아이들은 등짝을 맞으면서까지 문제를 풀었다. 심지어 손에 깁스를 해서 펜을 잡지 못한다고 했던 아이도 펜을 들고 열심히 식을 세우고 있었다. 아이들이 공부에 미친 것처럼 보였다. 신기한 모습이었다. 원래 학업에 그렇게 관심이 많은 아이들이 아니었다. 그 아이들이 그렇게 열정적으로 공부하는 모습을 지난 3년간 가르치면서 본 적이 없었다.

모든 인간이 본능적으로 갈망하는 것

왜 아이들은 그 순간 그 수학 문제에 그렇게 매달렸던 것일까? 오스트리아의 정신분석학자 프로이드(1856~1939)는 인간이 하는 대부분의 행위는 '인정받고 싶은 욕구'로부터 비롯된다고 설명했다. 우리가 열심히 사는 것이 직장에서, 가정에서, 친구들 사이에서, 사회에서 능력을 인정받기 위해서라는 말이다.

"당신 정말 괜찮은 사람이야."

"항상 성실한 우리 아이, 정말 자랑스러워."

"그렇게 힘든 일을 해내다니. 김 대리, 정말 대단해! 다시 봤어."

"어머니 덕분에 우리가 이렇게 바르게 성장할 수 있었습니다. 감사합니다."

"아버지가 든든한 버팀목이 되어주었기 때문에 우리 가정이 화목할 수 있었습니다."

이러한 인정은 우리가 살아가는 데 그 어떠한 어려움도 참고 견뎌낼 수 있는 정신적 에너지를 준다. 결국 사람은 인정받기 위해서 살아가는 것이다. 그때 수학 문제는 중1 아이들이 못 풀어서 선생님에게 질문했는데, 선생님도 못 푼 문제이다. 만약 지금 이 문제를 풀게 되면 선생님도 못 푼 문제를 풀어준 대단한 중2 선배가 되는 것이다. 요컨대, 아이들은 그 순간 그 문제를 통해서 인정을 받고 싶은 욕구가 너무 강해 월요일에 영어 시험이 있음에도 불구하고 수학 문제에 매달렸던 것이다.

이 인정받고 싶은 욕구가 얼마나 강한 것이지 단적으로 보여주는 일이 있다. 바로 홍석천 씨의 커밍아웃 사건이다. 그는 그냥 조용히 살면 되지 왜 커밍아웃을 해서 힘들게 사냐는 기자들의 질문에 눈물을 흘리며 다음과 같이 말했다.

"단 한순간이라도 진정한 나로서 인정받고 싶었습니다."

아이들이 잘하는 모습을 보이면 인정해 주자. 예상 밖의 효과에 놀라게 될 것이다. 그렇다고 무작정 칭찬을 남발하라는 뜻은 아니다. 초등학교 4학년만 올라가도 아이들은 빈말로 하는 칭찬에는 가시 돋친 반응을 보인다.

"아이고, 우리 성년이 수학 문제 잘 푸네~"

"됐어요. 저도 아닌 거 알거든요."

아이들은 또래하고 비교해 보면서 본인의 위치를 꽤나 정확하게 알고 있다. 칭찬에는 '진정성'이 담겨 있어야 하며, '구체적인 근거'를 바탕으로 해야 한다.

초등학교 5학년 승준이는 책 읽는 것을 무척이나 좋아한다. 그래서 학교 시험을 보면 사회와 국어 과목은 늘 100점에 가까운 점수가 나온다. 이럴 때 많은 어른들이 다음과 같이 반응한다.

"너는 왜 영어, 수학은 못하니?"

이렇게 상대적으로 못하는 부분을 지적하지는 말자. 왜냐하면 이런 말은 말하는 사람도 듣는 사람도 마음만 상할 뿐이다. 그런데 몇몇 아이들은 이런 말을 듣고 발끈해서 '내가 진짜 공부를 열심히 해서 본때를 보여줘야지!'라는 생각으로 공부에 매진하기도 한다. 하지만 모든 아이들이 이러한 반응을 보이는 것은 아니다. 대부분의 아이들은 못하는 부분에 대해서 지적을 받으면 움츠러들어서 잘하는 것도 못하게 된다. 따라서 아이들의 성격을 파악해서 말해야 한다. 부족한 점을 들추어내기보다는 잘하는 점에 대해 진심 어린 칭찬을 하자.

"독서는 여러모로 굉장히 중요한데, 책을 읽는 습관은 너의 큰 장점이고 앞으로 살아가는 데 돈으로 살 수 없는 자산이 될 거야."

이런 말 한마디가 시험을 잘 보면 장난감을 사 주겠다는 것보다 단기적으로나 장기적으로 훨씬 효과가 좋다. 이런 말을 듣고 자란 아이가 자존감, 자신감, 자립심에 문제가 생길 리 없다.

인생을 바꾸는 말 VS 비수를 꽂는 말

개인적으로도 이 인정의 효과를 뼈저리게 경험한 적이 있다. 고등학교 1학년 때 친구들 사이에서 일본 애니메이션 붐이 일었다. 한창 빠져서 보던 중 '왜 일본 만화는 이렇게 재미있는데 우리나라 만화는 재미가 없을까?'라는 지극히 합리적인 궁금증이 생겼다. 그래서 일본 애니메이션에 관련된 책을 보고 궁금증을 해결할 수 있었다. 요약

하면 일본은 '오타쿠'라고 불리는 마니아층이 있는데, 이들은 취미로 만화를 즐기지만 만화에 대한 식견과 실력은 전문가 수준이라고 한다. 그래서 그들의 높은 기준에 맞지 않는 만화는 살아남을 수가 없다는 것이다. 나는 무릎을 탁 치며 '이런 내용을 정리해서 교실 뒤에 붙여놓으면 나처럼 궁금해하는 친구들이 좋아하겠다'고 생각했다. 그리고 내용을 정리해서 A4용지 두 장으로 교실 뒤에 붙여 놓았다. 그러나 나 말고는 아무도 그런 궁금증을 가지지 않았다는 사실을 확인할 수 있었다.

그때 담임선생님께서 "이거 누가 붙여 놓은 거냐?"라고 물어보셨다. 나는 속으로 괜한 짓을 해서 혼나는 것이 아닌가 걱정했다. 그때 반 친구들이 내가 붙였다고 말했다.

"너는 다른 애들과는 다르구나."

"너는 참 고급스럽게 노는구나."

"너는 나중에 큰일을 하게 될 거다."

그 말을 들은 지 꽤 오랜 시간이 지났지만, 나는 아직도 생생하게 기억하고 있다. 왜냐하면 인생의 어려운 갈림길에서 그 말이 흔들리는 마음을 잡아주었기 때문이다. 대학생 때 과제를 하다가 '에이, 내 주제에 무슨 대단한 걸 하겠다고. 그냥 다른 애들처럼 대충 인터넷에서 베껴 내자.'라는 생각이 들 때면 그 말이 떠올랐다.

"너는 다른 애들과는 다르구나."

20대 젊은 혈기로 친구들과 밤새도록 흥청망청 술을 먹고 첫차로 집에 돌아올 때도 그 말이 떠올랐다.

"너는 참 고급스럽게 노는구나."

잊어버리려고 해도 머릿속에 깊이 박혀서 빼낼 수가 없었다. 대학교를 졸업하고 어디 적당한 데 취업해서 쉽게 일하고 돈은 많이 벌고 싶었다. 그때도 그 말이 떠올랐다.

"너는 나중에 큰일을 하게 될 거다."

지금 생각해 보면 고마운 말이지만 당시에는 나태해질 수 없는 보이지 않는 채찍 같은 존재였다. 그때 선생님께서 어떤 생각으로 그런 말을 하셨는지는 잘 모르겠다. 별생각 없이 가벼운 칭찬 정도로 하셨을 수도 있고, 진심으로 그렇게 생각했을 수도 있다. 어쨌든 살아가면서 힘든 순간이 올 때마다 그 말이 떠올랐다. 그 힘으로 많은 어려움을 견뎌낼 수 있었다. 그때 신생님의 인정은 내 인생을 바꾼 말이었다. 그래서 나도 아이들의 좋은 점을 보면 되도록 칭찬과 인정을 해주려고 노력한다.

"예지야, 성적표 나왔니?"

"……."

예지는 고개를 푹 숙이고 아무 말이 없다. 갑자기 안 하던 공부를 열심히 하는 척한다.

"성적표 나온 거 다 안다. 점수 기억하고 있지?"

똘망똘망한 눈망울이 튀어나오도록 눈이 새빨개진다. 그러다가 계속해서 추궁, 설득, 위로 등을 하니 굳게 다문 입이 서서히 열린다.

"정말이에요. 실망하기 싫어서 전 안 보고 엄마 줘 버렸어요."

"그래? 점수 안 궁금해?"

"네, 정말 안 궁금해요. 자꾸 중1 첫 중간고사가 평생 니 점수가 될 거라고……."

"무슨 소리야?"

그러자 옆에 있는 다른 친구들도 울 것 같은 얼굴로 거든다.

"정말 다 그래요. 중1 점수가 중2 점수가 되고, 그게 다음에 중3 점수가 된다고."

"누가 그런 말도 안 되는 소리를 하니? 점수는 오르기도 하고 떨어지기도 하는 거지!"

"정말이죠? 아니죠? 휴, 다행이다."

"그럼! 물론 공부를 안 하면 그대로겠지만."

중학교 1학년 성적이 평생 간다는 말은 과연 사실일까? 몇몇 아이들에게는 사실일 것이다. 최상위권 학생들이 열심히 공부해서 꾸준히 성적을 유지하는 경우와 최하위권 학생이 계속 공부를 안 해서 성적을 유지(?)하는 경우에는 말이다. 그 외에는 여러 가지 변수로 점수가 오르고 내려가는 경우가 다반사다. 그런데 왜 아이들의 가슴에 비수를 박는 말을 하는지 모르겠다. 설사 그런 경우가 많다 하더라도 계속 용기를 북돋아 자신감을 가지고 공부를 할 수 있게 도와줘야 하는데 말이다. 조금 있는 용기나마 '네까짓 게 과연 무얼 할 수 있겠느냐?'는 식의 말투로 패배감에 젖어 있는 아이들로 키울 필요가 있을까?

공부로 인정받지 못하는 아이가 보여주는 행동 양식은 대체로 비슷하다. 본인이 무시당하는 공부 대신에 인정받을 수 있는 다른 쪽으로 가는 것이다. 바로 음악, 미술, 운동, 노래, 춤 등 예체능 쪽으로 빠지는 경우가 그러하다. 운동으로 전국대회에서 우승을 한 사람의 인터뷰를 보면 항상 빠지지 않고 나오는 말이 있다.

"반드시 메이저리그에 진출해 평생 고생만 하신 어머니에게 경제적으로 효도할 수 있는 아들이 되고 싶습니다."

이는 달리 표현하면 보란 듯이 성공해서 부모에게 인정을 받고 싶다는 말이다. 즉, 모든 아이들의 성공에 대한 욕구 저변에는 부모에게 인정받고 싶은 마음이 깔려 있다. 사람은 본능적으로 낳아주고 길러준 사람에게 인정받고 싶은 욕구가 있다. 부모님의 인정은 아이에게 그 어떤 것보다 더 큰 보상이 된다. 집집마다 문제를 일으키는 아이들도 그 내면에는 인정받고 싶은 욕구가 무의식에 깔려 있다. 그런데 본인의 능력으로 부모님의 기대에 부응할 수 없으니 삐뚤어지게 행동하는 것이다. 이는 나를 인정해 달라는 반증의 표현이기도 하다.

> **정리하면**

사람이 하는 모든 행위의 저변에는 '인정'을 받고 싶은 마음이 있다. 공부도 예외가 아니다. 그러나 모든 아이들이 전 과목을 다 잘할 수는 없는 것이다. 좀 더 잘하는 과목이 있고, 좀 부족한 과목도 있다. <u>이때 부족한 과목을 지적하기보다는 잘하는 과목을 인정해 주는 것이 좋다.</u> 그러면 아이는 기분이 좋아서 부족한 과목도 잘하려고 노력할 가능성이 높아진다. 설사 지금은 인정할 만한 점이 눈에 띄지 않을 수도 있다. 그렇더라도 자신감을 가지고 삶을 영위할 수 있도록 용기를 북돋아 줄 필요가 있다. 아이나 어른이나 인정을 받으면 이에 부응하려고 노력하고, 지적을 받으면 더 저조해지기 때문이다. 특히 부모의 인정은 아이에게 무엇보다도 큰 힘이 된다.

따라서 아이들이 남보다 잘하는 모습을 보이면 진심으로 인정해 주자. 그러면 아이들은 본인의 장점을 키워서 행복한 인생을 살아갈 것이다. 본인의 장점을 인정받으며 자란 아이는 비록 전교 1등은 못할지언정 자신의 분야에서 당당하게 몫을 해내는 사회 구성원으로 성장할 것이다.

공부 역전에 성공한 아이들의 비밀

대한민국 아이들은 학교와 학원에서 아침부터 밤까지 공부를 한다. 그런데 우리 아이는 그렇게 하루 종일 공부를 하는데 왜 성적이 오르지 않는 것일까? 공부를 하기는 하는 걸까? 정말로 머리가 나쁜 걸까? 머리는 좋은데 노력을 하지 않는 것일까? 도대체 애 머릿속에는 뭐가 들어 있는 걸까?

그래서 아이들의 머릿속을 들여다보았다. 아이들에게 무슨 생각을 하고 있는지 본인의 뇌 구조를 스스로 그려 보라는 설문을 했다. 설문 참가자는 초등학교 6학년부터 재수생까지 남녀 100명 정도이다. 아이들은 태어나서 처음으로 본인의 머릿속을 탐색해 보는 시간을 가졌다. 심지어 다른 사람의 뇌 구조를 커닝(?)하는 아이도 있었다. 아이들의 뇌 구조는 다른 듯 비슷했다. 각 학년별 대표성을 띄는 뇌구조를 직접 확인해 보자.

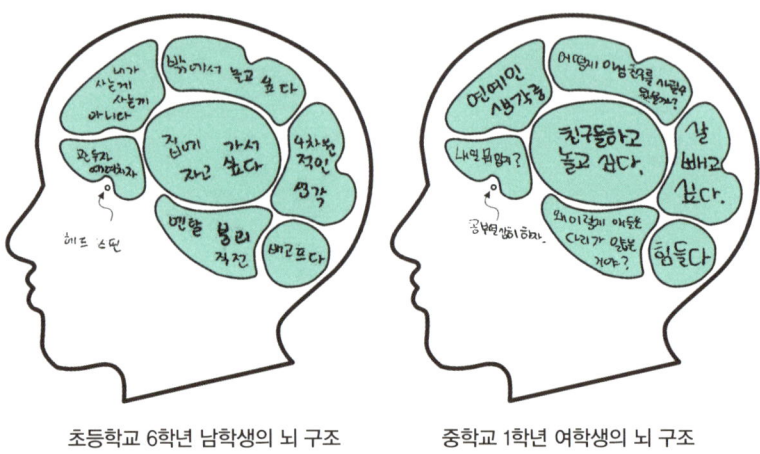

초등학교 6학년 남학생의 뇌 구조   중학교 1학년 여학생의 뇌 구조

    왜 아이들이 공부를 해도 실력이 늘지 않을까? 질문에 대한 답은 아이들이 직접 그린 뇌 구조에 있었다. 아이들이 공부를 해도 성적이 오르지 않는 주된 이유는 배우는 내용이 어려워서도 아니고, 선생님이 아이와 맞지 않아서도 아니고, 아이가 공부를 열심히 하지 않아서도 아니다. 바로 지식이 들어갈 공간이 별로 없기 때문이다. 즉, 공부에 할당된 공간이 우리가 생각하는 것보다 훨씬 작다는 것이다. 학원에 보내고, 책을 사 주고, 과외를 시키고, 설득하고, 화를 내도 아이의 점수가 요지부동인 이유는 다른 곳에 있지 않았다. 바로 아이들의 머릿속에 있었다.

    이는 선생님과 부모님이 문제를 바라보는 발상의 전환이 될 수 있다. 어쨌든 대부분의 어른들은 본인의 어린 시절을 반성(?)하며 이러한 아이들을 어느 정도는 이해해 준다. 그리고 스스로 공부하고자 하는 마음이 생기길 기다려 준다. 그러나 아이에게 진심으로 공부하고자 하는 마음은 좀처럼 생기지 않는 것이 현실이다. 대부분의 아이들이 중학교를 지나 고등학생이 되어도 마음을 잡지 못한다.

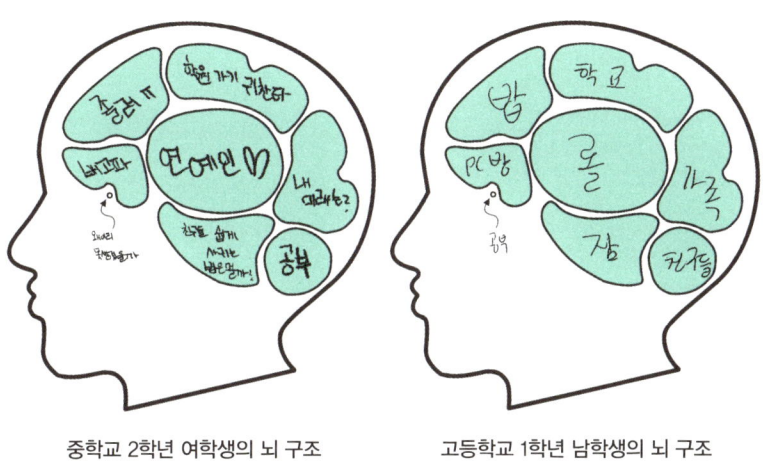

중학교 2학년 여학생의 뇌 구조   고등학교 1학년 남학생의 뇌 구조

위 그림에서 언급된 '롤'이란 주로 남자아이들이 즐겨 하는 컴퓨터 게임 이름이다. 예전에 스타크래프트가 선풍적인 인기를 끌었던 것처럼 시대는 바뀌어도 아이들의 관심 분야는 비슷한 것을 확인할 수 있다.

고등학생이 되어도 여전히 공부는 뇌의 한쪽 구석에 처박혀 있는 신세다. 이 공간을 넓히지 않고서는 학습에 대한 근본적인 향상은 없다. 나는 이 공간을 '동기'라고 명명하고 싶다. 공부가 재미있어서 하는 학생은 거의 없다고 봐야 한다. 그나마 재미없는 공부를 참고 해야 할 '이유'라도 찾는 것이 현실적으로 가능한 목표이다. 이는 꿈이 될 수도 있고, 가난한 형편을 벗어나고자 하는 소망이 될 수도 있다. 어쨌거나 공부를 해야 하는 이유가 확실하고 간절할수록 학습에 대한 동기는 크다고 보면 된다. 솔직히 이 동기가 있는 학생은 가르칠 필요도 없다. 본인이 알아서 하기 때문이다.

고등학교 3학년이 되면 아이들의 머릿속에 드디어 공부할 수 있는 공간이 생긴다. 그것은 '대학을 가지 못하면 인간 취급 안 하겠다'는 사회와 어른들의 압박으로 기인한 것이다. 어쨌든 공부를 해야 하는 이유를 찾은 아이들은 드디어 아침부터 밤까지 책상에서 버틴다. 이제 아이들은 진지하게 공부를 할 수 있는 정신적인 토대가 마련된 것이다. 수업을 듣고, 책을 읽으면서 공부에 할당된 뇌의 공간에 지식을 채워 넣는다. 좀 일찍부터 그렇게 했으면 참 좋았겠지만 어쩔 수 없다. 공부가 워낙 재미없고 힘드니까.

그런데 이렇게 고3이 되어서 정신을 차리고 공부를 해도 두 가지 문제가 남아 있다. 첫째, 이미 흘려보낸 소중한 시간들을 되돌릴 수 없다는 사실이다. 둘째, 외부적인 강압에 의해서 억지로 책상에 앉아 있으니 학습 효율이 오르지 않는다는 것이다.

공부는 정직하다. 하면 는다. 물론 사람에 따라서 느는 속도는 다르다. 그래도 어쨌든 하면 는다. 공부를 하는데 늘지 않는 경우는 없다. 이는 공부하는 것처럼 행동하고 있지만 실제로 머릿속에서는 학습이 되고 있지 않다는 것을 의미한다. 비단 공부뿐만 아니라 세상 모든 일이 하면 할수록 는다. 그런데 몇 년을 해도 제자리걸음인 경우가 있다. 이는 십중팔구 하기 싫은데 억지로 하는 경우이다. 동기는 무서울 만큼 정확하다. 학교에서 학원에서 그리고 과외까지, 아무리 열심히 해도 학습 동기가 없으면 기대한 만큼의 실력 향상은 없다.

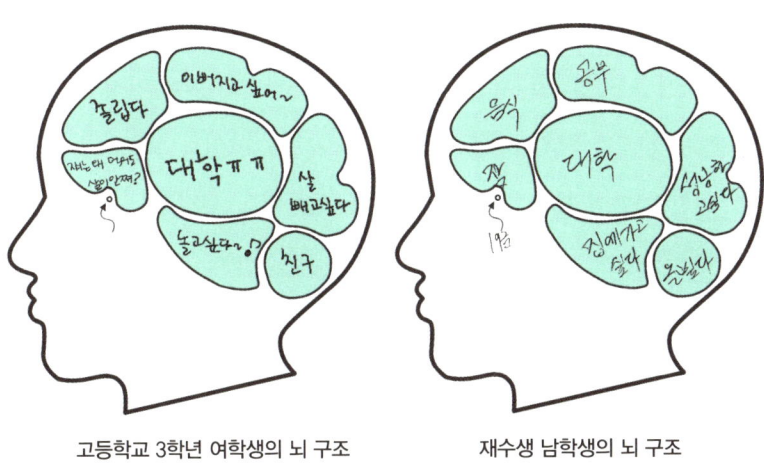

고등학교 3학년 여학생의 뇌 구조   재수생 남학생의 뇌 구조

우리 아이의 학습 동기를 찾아서

그러면 우리 아이의 학습 동기는 어떻게 찾을 수 있을까?

중학교 1학년 지수는 성적이 중간 정도인 평범한 학생이었다. 대부분의 엄마가 한 번쯤은 해봤을 무모한(?) 시도를 지수의 엄마도 했다.

"지수야, 네가 반에서 1등 하는 게 엄마의 소원이다."

지수가 알겠다고 했다. 의외의 반응이다. 뚱한 표정으로 들은 척도 안 하거나, 엄마는 공부를 얼마나 잘했냐고 난동을 부리거나, 격분한 마음에 집을 뛰쳐나가는 것이 보통 아이들이 보이는 반응이기 때문이다.

시험을 준비하는 한 달 동안 지수는 평소와 다르게 열심히 공부했다. 그러나 반에서 1등을 하지는 못했다. 현실은 의욕만 가진다고 다 되는 것이 아니다. 하지만 괄목할 만한 성적 향상을 보였다. 평균이 60점대에서 80점대로 오른 것이다. 그리고 지수의 삶은 달라졌다. 지수를 대하는 가족들의 태도, 선생님들의 대우, 아이들의 부러운 눈빛 등. 이는 예상치 못한 것이었지만 달콤했다. 다음 시험에서 엄마는 지수에게 별다른 얘기를 하지 않았다. 그런데도 지수는 기를 쓰고 공부를 했다. 그 달콤한 것들을 잃고 싶지 않았기 때문이다. 그러나 모든 인간이 같은 자극에 항상 같은 반응을 보이는 것은 아니다.

중학교 2학년 종훈이는 공부를 곧잘 한다는 소리를 들었다. 공부를 좀 하니 엄마가 더 큰 욕심을 냈다. 종훈이 엄마는 지수의 엄마보다 업그레이드(?) 된 소원을 말했다.

"종훈아, 네가 SKY에 들어간 뒤, 네가 통역을 하면서 같이 세계일주를 하는 게 엄마의 소원이다."

얘기만 들어도 숨이 막히는 이 말을 종훈이는 매일 들어야만 했다. 하루가 멀다 하고 닦달하는 엄마의 독촉에 종훈이는 결국 성적이 떨어지기 시작했다. 평균 90점대에서 70점대로 하락했다. 엄마는 하얗게 질렸고, 여기저기 좋다는 과외 선생님을 수소문했다. 수업을 받으려면 몇 달을 기다려야 한다는 말에 웃돈을 주고 아이를 바로 맡겼다. 그렇게 문제가 다 해결될 것이라고 안심했다.

몇 달 뒤 시험을 봤다. 성적은 계속 70점대에 머물렀고, 종훈이 엄마는 머리띠를 두르고 화병으로 쓰러졌다.

지수는 엄마의 소원이 학습에 대한 동기가 되었다. 반면에 종훈이는 그렇지 못했다. 왜 이 둘은 같은 엄마의 소원이라는 얘기에 이토록 다르게 반응한 것일까? 사실 이 질문은 하지 않았으면 좋겠다. 왜냐하면 이 질문에 대답할 수 있는 사람은 지구상에 없기 때문이다. 왜 그때 지수가 엄마의 소원을 이뤄 주기 위해서 공부를 열심히 했는지 본인도 모를 것이다. 부모-자녀 관계, 또래 관계, 개인적인 상황, 가정환경 등 무수히 많은 요인들이 복합적으로 영향을 주고받아서 그때 그렇게 된 것이다. 만약 즐겨 보는 드라마가 있었다면, 좋아하는 이성 친구가 있었다면, 1년 전이나 후에 같은 얘기를 들었다면 어땠을까? 역시 알 수 없다. 이러한 예는 주위에서 너무나도 쉽게 찾을 수 있다.

고2 동규는 학원을 빼먹고 당구장에서 친구들과 놀고 있는 중이었다. 그런데 멀리서 화장실을 청소하고 있는 엄마를 발견했다. 엄마가 청소를 하는 것을 알고는 있었지만 실제로 본 것은 처음이었다. 순간 울컥하는 기분이 들어서 건물을 뛰쳐나왔다. 그동안 엄마가 힘들게 돈을 벌어서 가족이 생활하는 것을 애써 외면했었다. 그 현실을 처음 맞닥뜨린 기분은 말로 표현하기 어려웠다. 엄마가 그렇게 고생해서 번 돈으로 보내준 학원에 가지 않고 흥청망청 망나니처럼 놀았던 자신이 견딜 수가 없었다.

다음 날 동규는 삭발을 감행했다. 마음을 잡고 공부를 시작한 것이다. 그러나 안 하던 공부를 하려니 좀이 쑤셔서 견딜 수가 없었다. 중학교부터 고등학교 1학년까지 놀았으니 수업 내용을 따라갈 리 없었다. 조금 하다가 말겠지 싶었다. 그러나 예상이 빗나갔다. 동규는 무척 괴로워 보였지만 그만두겠다는 말은 하지 않았다. 특히 수학과 과학에 흥미를 보였다. 태어나서 처음으로 고차원적인 사고를 하면서 문제를 해결해 나가는 재미도 느꼈다. 매일 학교가 끝나면 곧장 학원으로 와서 밤 열두 시까지 수학을 공부하고 새벽 두 시까지 과학을 공부했다. 그런데 몇 달이 지나도 성적은 제자리걸음이었고 동규는 지치기 시작했다. 그러나 포기하지는 않았다.

그렇게 1년을 버티자 드디어 성적이 오르기 시작했다. 수능 때까지 한 번도 잔소리를 할 필요가 없을 정도로 동규는 초심을 잃지 않았다. 결국 목표로 하는 대학교들 중 한 곳에 합격을 했다. 합격통지서를 받은 날 엄마와 같이 울었다고 한다.

고등학교 1학년 재성이는 공부에는 별 관심이 없다. 대개 사람은 비슷한 상황에 처해 있는 사람과 어울려 다니는 경향이 있다. 재성이도 소위 일진이라고 불리는 아이들과 어울려 다닌다. 재성이 엄마는 집 근처 시장에서 나물을 다듬어 판다. 재성이는 용돈이 필요할 때면 일하고 있는 엄마한테 갔다. 그날도 엄마한테 용돈을 받으러 가는 길이었다. 그런데 멀리서 손님과 실랑이를 하는 엄마를 발견했다. 자세한 건 모르지만 돈 몇 백 원 때문에 언성이 높아진 모양이었다. 얼마 되지 않는 돈 때문에 볼썽사납게 소리를 지르는 엄마와 사람들을 뒤로하고 재성이는 발걸음을 돌렸다.

다음날 재성이는 염색을 했다. 피어싱과 문신을 하고 잠시 주춤했던 담배도 다시 피웠다. 꿀꿀한 기분에 오토바이를 타고 친구들과 광란의 질주를 하면서 소리를 지르자 답답한 마음이 뻥 뚫리는 듯했다. 돈이 떨어지면 더 이상 엄마한테 가지 않았다. 대신 근처에 있는 초등학생이나 중학생의 돈을 뺐었다. 그렇게 고등학교를 졸업하고 소식이 끊겼다.

엄마가 힘들게 사는 모습을 보고 동규는 삭발을 하고 공부에 매진했지만 재성이는 염색을 하고 본격적으로 비행청소년이 됐다. 가난한 환경이 동규에게는 학습 동기로 다가왔고 재성이에게는 그렇지 못했던 것이다. 이처럼 우리 아이가 어떤 환경에 놓였을 때 어떤 반응이 나올지 예측하기 어렵다. 기억해야 할 것은 사람마다 학습에 대한 동기를 느끼는 포인트가 다르다는 사실이다. 누구에게는 부모님의 기대가 학습에 대한 동기로 다가올 수 있고, 다른 사람에게는 키가 작고 못생긴 외모로 인한 열등감이 학습 동기의 기폭제가 될 수도 있다. 그런데 우리 어른들과 사회는 모든 아이들에게 단 하나의 학습 동기만을 강요한다.

"공부 열심히 해서 좋은 대학에 가고 좋은 직업을 가지면 잘 먹고 잘 산다."

인생을 살아보면 틀린 얘기는 아니라는 것을 알 수 있다. 그런데 문제는 이러한 말을 듣고 학습에 대한 동기를 느끼는 아이들이 거의 없다는 것이다. 대부분의 아이들은 아무런 감흥을 느끼지 못한다. 오히려 같은 얘기를 계속 듣다 보니 학습에 대한 반감만 커지는 경우가 더 많다. 그러므로 효과가 없는 이 말을 하지 말자는 것이다.

그런데 학습 동기를 찾는 게 쉬운 일이었으면 누구나 다 찾았을 것이다. 때로는 공부를 하는 것보다 동기를 찾는 게 더 어려울 수도 있다. 결국 학습 동기를 찾지 못한 채 학창 시절을 마감하는 사람도 많다. 그러나 어렵다고 포기할 수는 없다. 왜냐하면 **학습 동기를 가지는 것이 평범한 아이들이 공부에 소질이 있는 아이들과 경쟁할 수 있는 거의 유일한 방법**이기 때문이다. 실제로 공부 역전을 이뤄낸 아이들을 보면 사교육 때문이 아니라 독한 마음으로 공부를 한 경우가 대부분이다. 그리고 그 아이들의 마음속에는 강력한 학습 동기가 뒷받침하고 있었다.

예상치 못한 학습 동기의 위력

진수 부모님은 고민 끝에 조기 유학을 결정했다. 한국에서는 영어 하나만 잘해도 먹고살 수 있다고 판단했기 때문이다. 진수는 불행인지 다행인지 초등학교 6년을 필리핀과 캐나다에서 생활했다. 덕분에 영어 하나는 웬만큼 했다.

하지만 세상에 공짜는 없다. 국어, 수학, 사회, 과학을 한국의 다른 아이들처럼 공부하지는 못했다. 고등학생이 되자 영어를 제외한 다른 과목들은 기초가 너무 부족해서 따라갈 수가 없었다. 아이도 학습 의욕을 점점 잃어갔다. 부모님은 애간장이 탔고 혹시나 조기 유학의 선택이 잘못된 것은 아닌가 하는 죄의식마저 느꼈다.

그때 진수 아버지가 내린 처방은 전국의 명문대학 탐방이었다. 아버지는 진수가 유명한 대학 캠퍼스를 보고 '나도 이 대학에 가고 싶다!'는 동기를 가지고 열심히 공부하기를 기대한 것이었다. 그렇게 진수는 방학에 아버지와 전국 명문대학교 투어를 하느라 일주일 정도 학원에 빠졌다. 명문대학 탐방이 끝나고 진수한테 느낀 점을 물었다.

"아이씨, 다리 아파 죽는 줄 알았어요."

"그거 말고 뭐 다른 건 없어? '아, 이 대학을 보니까 죽어라 공부해서 가고 싶다'라든지."

"어차피 오르지도 못할 나무를 쳐다보면 뭘 하겠어요."

"아버지한테도 그렇게 말했니?"

"예? 그럼 큰일 나죠."

"그럼 아버지한테는 뭐라고 했는데?"

"그냥 열심히 하겠다고 했죠, 뭐."

이는 진수에게 학습 동기로 작용하지 못했다. 역시나 명문대학 탐방을 한 뒤로 전과 별로 달라진 게 없이 무기력하게 있었다. 그런데 뜻하지 않은 전환점이 생겼다.

어느 날 진수가 매우 흥분해 있었다. 얘기를 들어보니 유명 연예인이 어떤 대학에 다니고 있는데 본인도 미친 듯이 공부해서 그 연예인이 다니는 대학교의 그 과에 들어가겠다는 것이었다. 본인은 그 연예인을 실제로 한 번만 보고 죽어도 소원이 없을 정도로 좋아한다고 했다. 우리 어른들이 들으면 한심한 생각이지만 진수는 그게 학습에 동기가 되었다.

그리고 몇 달간 잔소리를 할 필요가 없을 정도로 열심히 공부했다. 결국 수능에서 두 과목의 등급 합이 4가 나왔다. 목표로 한 대학에는 떨어졌지만 서울 4년제 대학에는 들어갔다.

다시 한 번 강조하면 아이들마다 동기를 느끼는 포인트가 다르다. 아이들은 어른들과는 다른 메커니즘으로 작동한다는 것을 이해해야 한다. 어른들은 아이가 '폼' 나는 동기를 가지길 바란다. 예컨대 '지구촌 불평등 문제를 해결하기 위해서 열심히 공부하겠다', '불치병으로 고통받는 환자들을 위해서 의료계에 헌신하겠다', 이런 것들이다. 하지만 모든 아이가 그런 동기를 가질 수도 없고, 가질 필요도 없다. 어떤 이유로든 아이가 최선을 다해서 공부를 한다면 그것으로 일차적인 목표는 달성한 것 아닌가? 공부하는 동기를 어른들의 기준에 맞추려면 아이들이 탐색할 수 있는 범위는 매우 제한적일 수밖에 없다.

사실 위에서 진수가 연예인을 보고 싶어서 공부를 열심히 해야겠다는 말을 했을 때 나는 속으로 한심하다고 생각했었다. 그리고 이렇게 말할 뻔했다.

"너는 그 나이를 먹고도 아직까지 정신을 못 차리니? 네가 그런 쓸데없는 생각만 하니까 공부를 못하는 거 아니야!"

다행히 이 말이 입 밖으로 나오기 전에 생각을 바꿨다. 그리고 이렇게 말했다.

"우와! 정말? 죽이는데~ 나도 개랑 같이 공부했으면 소원이 없겠다!"

'백문이 불여일견'이 가장 힘이 세다

아이들에게 학습 동기를 찾아주는 좋은 방법 중 하나는 '살아 있는 롤모델'을 보여주는 것이다. 부모님이든 친척이든 지인이든 공부를 열심히 해서 남들과 다른 인생을 사는 모습을 직접 보여주는 것이다. 사람은 직접 봐야 비로소 마음속 깊은 곳에서 자발적 의지가 샘솟는다. 왜 '5년 공부하고 50년 그 덕을 보자'는 논리로는 아이들을 설득할 수 없는데 공부로 성공한 사람을 보면 아이들이 공부하고자 하는 마음이 생기는 것일까?

아리스토텔레스는 사람들을 설득하는 데 세 가지 요소가 있다고 보았다. 그는 그중에 '논리'는 가장 적은 영향을 미친다고 말했다. 논리보다는 '감정적'으로 접근하는 것이 더 효과적이고, 그리고 말 속에 들어 있는 논리나 감정보다 '말하는 사람' 그 자체가 더 중요하다고 보았다. 생각해 보면 우리는 같은 얘기를 동네 형이 하면 무시하고 대학교수가 하면 경청한다. 인간을 꿰뚫어보는 아리스토텔레스의 통찰력은 정확했다.

> **아리스토텔레스가 말하는 '설득의 3 요소'**
>
> 1. 논리적인 측면 (근거 제시) : 설득에 약 10% 정도 영향을 미친다.
> 2. 감정적인 측면 (공감 경청) : 설득에 약 30% 정도 영향을 미친다.
> 3. 인격적인 측면 (명성 호감) : 설득에 약 60% 정도 영향을 미친다.

인류 역사상 논리로 둘째가라면 서러워할 아리스토텔레스도 논리로만 사람을 설득하는 것은 어려웠나 보다. 어쨌든 '지금 공부하면 나중에 좋다'는 논리보다 "제발 네가 열심히 공부하는 것이 엄마의 소원이다."라고 감정에 호소하는 것이, 그리고 그보다 '공부로 성공한 사람을 직접 보여주는 것'이 학습 동기를 가지는 데 더 효과적이다.

정리하면

하루 종일 공부를 해도 성적이 오르지 않는 이유는 공부에 할당된 머릿속 공간이 거의 없기 때문이다. 즉, 공부를 해야 할 이유가 없다는 것이다. 공간이 없는데 공부를 해서 지식을 채우라는 말이 무슨 의미가 있을까? 본인은 얼마가 괴롭겠는가? 아무리 맛있는 음식이 앞에 있어도 배가 부르면 먹을 수 없다. 이때 억지로 먹으면 체하게 된다. 지금 우리 아이들은 다 공부에 체한 상태다. 아이들의 눈을 보면 알 수 있다. 이는 아이들이 학습에 대한 동기를 찾아서 스스로 공부하기 전까지는 절대 해결할 수 없다.

그런데 모든 아이에게 맞는 한 가지 학습 동기란 없다. 아이들마다 외모, 성격, 생각하는 방식, 관심 있는 분야, 타고난 소질, 처해 있는 환경, 사는 지역, 모든 것이 다르기 때문이다. 그러므로 이렇게 각기 다른 아이들을 '지금 열심히 공부하면 나중에 잘 먹고 잘 산다'는 막연한 한 가지 동기로 공부시키려는 생각을 버리자. 중요한 것은 어떤 동기를 가지느냐가 아니다. 어떤 이유든 스스로 공부하려는 마음을 가졌다는 것에 주목해야 한다. 여러 가능성을 열어두고 계속 탐색하는 과정을 거치다 보면 예상치 못한 동기를 만날 수도 있다. 그러면 그 기회를 통해 아이의 학습 의욕이 폭발적으로 향상되는 것을 보게 될 것이다.

나아가 아이들의 학습 동기를 찾아주는 가장 효과적인 방법은 공부로 성공한 사람을 직접 만나게 해주는 것이다. 아리스토텔레스에 따르면 논리보다는 감정에, 그리고 사람 자체가 누군가를 설득하는 데 더 큰 영향을 미친다고 한다.

Chapter 3

자녀와의 갈등을 피하는 방법

사춘기의 특성을 '이해'해야 '오해'하지 않는다

중1 은혜는 요즘 고민이 많다. 작년부터 키가 급격하게 자라기 시작하면서 덩달아 살도 찌고 있다. 한창 이차성징이 진행 중인 것이다. 신체에 변화가 생기면서 기분도 싱숭생숭하다. 또래보다 발육이 빨라서 이를 감추려고 어깨를 구부정하게 하고 다녔더니 목과 어깨에 통증이 생겼다. 그리고 오늘 체육 시간에 달리기 실기 평가가 있었는데 남자 애들이 자기를 보고 있는 것 같아서 빨리 뛰지 못했다. 전력을 다해 뛴 친구들에 비해서 은혜는 실망스러운 결과를 받았다. 어차피 실기에서 이렇게 차이가 나면 필기에서 역전은 힘들다. 체육의 필기시험은 쉽게 내서 거의 틀리는 애들이 없으니까. 내일 다른 과목 쪽지시험이 있는데 이런저런 생각들로 인해 공부가 손에 잡히지 않는다.

중2 용성이는 요즘 열등감에 사로잡혀 있다. 키가 크고 잘생긴 다른 친구들과 비교하면 본인은 내세울 것이 없는 것 같기 때문이다. 공부를 잘하는 것도 아니고, 운동을 잘하는 것도 아니다. 하다못해 춤, 노래, 게임, 뭐 하나라도 잘하는 것이 없다는 생각에 우울하다. 온통 관심은 이성에 쏠려 있어서 시간만 나면 성인 사이트를 돌아다닌다. 본인도 그런 자신이 한심하지만 계속 그런 쪽으로만 생각이 나니 어쩔 수 없는 노릇이다. 밤늦게까지 컴퓨터와 휴대폰을 하고 아침에 일찍 일어나서 학교에 가니 당연히 수업 시간에 잠이 쏟아진다. 성적이 떨어지고 있어서 공부를 더 열심히 해야겠다고 생각은 하지만 실천이 안 되는 게 문제다. 어디 상담을 할 데도 마땅히 없어서 점점 혼자 고민하는 시간만 늘고 있다.

초등학교 때 귀엽기만 하던 아이들이 중학생이 되면서 훌쩍 자라기 시작한다. 몸도 마음도 급격한 변화를 겪는다. 이는 발달 과정에서 보면 자연스러운 현상이지만 아이들 입장에서는 이러한 변화를 처음 경험하는 것이다. 따라서 혼란스럽고 때로는 안 좋은 감정이 요동치기도 한다.

사춘기 아이들의 신체적·심리적 변화에 대해서 어른들은 잘 모르는 경우가 많다. 그나마 아빠는 아들을, 엄마는 딸을 조금 이해할 수 있는 정도이다. 아빠가 딸을, 엄마가 아들을 이해하기란 불가능에 가깝다. 하기야 결혼 10년차 부부도 아직까지 서로를 잘 모르겠다고 하지 않던가.

발달에는 개인차가 워낙 커서 내 아이라고 해서 다 안다고 생각하면 오산이다. 예컨대 어릴 적 운동신경이 좋아서 못하는 운동이 없었던 아빠가 체격이 왜소하고 운동신경이 부족한 아들의 마음을 온전히 이해할 수 있을까? 어릴 적 키가 크고 날씬해서 미스코리아 감이라는 소리를 자부심으로 생각하고 자란 엄마가 키가 너무 커서 스트레스를 받는 딸의 마음을 100% 이해하기란 어렵다. 예전에는 과묵한 것이 미덕이었지만 요즘은 과묵하면 무능한 것으로 여겨진다. 이렇게 다른 사회적 분위기, 다른 문화, 거기에 개인차까지 더해져서 어른들은 아이들의 고민을 가늠하기 어렵다. 더군다나 이런 문제들은 아이가 부모에게 차마 말하기 힘든 주제이기도 하다.

청소년 발달에 관한 연구들을 보면 사춘기의 신체적 변화는 심리 상태와 사회성에도 영향을 미치는 것으로 나타났다. 남자아이들의 경우 또래보다 발달이 빠르면 자신감, 자존감이 더 높은 것으로 나타났다. 이런 아이들은 또래 집단에서 인기가 높아 리더로서 인정받게 되는 경우가 많다. 그러나 리더의 역할은 자신의 장단점을 고민하고 가치관을 탐색하기보다는 기성세대의 관점에 맞출 때가 많다. 그러다 보니 호기심이 낮으며 융통성이 없고 보수적인 성격으로 형성되는 경우가 많다.

반대로 여자아이는 성장 속도가 빠르면 불안하고 우울하며 자아존중감이 낮아진다. 이런 아이들은 부모가 "몸가짐을 조심하라"며 자주 간섭하기 때문에 부모-자녀 간에 갈등도 많다. 또 본인의 상황을 공감할 또래가 없어서 같은 나이의 친구들과 잘 어울리지 못한다. 그래서 본인의 신체적 경험을 공유할 수 있는 선배들과 어울리는 경향이 있다. 하지만 다양한 경험을 통해서 또래보다 심리적으로 침착하고 냉정하며 자발적인 성격이 형성되는 경향이 있다.

남자아이가 또래보다 발달이 느리면 불안하고 안정감이 없어서 사회적인 열등감을 경험하기 쉽다. 남자의 경우 신체의 크기가 자아상을 결정하는 데 결정적인 기준이 된다. 발달이 느리면 집단 내의 인지도가 별로 없다. 주변에서 아직 사춘기가 아니라는 판단 아래 내버려 두는 경우가 많다. 그래서 많은 시도를 해보면서 통찰력, 창의력 등을 기를 수 있다. 성격은 명랑하며 유머 있는 경우가 많다. 그리고 새로운 상황에 적응이 빠르다.

반대로 또래보다 성장 속도가 느린 여자아이는 활발하고 자신감이 있다. 집단 내 인기가 높아서 리더의 역할을 수행하는 경향이 높다. 그러나 마찬가지로 리더의 역할을 하다 보니 정체성에 대한 고민을 할 시간이 부족하다. 따라서 성장이 빠른 여자아이에 비해서 전반적인 심리적 안정감이 낮고 다양한 스트레스에 대한 적응이 부족한 편이다.

사춘기 자녀의 몸이 아니라 머릿속을 보자

청소년들이 보여주는 행동양식은 어른으로서 이해하기 어려운 부분이 많다. 한 가지 예를 살펴보자. 고등학생 남녀가 동물원에 놀러 갔다가 변을 당했다. 농담 삼아 시작된 말이 화근이었다.

"너 저기 사자 우리에 들어갈 수 있어?"

"저기? 저길 어떻게 들어가?"

"에이, 겁쟁이."

"너는 들어갈 수 있어?"

"그럼, 당연하지."

"그럼 한번 들어가 봐."

"내가 너냐? 난 한다면 해!"

"와, 죽이는데~"

정말로 죽을 뻔했다. 사자 무리가 멀리 한가로이 앉아 있기에 들어갔다가 금방 나오면 되겠지 생각했다. 사자 우리에 들어갔다가 나온 뒤 영웅 대접을 받을 환상에 젖어 있었다. 그러나 쿵 하고 우리에 발을 내딛는 순간 사자들이 덮쳤다. 사육사의 도움으로 목숨은 건졌으나 팔을 잃었고 전신에 250 바늘이 넘는 대수술을 받아야 했다. 어쨌든 살아 있는 것에 감사해야 했다.

왜 청소년들은 이토록 충동적으로 행동할까? 그 이유는 논리적인 사고, 사리 분별을 담당하는 뇌의 영역이 완전히 발달하지 않았기 때문이다. 이 부분의 뇌가 발달 중인 아이들은 충동적인 행동을 억누를 수 없다. 동생을 놀린다고 혼난 형이 바로 다시 동생을 놀리고 또 혼나는 경우가 그러하다. 놀리고 싶은 생각이 들었을 때 이를 멈추게 할 브레이크가 아직 생기지 않은 것으로 이해하면 된다. 무단횡단을 하면서 차에 부딪힐 수도 있다는 생각은 하지 않고, 어린애들의 돈을 빼앗을 경우 어떤 결과가 발생할지 진지하게 생각하지 못하고 행동하는 것이다. 그러고는 모든 불행이 자신을 피해 갈 것이라는 환상을 갖는다.

요즘 아이들은 식습관의 변화로 성장 속도가 이전 세대보다 빠르다. 그런데 중요한 것은 **몸이 크는 것에 비례해 두뇌도 발달하는 것은 아니다.** 덩치가 크다고 어른하고 똑같이 생각할 것이라고 기대하면 자녀의 행동 하나하나가 다 부족해 보인다. 아직 걷지 못하는 아이가 기어 다니는 것이 당연하듯 뇌의 여러 영역이 발달 중인 청소년은 어른들이 보기에 참 미흡한 점이 많다. 예컨대 길을 가다가 누군가와 어깨를 부딪치면 사과하고 지나가면 될 일을, 굳이 얼굴을 붉히다 욕설이 오가고 큰 싸움으로 이어지는 것이다. 또 가벼운 농담도 모욕으로 느끼고, 남이 웃는 모습에 자기를 비웃는다고 오해하기도 한다.

"정말이야. 쟤가 먼저 나 보고 기분 나쁘게 웃었어."

"너 또 거짓말할래? 쟤가 아니라고 하잖아!"

거짓말이 아니다. 10대들에게 놀라는 표정과 화나는 표정을 보여주면서 MRI로 뇌의 활성화되는 부분을 확인하는 실험을 한 적이 있었다. 연구 결과 성인들은 사람의 표정을 볼 때 이성적인 판단을 하는 뇌의 부분이 활성화되는 반면, 10대 아이들은 감정을 다루는 부분이 활성화되었다. 즉, 아이의 말에 부모가 놀란 반응을 보이면 아이는 화를 낸다고 생각할 수도 있다는 것이다. 그리고 이러한 일들이 우리 주위에서 흔하게 일어난다. 농담 섞인 말에 갑자기 문을 쾅 닫고 방으로 들어가는 경우, 기분 나쁘게 쳐다본다고 친구와 싸우는 경우가 그러하다.

"쟤는 도대체 누굴 닮아서 저러는 거야? 나는 안 그랬는데."

대부분의 어른들이 하는 착각이다. 기억하지 못할 뿐 지금의 어른도 청소년이었을 때 비슷한 말과 행동을 했었다. 혹시 인정할 수 없다면 본인의 청소년기는 어떠했는지 부모님에게 한번 물어보자.

미국의 아동심리학자 데이비드 엘킨드(1931~)는 청소년들을 연구한 후 10대는 두 가지 착각을 한다고 정리했다.

첫째, 나는 특별한 존재이고, 나의 경험은 다른 사람의 경험과는 근본적으로 다르다고 믿는다. 자신만이 진정한 우정과 사랑을 하며 남들은 결코 경험하지도 이해하지도 못할 것이라고 생각하는데, 이를 '개인적 우화'라고 한다. 그래서 아래와 같은 말을 자주 하는 것이다.

"엄마가 뭘 안다고 그래?"

"됐어. 내가 어떤 기분인지 아무도 모를 거야."

둘째, 세상은 나를 중심으로 돌아간다고 믿고 본인의 감정과 생각이 가장 중요하다고 생각한다. 그래서 멋과 체면을 중요하게 생각하며 사소한 실수에도 과도하게 창피해하는 것이다. 주변 사람들이 별 생각 없이 내뱉은 말에 크게 분노하는 것도 세상의 중심인 본인의 자존심이 상했다고 느끼기 때문이다. 이처럼 모든 사람들이 자기에게 관심을 가지고 있다고 믿는 것을 '상상 속의 청중'이라고 한다.

그렇다고 모든 행동을 눈감아 주란 뜻은 아니다. 적절한 규칙과 규제는 필요하다. 다만 아이가 조금 충동적이고 자아 중심적인 특성을 보이는 것은 어떤 병리적인 문제가 있는 것이 아니라 자연스러운 발달 단계를 지나고 있는 것이다.

> **정리하면**
>
> 사춘기 아이들은 급격한 신체적 정신적 변화를 겪는다. 이러한 경험이 처음일 수밖에 없기에 아이들은 혼란스럽다. 신체적·정신적 변화는 아이들의 성격 형성과 사회성에도 영향을 미친다. 그러나 무턱대고 자녀를 불러서 고민을 털어놓으라고 하면 아이들은 불편해한다. 이와 관련된 문제를 지혜롭게 해결하기 위해서는 어른도 사춘기 자녀에 관해서 어느 정도 사전 지식이 필요하다. 세상은 아는 만큼 보이는 법이니까.
>
> 성장 속도가 빠르다고 장점만 있는 것도 아니고, 느리다고 단점만 있는 것도 아니다. 우리 아이가 성장 속도에 따라 어떤 심리·사회적인 변화를 겪는지 어른들이 아는 것이 중요하다. 이러한 특성을 아는 어른과 그렇지 못한 어른이 아이와 상호작용을 하는 과정에서 큰 차이가 나타나기 때문이다. 사소한 일에 격하게 반응하는 아이들이 종종 있는데 겉모습만 보고 덩칫값을 못한다고 훈계하지 말자. 이는 논리적 사고, 충동성을 조절하는 뇌의 영역이 아직 완전하게 발달하지 않았기 때문이다. 따라서 설교를 하고 체벌을 한다고 해결

되는 문제가 아니다.

　10대를 연구한 학자에 따르면, 청소년들은 본인이 특별한 존재라고 믿고 세상의 주인공이라고 생각한다. 청소년기의 특성을 이해한다고 아이들이 금방 달라지지는 않지만, 이러한 발달 특성을 알고 있으면 불필요한 갈등을 피할 수 있다. 이해하지 못하면 오해하게 된다.

자녀의 성적을 좌우하는 부모의 자세

지훈이를 처음 본 것은 중학교 3학년 때였다. 전 과목 평균 87~88점의 성적을 유지하고 품성이 바른 학생이었다. 특히 수학에서는 또래 아이들보다 깊은 사고력으로 좋은 성적을 유지했다. 그런데 고1 때 지훈이가 학원을 옮기는 바람에 아쉽게도 더 공부하는 모습을 지켜보지 못했다. 그리고 몇 년 후 재수반에서 지훈이를 다시 만났다. 반갑게 이런저런 얘기를 나누고 같이 수업을 하는데 너무 기본적인 것도 모른다는 생각이 들었다.

'이상한데? 얘가 이렇게 못할 리가 없는데.'

혹시나 하는 마음에 고3 3월 모의고사를 풀어보라고 했더니 30점대가 나왔다. 졸거나 대충 본 것이 아니냐고 물으니까 열심히 풀었다고 답했다.

"지훈아, 성적이 왜 이렇게 떨어졌냐? 이거 니 성적이 맞냐?"

"예, 맞아요. 그동안 공부 안 했어요."

지훈이는 겸연쩍게 웃으면서 말했다. 지난 2년 동안 지훈이에게 무슨 일이 있었던 것일까?

수소문을 해보니 지훈이는 고1 때 국어, 수학, 영어 3등급 정도를 유지하다가 고2 때 국어 2등급, 수학 2등급, 영어 3등급을 맞았다고 한다. 아이러니하게도 바로 여기서부터 불행이 시작되었다. 지훈이가 국영수 3등급 정도가 나올 때는 어머니가 이렇게 말했었다.

"네가 서울에 있는 4년제 대학교에만 들어가면 소원이 없다."

국영수 3등급 정도면 서울 소재 4년제 대학교에 간신히 가거나 떨어질 수 있는 아슬아슬한 점수다. 그래서 4년제 대학교에 가기만 하면 좋겠다는 생각이 든다. 그런데 아이가 국어 2등급, 수학 2등급, 영어 3등급이 나오자 어머니의 말이 이렇게 바뀌었다.

"너는 왜 1등급은 안 나오니?"

올림픽 선수들을 연구한 결과 은메달보다 동메달을 딴 선수가 더 큰 행복감을 느낀다고 한다. 은메달을 딴 선수는 금메달을 놓친 아쉬움이 크지만, 동메달을 딴 선수는 그래도 메달을 딴 것을 다행으로 생각한다는 것이다. 이와 비슷하게 3등급이 나올 땐 4년제 대학교에 가기만 해도 좋겠다고 생각하지만, 막상 2등급이 나오면 1등급이 왜 안 나오는지 안달이 날 수 있다. 지훈이 어머니도 그랬다. 지훈이는 성격상 가만히 내버려 두면 자기가 알아서 할 학생인데, 매일 이어지는 부모님의 잔소리, 정신교육이라고 일컬어지는 조언 비슷한 훈계…….

결국 지훈이는 공부에서 손을 놓았다.

혹자는 그게 그 학생의 한계라고 말한다. 어차피 그 학생은 내버려 두어도 거기까지였을 것이라고. 그러나 100미터를 13초에 뛰는 사람에게 격려를 하고 용기를 북돋으면 12.9초, 12.8초로 서서히 발전할 가능성이 있다. 왜냐하면 아직은 그 사람의 근력, 순발력, 탄력, 민첩성, 심폐지구력 등이 감당할 수 있는 시간이 13초 정도이기 때문이다. 하지만 자신의 몸이 최대한 감당할 수 있는 속도로 뛰는 사람에게 더 빨리 뛰라고 뒤에서 밀면 굴러 넘어진다. 지훈이는 그때 정신적으로 굴러 넘어졌던 것이다.

아이가 ADHD, 학습 장애, 학습 부진 등의 이유로 공부에 지장에 생기면 부모님의 가슴은 철렁 내려앉는다. 그리고 아이의 문제를 해결하기 위해 동분서주 뛰어다닌다. 이때 소원은 오직 하나뿐이다.

"제발 우리 아이가 학교 공부만 따라갈 수 있게 해주세요."

보통 ADHD, 학습 장애, 학습 부진의 증상은 혼재되어 나타나는 경우가 많다. 만약에 증상이 호전된다고 해도 또 다른 문제가 기다리고 있다. 학교에서 10~20점대 점수를 받았던 아이가 약물 치료, 학습 치료를 병행하면서 50~60점대로 성적이 올라가면 처음에는 이렇게 말한다.

"선생님, 정말 고맙습니다. 이 은혜는 평생 잊지 않겠습니다."

그러나 어느 정도 시간이 지나면 이렇게 말이 달라진다.

"선생님, 우리 아이가 왜 성적이 더 오르지 않을까요?"

그렇게 학부모의 닦달이 시작되면 상당수의 아이들은 원래의 증상으로 돌아간다.

만족하지 못하는 학부모 VS 지치는 아이들

학교에 가지 않는 아이의 학부모는 아이가 학교에만 간다면 소원이 없을 것이다. 학교에서 꼴찌를 하는 아이의 학부모는 아이가 꼴찌만 하지 않았으면 하고 바랄 것이다. 평균 60점을 맞는 아이의 학부모는 평균 80점만 되면 더 바랄 것이 없을 것 같다. 평균 80점을 맞은 아이의 학부모는 왜 평균 90점은 안 나오는지 잔소리한다. 평균 90점을 맞은 아이의 학부모는 왜 전교 1등을 못할까 답답해한다. 전교 1등을 하는 아이의 학부모는 내 아이가 서울대학교를 갈 수 있을까 걱정한다. 그러다 한 번이라도 전교 2등으로 밀리면 얼굴이 사색이 되고 눈앞이 하얘진다. 이 과정에서 아이들이 견디질 못하는 것이다. 그러나 이러한 마음의 변화 자체는 어떻게 보면 인간의 본성에 가깝다. 따라서 의식적으로 마음을 통제하지 않으면 본인도 모르게 이러한 생각에 빠져들어 결국 자녀의 학업을 방해한다는 것을 알아야 한다.

전문대학교를 갈 정도의 성적이 나오는 아이에게는 지방 국립대를 목표로 공부하자고 독려한다. 지방 국립대를 갈 성적이 나오면 이번에는 수도권 4년제로 목표를 상향 조정한다. 그 다음에는 괜찮은 서울 4년제, 이후에는 명문대학교로 목표는 끝없이 올라간다. 마찬가지로 그 과정에서 아이들이 지치는 것이다. 행여나 성적이 떨어지면 어김없이 '상담'이 기다리고 있다. 말이 상담이지 실상은 "성적이 왜 떨어졌니? 더 열심히 해라"는 식의 질책이 주를 이룬다.

더욱이 서울 4년제를 쉽게 생각하는 학부모가 많은데, 어느 정도 공부를 해야 서울 4년제 대학교에 들어갈 수 있는지 정확히 아는 경우는 드물다. 한 대학교의 신입생 수를 대략 3천 명이라고 계산해 보자. 모두 가고 싶어 하는 대학교는 세어 보면 약 30개 정도 있다. 3천 곱하기 30을 하면 9만 명이다. 한 해 수능을 보는 고3 학생 수는 대략 40만 명. 이들 중 외고, 과학고, 영재고, 국제고, 자립형 사립고, 자율형 사립고의 졸업자가 대략 3~4만 명이다. 여기에 1년간 절치부심한 재수생 10만 명도 경쟁에 참가한다. 그러니 괜찮은 대학교에 합격하는 것이 말처럼 쉬운 일은 아니다.

그리고 명문대에 합격했다고 다 좋은 것도 아니다. 일단 명문대에 들어가면 아이가 거만해진다. 그리고 안정적인 일자리를 찾아서 적당히 안주하며 살기 쉽다. 가슴 뛰는 일이 생겨도 도전하기 어렵다. 잃을 것이 많기 때문이다. 그렇게 평생 월급을 받으며 살다가 인생을 마감하는 순간에 '왜 나는 진정으로 원하는 일을 한 번도 시도하지 못했을까?'라는 후회의 눈물을 흘릴 수도 있다.

그리고 공부를 잘하고 못하는 것은 꼭 개인의 노력으로만 결정되는 것이 아니다. 예컨대 공부를 잘하는 학생이 왜 공부를 잘하는지 원인을 생각해 보자. 타고난 머리, 가정환경, 사교육, 부모님이 보여주는 롤모델, 학습 동기, 동료 효과, 성격, 노력, 꿈 등이 있을 수 있다. 중요한 것은 어떤 요소가 그 학생에게 얼마나 영향을 미치는지 정확히 알 수 없다는 것이다. 마찬가지로 공부를 못하는 학생도 정확히 어떤 이유로 공부를 못하는지 알 수 없다. 아이는 정말로 최선을 다해서 노력하고 있지만 다른 요소 때문에 공부를 못할 수도 있는 것이다.

따라서 서울 4년제 또는 특정 대학교를 목표로 정하면 그 자체만으로 아이들에게 엄청난 스트레스다. 그리고 노력한다고 모든 아이들이 목표를 다 이룰 수 있는 것도 아니다. 입학 정원은 정해져 있고 누군가는 떨어져야 하는 시스템이다. 그러니 천편일률적인 목표로 본인과 아이들을 끝없는 고통 속으로 몰아넣지 말자.

경험적으로, 학부모가 이런 마음가짐을 가지는 것이 제일 좋은 것 같다.

"네 능력을 100% 발휘하면 된다."

아이가 능력을 100% 다 발휘해서 공부를 한다면 그것으로 만족해야 한다. 그 이상을 바라는 것은 욕심이다. 그리고 본인의 능력을 다 발휘해서 공부를 한 아이들은 대학교에 들어가서도 학교생활을 충실히 하는 경향이 있다. 물론 높은 목표를 잡아서 이를 보고 달려야 하는 것은 맞다. 목표를 아래로 잡을 수는 없지 않는가? 그리고 현상 유지를 목표로 잡으면 열심히 할 동력을 잃을 수도 있다. 목표는 본질적으로 높게 잡아야 하는 것이다.

그런데 이 높은 목표를 스스로 잡는 것과 외부에서 강요하는 것은 큰 차이가 있다. 그리고 사람은 누가 시키지 않아도 본인이 생각하기에 가능한 일은 달성하고 싶은 마음이 생긴다. 반에서 1등 하는 아이는 누가 말하지 않아도 명문대를 마음에 두고 있다. 그러나 반에서 10등 하는 아이는 명문대에 가면 좋겠지만 그게 현실적으로 불가능하다는 걸 안다. 그래서 본인이 노력하면 갈 수 있는 대학교를 목표로 정하게 된다.

여기서 그 아이가 열심히 노력해서 원하는 대학교에 갈 수 있는 성적이 나오면 두 가지 행동 패턴으로 나뉜다. 첫째, 원하는 목표를 이루었으니 만족한다. 둘째, 원하는 목표를 이루었으니 더 높은 목표를 정한다. 이 과정에서 타인이 개입하는 것은 많은 부작용을 초래한다. 만약 어느 수준에서 만족하는 아이는 현재 본인의 능력으로 달성 가능한 최고 수준에 도달해 있는 것이다. 최선을 다하고 있는데 더 열심히 하라고 하면 아이는 포기하게 된다. 그래서 펜은 들고 있지만 사실상 공부를 포기한 아이들이 전국에 넘쳐나고 있다. 본인의 능력을 월등히 뛰어넘는 성취를 하라고 기대받기 때문이다.

> **정리 하면**
>
> 사람의 욕심은 끝이 없다. 이는 인간의 본성이기도 하다. 실제로 교육 현장에서 학부모를 만나 보면 아이의 상황에 만족하는 경우는

드물다. 전교 500등부터 전교 1등까지 모든 학부모가 더 나은 결과를 요구하면서 아이에게도 본인에게도 스트레스를 주고 있다. 아이러니한 것은 아이의 성적이 올라갈수록 학부모의 기대와 스트레스도 비례해서 증가한다는 것이다. 그러나 아이가 공부를 하는 데 이러한 마음을 가지면 본의 아니게 피해를 주게 된다는 사실을 알아야 한다. 아이의 능력을 다 발휘하기도 힘들뿐더러 아이가 학업에서 멀어지는 결과를 초래할 수도 있다. 그러므로 불필요한 갈등을 피하고 더 나은 결과로 이끌기 위해서는 다음과 같은 마음가짐을 우선시해야 한다.

<u>"너의 능력을 100% 다 발휘하면 그것으로 만족한다."</u>

그러면 아이는 본인이 달성할 수 있는 최대치에 한 발짝 더 다가갈 것이다.

모두가 불행해지는 확실한 방법

몇 년 전 어느 추운 겨울날 목욕탕에 가는 길이었다. 한 할아버지께서 지나가는 사람마다 붙잡고 뭐라고 말하고 있었다. 또 무슨 종교 믿으라는 거겠지, 생각하고 그냥 지나가려던 참이었다.

"보, 보일러 좀……."

할아버지의 음성이 희미하게 들렸다. 일단 종교 얘기는 아니기 때문에 무슨 일이냐고 할아버지께 여쭈었다. 할아버지는 한쪽 눈이 좀 불편한 것 같았고, 말을 심하게 더듬어서 보통의 인내를 가지고는 대화를 할 수 없었다.

"보, 보, 보일러가…… 아, 안 켜져…… 조, 좀, 봐, 봐줘……."

'귀찮은데 그냥 모른 척하고 가던 길이나 계속 갈까?' 하는 생각이 들었지만 내가 가버리면 할아버지께서 또 다른 사람에게 매달려야 하는 걸 생각하니 귀찮아도 그냥 내가 처리하기로 마음먹었다.

할아버지를 따라서 문으로 들어갔다. 집은 방 한 칸에 부엌이 달린 구조였다. '우리 동네에 이런 집이 있었나?' 싶을 정도로 작고 어두웠다. 보일러를 이리저리 살펴보고 전원 스위치를 껐다 켰다 해보니 반응이 없었다.

"할아버지, 이거 고장 난 거 같아요. AS 불러야겠는데요. 여기에 붙어 있는 번호로 전화 걸어보세요."

"그, 그거 아, 안 돼……. 해, 해봤어……."

"이거 언제부터 안 됐어요?"

"안 켰어. 하, 한 3, 4년 동안, 아, 안 켰어……. 그, 그런데, 너, 너무 추, 추워서……."

최근 3, 4년간 보일러를 안 켰다는 말이 망치로 머리를 쾅 내려치는 것처럼 울렸다. 한겨울에 보일러 없이 어떻게 살 수 있는지 상상이 되지 않았다. 특히 최근 몇 년 동안은 기록적인 한파가 찾아왔다. "아니, 왜 안 켜셨어요?"라는 질문이 입 밖으로 나오려는 순간 입을 다물었다. 주위를 둘러보니 그 질문에 대한 답을 어렵지 않게 추측할 수 있었다. 아마도 방세, 세금, 식비와 병원비 등을 제하고 나면 보일러를 튼다는 것은 사치에 가까웠을지도 모른다. 당시 스마트폰을 가지고 있지 않아서 남은 방법은 컴퓨터로 AS센터의 전화번호를 찾아보는 것이었다.

"할아버지, 컴퓨터 어디 있어요? 제가 인터넷에서 전화번호 좀 찾아볼게요."

"코, 콤푸타…… 그, 그거…… 어, 없어……."

그 순간 할 말을 잃었다. 요즘 시대에 컴퓨터 없이 산다는 게 상상이 되질 않았다. 할아버지와 나는 동시대를 살아가고 있지만, 어떻게 보면 같은 시대를 살고 있는 것이 아니었다. 그리고 현대 사회에서 컴퓨터가 없으면 인간이 굉장히 무기력해진다는 사실도 경험했다.

"아, 그러면 할아버지 전화번호 좀 적어주세요. 제가 집에 가서 AS 전화번호를 찾아서 알려 드릴게요."

"고, 고마워……."

할아버지는 신문지 귀퉁이에 전화번호를 적어 주면서 미안할 정도로 연거푸 머리를 조아렸다.

목욕을 마치고 집으로 돌아왔다. 화장실에 들어갈 때와 나올 때가 다르다고 아까 받은 할아버지의 전화번호가 적힌 신문지를 보는데 갑자기 귀찮게 느껴졌다. 사람이란 왜 이렇게 간사한 존재일까. '내 일도 다 처리 못하는데 무슨 남의 일까지 오지랖이냐?'라는 생각이 들면서 신문지를 휴지통에 버릴까 하다가 차마 그러지 못했다. 당시 대학원에서 교육학을 공부하고 있지 않았으면 그냥 신문지를 구겨서 버렸을 것이다. '남에게 올바르게 살라고 가르치는 교육학을 공부하는 내가 이러면 안 되지.'라는 생각에 컴퓨터를 켜고 AS센터의 전화번호를 찾았다. 한 5분밖에 걸리지 않는 일이었는데 이게 귀찮아서 신문지를 구겨 버리려고 생각했다는 내 자신이 창피해졌다.

"할아버지, 안녕하세요. 아까 보일러 봐준 학생입니다."

"어, 아…… 그, 그래, 응……."

AS센터의 전화번호를 알려 드렸고, 어떻게 하다 보니 이런저런 얘기를 조금 더 하게 되었다.

"할아버지, 혹시 어디 편찮으세요? 말씀이 자연스럽지 않으신데."

"으, 응, 이, 이거, 몇, 몇 년 전에, 뇌수술 바, 받아서……."

"그럼 지금은 괜찮으세요?"

"하, 하루에 약, 약을 네, 네 번씩 먹어. 지, 지금은, 괜찮아."

"아, 그러세요. 할아버지, 혹시 자제 분은 안 계세요?"

"응…… 자, 작은놈은, 추, 출, 출판사에서, 이, 일해."

"그래요? 그러면 왜 자제 분에게 연락해서 좀 봐 달라고 하지 않으셨어요?"

"바, 바쁜데 뭘……."

"그럼 그분 말고 또 안 계세요?"

"으, 응, 크, 큰놈은, 서, 서울, 서울대학교 연구원이야! 서, 서울대학교! 서울대!"

혹시나 본인의 부정확한 발음 때문에 대학교 이름을 잘못 들었을까 봐 여러 번 정확한 발음으로 대학교 이름을 확인시켜 주었다. 서울대학교에서 연구원으로 일한다는 아들을 말할 때 할아버지의 음성에서 출판사에서 일한다는 아들을 말할 때와는 다른 굉장한 자부심이 묻어났다. 할아버지는 언제든지 놀러 오라고 재차 말씀하시고는 전화를 끊었다.

나는 공허한 기분을 감출 수가 없었다. 머릿속에서 여러 장면들이 겹쳐서 떠올랐다. 출판사에서 남의 인생을 바꿀 소중한 책을 만드는 작은아들. 한국 최고의 대학교에서 자랑스럽게 연구하는 큰아들. 한겨울 길에서 타인에게 보일러를 봐 달라고 부탁하는 아버지.

그런데 왜 그런 아들들이 있는데 한겨울 날 밖에서 지나가는 생면부지의 낯선 사람들한테 보일러 좀 봐 달라고 부탁하고 있었을까? 아마도 전화하면 바쁘게 일하는 데 피해가 갈까 봐 아예 연락을 안 한 것일 수도 있다. 대신에 할아버지는 영하 10도의 날씨에 모르는 사람들에게 부탁하는 것을 선택했을 것이다. 혹은 연락을 했는데 아들들이 바쁘다는 핑계로 오지 않았을 수도 있지만, 이런 슬픈 가능성을 염두에 두고 싶지는 않다.

그럼 왜 자녀들은 아버지를 한겨울 그런 쪽방에 보일러도 틀 수 없을 정도로 힘들게 살도록 방치한 것일까? 자녀들도 힘겹게 살아서 도와줄 형편이 안 되는 것으로 추측해 볼 수 있다. 아니면 먹고살 만한데 모른 척하는 것일 수도 있다. 어쨌든 요점은, 자식이 공부를 잘한다고 해서 삶의 모든 문제가 해결되는 것은 아니라는 점이다.

후에도 얼마 동안 그 할아버지가 뇌리에서 떠나지 않았다. 특히 그렇게 힘든 상황이 닥쳐도 공부 잘하는 큰아들을 말할 때 격양된 목소리를 감추지 못하던 할아버지는 참 인상적이었다. 그런데 이는 그 할아버지만의 문제가 아니다. 우리나라 대부분의 어른들이 공부 잘하는 아이를 편애한다.

공부 잘하는 아이 VS 공부 못하는 아이

"와! 엄마, 옥수수 삶았네?"

작은아이가 학교에서 돌아와 가방을 휙 팽개치고는 부엌으로 달려온다. 엄마는 아이를 바라보면서 눈을 흘긴다.

"으이그! 하여간 냄새는 귀신같이 맡아요. 너는 왜 벌써 왔어? 오늘 학원 갔다 오는 날이잖아?"

"응, 오늘 학교에서 선생님들 세미나 한다고…… (우적우적) 마지막 교시가 동아리 활동인데…… (우적우적) 그거 안 해서 한 시간 빨리 왔어."

아이는 옥수수 먹으랴 엄마한테 설명하랴 정신이 없다.

"아니, 그러면 곧장 학원으로 갈 것이지! 집에 왔다 가면 학원 시간 늦을 수도 있잖아?"

"응, 뛰어가면 괜찮아. 배고파서 뭐 좀 먹고 가려고 왔어."

아이가 가장 노릇노릇하게 잘 익은 옥수수를 먹으려고 손을 뻗는데 엄마가 아이 손을 탁 치면서 말한다.

"야, 그건 내비 둬! 형 오면 먹게. 하여간 먹는 데는 사족을 못 써. 어디 공부를 좀 그렇게 해 봐라. 반에서 일등을 하고도 남지!"

"흐흐, 이거 먹고 공부 열심히 할 거야~"

보통 학업에 큰 뜻이 없는 아이는 성격이 쾌활하고 밝은 경우가 많다.

"다녀왔습니다."

형이 왔다. 엄마는 동생이 집에 들어올 때하고는 다른 사람이 된다.

"응~ 왔어? 어서 씻고 와. 엄마가 옥수수 삶아 놨어. 이거 할머니가 시골에서 방금 따서 보낸 거라 정말 맛있어."

"배 안 고파요."

아이는 피곤한 얼굴로 방에 들어간다. 엄마는 가장 잘 익은 옥수수를 접시에 담고 주스도 유리컵에 담아 방문을 두드린다.

"얘, 이거 조금만 먹어 봐. 막 쪄서 뜨거울 때 먹어야 맛있어."

"아이, 괜찮은데. 거기 두세요."

"응, 그래. 여기 둘 테니까 식기 전에 꼭 먹어~"

"네."

보통 학업에 큰 뜻을 둔 아이는 치열한 경쟁으로 인해 늘 지친 기색이 역력하다. 동생은 옥수수를 먹으면서 말없이 엄마와 형을 바라보고 있다.

"너는 빨리 먹고 학원 가야지 왜 또 뭉그적거리고 있어?"

"괜찮아요. 뛰어가면 금방 가요. 이거 하나만 더 먹고."

"어이구, 그 정도 먹었으면 됐어! 빨리 학원 안 가?"

"네, 알았어요. 이거 먹으면서 가야지. 히히!"

"누굴 닮아서 하여튼 속은 좋아요. 아이고, 답답해."

대부분의 가정에서 공부 잘하는 아이는 대접을 받고, 공부 못하는 아이는 구박을 받는다. 흥미로운 점은, 그렇게 차별하는 어른들이 어릴 때 차별을 당했던 당사자들이라는 점이다. 사실 이 차별은 아주 고약한 것이다. 왜냐하면 마음에 상처를 남기기 때문이다. 피부에 입은 상처는 시간이 지나면 아물지만 마음에 입은 상처는 시간이 지나면서 더 심하게 덧나는 경향이 있다. 그렇기 때문에 아직 어려서 잘 모를 거라고 함부로 말하고 대하면 안 된다. 마음속에 생긴 상처는 죽을 때까지 혹은 죽어서도 지워지지 않기 때문이다.

차별을 받으면 공부를 못하는 이유

지난 2000년 한 60대 부부가 살해당한 사건이 있었다. 범인은 부부를 죽이고 시체를 토막 내서 인근 쓰레기장에 버렸다. 이 범행의 수법이 잔인한 면도 있지만 나라가 발칵 뒤집힌 데는 다른 이유가 있었다. 범인이 바로 둘째 아들이었던 것이다. 더욱 충격적인 것은 그 둘째 아들은 그동안 말썽 한 번 안 피운 착한 아들이었다는 점이다. 제대 후 복학을 앞두고 있다가 새벽에 술에 취해 '울컥'해서 부모를 살해했다고 한다. 쉽게 납득할 수 없었다. 아무리 세상이 흉흉하다지만 그저 울컥해서 친부모를 죽일 수는 없는 노릇이지 않은가? 그런데 그 학생이 연행되면서 내뱉은 말에서 의문이 풀렸다.

"고등학교 때도 형은 도시락에 따뜻한 밥을 직접 갖다 주는데, 나는 그냥 2천 원 주고 김밥 사 먹으라고……."

그렇다. 그는 오랫동안 차별을 받았던 것이다. 심성이 착해도 차별당한 것은 마음속에 쌓이고 쌓인다. 가랑비나 소나기나 옷이 젖는 것은 마찬가지다. 소소한 차별도 모이면 큰 차별과 다르지 않다. 이 예는 극단적인 경우이긴 하지만 차별은 때로 이렇게 끔찍한 결과를 초래하기도 한다.

한 가지 알아야 할 것은, 보통 공부를 잘하는 아이는 나중에 커서 부모님 곁에 있지 않는다. 세상에 나가 경쟁을 하느라 정신이 없기 때문이다. 결국 평범한 아이들이 부모님의 곁을 지킨다. 〈인간극장〉 같은 TV 프로그램을 보면 알 수 있다. 치매에 걸리거나 몸이 불편한 노모를 돌보는 자식들은 다 마음이 착한 아이들이지 머리가 똑똑한 아이들이 아니다. 공부 좀 하는 아이들은 저들 먹고살기 바쁘다. 그리고 기를 쓰고 의사, 판사, 검사, 교수 될 때까지 뒷바라지해 봤자 '이제 자식들 덕 좀 볼 수 있으려나?' 하는 찰나 결혼해서 본인의 갈 길을 가게 된다. 꼭 무슨 덕을 보려고 공부를 시키는 것은 아니지만 여하튼 세상일이 그렇게 돌아간다는 것이다. 그러니 공부 좀 잘 한다고 그렇게 치켜세울 것도 없고, 공부 좀 못한다고 심하게 구박할 일도 아니다.

지금 우리 사회에서 많은 사람들이 고통을 받고 있는 이유가 바로 이 차별 때문이다. 사회에서 구조적으로 당하는 차별은 어쩔 수 없다. 학교에서 당하는 차별도 개인의 힘으로 어찌힐 도리기 없다. 다만 **공부에 소질이 없는 아이들은 학교에서 차별당하고 학원에서 차별당하고 만나는 어른들에게도 차별당하기 때문에 유일하게 편히 쉴 수 있는 안식처가 집이라는 사실을 알아야 한다.** 그러니 집에서까지 차별을 당하면 이 아이들은 지구상에서 마음 편히 쉴 곳이 단 한 곳도 없는 셈이 된다. 그래서 서로 차별하지 않는 친구들끼리 모여 PC방에 가고 집을 나가 가출팸을 만드는 것이다.

차별을 당하는 아이가 공부를 열심히 할 수 있을까? 정서적으로 불안한 아이는 학업에 집중하기 힘들다. 미국의 심리학자 매슬로우(1908~1970)는 사람들이 무엇인가를 원하고 행동하게 만드는 욕구를 '결핍 욕구'와 '성장 욕구'로 분류하고 각 단계를 이론으로 정리했다.

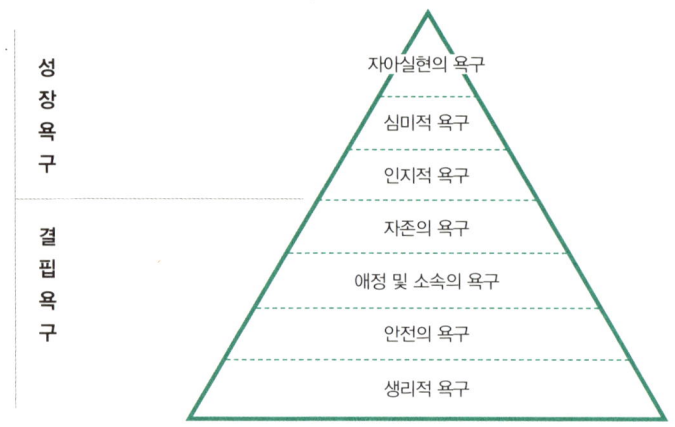

기억해야 할 점은, 하위 단계의 욕구가 결핍되면 상위 단계의 욕구가 충족될 수 없다는 것이다. 차별을 당하는 아이는 생리적, 안전, 애정 및 소속의 욕구가 충족이 안 되는 것으로 볼 수 있다. 따라서 상위 단계의 자존, 인지적, 자아실현의 욕구 등을 충족할 수 없는 것이다. 다시 말해 학습에 큰 영향을 미치는 자존감뿐만 아니라 지적인 호기

심, 본인의 능력을 개발시키려는 욕구 등을 기대하기 어렵다. 요컨대 차별을 당하면 정신세계가 황폐화되는 것이다.

1959년 할로우와 짐머맨은 아기 원숭이를 두 가지 형태가 있는 실험실에 넣었다. 실험실에는 철사 모형의 엄마 원숭이 두 개가 있었다. 하나는 우유를 나오게 설치했고 다른 하나는 부드러운 담요가 있었다. 그리고 아기 원숭이가 어떤 모형의 엄마 원숭이와 더 많은 시간을 보내는지 측정했다. 결과는 배가 고플 때만 우유가 나오는 엄마 모형에게로 갔고 나머지 시간은 부드러운 천이 있는 엄마 원숭이에게 붙어 있었다. 음식을 줘도 차갑고 딱딱한 철사 엄마는 싫은 것이다. 이는 비록 원숭이를 통해서 실험한 것이지만 우리에게 적잖은 시사점을 주고 있다. 따뜻한 품을 기대하는 원숭이에게 차가운 철사는 참기 힘든 것이다. 마찬가지로 애정을 원하는 아이들에게 차별은 견디기 힘든 것이다.

> **정리하면**
>
> 어른이 아이들에게 절대로 해서는 안 되는 것이 차별이다. 이는 결국 모두가 불행해지기 때문이다. 차별이 아이들 공부에 악영향을 끼치는 점을 두말할 필요도 없다. 정서적으로 불안한데 어떻게 공

부가 되겠는가? 이를 매슬로우는 이론으로 체계화했다. 생리적, 안전, 애정 및 소속, 자존의 욕구가 채워져야 인지적, 심미적, 자아실현의 욕구를 채우려는 마음이 생긴다는 것이다. 그리고 할로우와 짐머맨의 실험은 원숭이조차도 우유를 주는 차가운 철사 엄마보다는 부드러운 엄마를 원한다고 알려주고 있다. 원숭이도 이런데 사람은 오죽할까. 따뜻한 부모의 애정을 원했는데 그 부모에게 차별을 당하는 아이들은 매일을 어떤 기분으로 살아갈까?

차별은 어른이 아이들에게뿐만 아니라 사람이 다른 사람에게 해서도 안 되는 것이다. 사람은 누구나 차별을 당하면 배알이 뒤틀리고 속이 뒤집어지기 때문이다. 차별은 이 지구상에서 인간이 할 수 있는 가장 나쁜 짓이다. 어떤 이유든 절대로 차별하지 말자.

자녀와의 갈등을
50% 줄이는 방법

학창 시절에 "공부해라"라는 어른들의 말이 지긋지긋했다. 그렇다고 공부를 안 하고 대범하게 놀지도 못했다. 또 공부를 죽기 살기로 한 것도 아니었다. 그저 어정쩡하게 공부해서 그저 그런 대학교에 들어갔다. 적당히 공부하고 적당히 노는 태도는 대학교에서도 이어졌다.

그런데 문제가 발생했다. 대학교를 졸업하고 나니 나에게 일자리를 주는 회사가 없었다. 백수가 된 것이다. 그러나 더 좋은 대학교를 나오고 더 열심히 살았던 친구들도 일자리를 구하지 못해서 난리였다. 나만 취직을 못한 것은 아니라는 사실이 위로가 됐다. 나이가 30에 가까워지자 1차 서류심사도 통과되지 않았다. 차라리 시험 한 번만 통과하면 죽을 때까지 먹고살 수 있는 철밥통 공무원이 되는 것이 좋겠다 싶었다. 공무원 학원에 가니 같은 생각을 가진 사람들로 학원은 발 디딜 틈이 없었다. 그렇게 3년을 공부하고 나서야 나는 50대

1이 넘는 경쟁률을 뚫을 능력이 없다는 사실을 인정해야 했다.

당장에 쓸 용돈은 벌 수 있게 아르바이트라도 해야 했다. 구직 활동을 하면서 틈틈이 할 수 있는 일은 별로 없었다. 어찌어찌해서 전단지를 붙이는 아르바이트를 시작했다. 다리가 퉁퉁 붓도록 걸으면서 일해도 시간당 최저임금 이하였다. 법적 최저임금을 요구하자 "너 아니어도 할 사람 많다"는 사장님의 답변을 들을 수 있었다. 그보다 더 참기 힘들었던 것은 내가 붙인 전단지를 아래층에 사는 할아버지가 공공근로를 하면서 떼는 것이었다. 아래위층 살며 이건 아니다 싶어 그만두었다.

지인의 소개로 택배기사 자리를 소개 받았다. 원하는 일자리는 아니었지만 목구멍이 포도청이라 찬물 더운물 가릴 처지가 아니었다. 다행히 시간당 최저임금은 아니었다. 택배 한 건당 오백 원 정도를 가져가는 구조였다. 열심히 일한 만큼 돈을 더 벌 수 있다는 것이 동기부여가 되었다. 그러나 발바닥에 땀이 나도록 뛰어다녔지만 아무리 동선을 효율적으로 짜도 한 달 수입이 150만 원을 넘지 못했다. 오전 7시에 일을 시작해서 수시로 계단을 오르내리며 밤 9시가 넘어서야 퇴근하는 생활은 생각보다 고통스러웠다. 당장 그만두고 싶었지만, 남자가 그렇게 인내심이 없어서 무슨 일을 하겠냐는 말에 1년을 버텼다. 그러다 결국 피로가 누적되어서 몸이 탈이 나고 말았다. 특히 무릎과 허리에 무리가 와서 병원 신세를 지는 바람에 그동안 악착같이 모은 돈을 거의 다 탕진했다.

잠시 몸을 추스르고 무슨 일이든 해야 했다. 창업을 하면 돈을 많이 벌 수 있을 것 같았다. 초기 투자금이 적게 드는 인터넷 쇼핑몰을 차리기로 결정했다. 예전부터 친구들 사이에서 옷을 잘 입는다는 말을 자주 들어서 내심 패션에는 자신이 있었다. 인터넷 쇼핑몰을 오픈하고 새벽시장에서 옷을 구입하느라 바쁜 나날을 보냈다. 일은 순조로웠다. 내 인터넷 쇼핑몰에 사람이 오지 않는다는 것만 제외하면. 연예인과 기업의 후원을 받고 있는 쇼핑몰들은 포털 사이트에 한 달 광고비만 천만 원씩 썼다. 나는 기껏해야 인터넷 기사 댓글에 내 온라인 쇼핑몰 주소의 링크를 거는 것이 고작이었다. 1년도 안 돼서 좋은 경험을 한 셈치고 폐업을 결정했다.

"아, 김 씨! 뭐 해? 한 대 폈으면 빨리 와야지!"

나에게는 맘 편히 담배 한 가치를 피울 시간도 없다. 나는 지금 먹고살기 위해 고속도로 건설 현장에서 기술을 배우고 있는 중이다. 말이 좋아 기술을 배우는 것이지 아직 기술다운 기술은 배우지 못하고 몸만 축나고 있었다. 아파트 현장에서 일하는 친구 현민이는 계단을 오르내리는 일이 없으니 편하겠다고 했다. 나는 말없이 웃었다. 아파트에서 무거운 벽돌을 지고 오르내리는 일이 고된 것은 사실이다. 그러나 그늘에 앉아서 점심을 먹고, 쉬는 시간에 박스 깔고 한잠 편하게 잘 수도 있는 아파트는 천국이었다.

"아, 김 씨! 그거 그렇게 들면 어떻게 해? 하루 이틀 일하는 것도 아닌데, 거참!"

고속도로 현장은 그늘이 없다. 여기저기서 흙먼지가 휘날려 밥을 편하게 먹을 수도 없다. 레미콘 트럭이 만들어내는 열기 속 그늘에서 냉면을 마시듯이 해치우면 그걸로 끝이다. 뜨거운 태양과 이글거리는 땅의 열기를 참아내며 아스팔트를 까는 작업을 하고 있으면 하늘이 빙빙 돈다. 마치 커다란 오븐 안에서 요리되고 있는 것만 같다.

오후가 지나면 다들 말없이 허리에 차고 있는 작은 통에서 소금을 찍어 먹으며 일을 한다. 그렇게라도 흘린 땀을 보충해야 하기 때문이다. 옆에 쌩쌩 달리는 차에 뛰어들어 이 고통을 끝내고 싶다는 생각을 한 번도 안 해봤다면 거짓말이다.

"아, 김 씨! 그거 이렇게 하라고! 젊은 사람이 한 번 얘기를 하면 알아들어야지, 쯧!"

그런데 작년에 딸아이가 태어났다. 이제 내 한 몸 책임지면 되는 입장이 아니다. 몸이 부서져라 일을 해서 아이를 먹여 살려야 한다. 가끔 생각해 본다, 내 인생이 어디서부터 꼬였는지. 그러다 문제가 무엇인지 확실히 깨달은 날이 있었다. 동창회에 나갔던 날이었다.

사는 게 힘들어서 아무 생각 없이 옛 친구들하고 한잔하고 싶은 마음에 안 나가던 동창회를 처음으로 나갔다. 찌질했던 병수, 빵셔틀 하던 태형이, 뚱뚱했던 현석이, 오타쿠 같았던 정수…… 다들 나보다 잘나가고 있었다. 주식으로 얼마를 벌었네, 이번 보너스로 얼마를 받았네, 모두 딴 세상 얘기 같았다. 예전에 같이 PC방 다니던 녀석들과 내가 다른 점이 뭔지 따져 보니 한 가지밖에 없었다. 다들 나보다 좋은 대학교를 졸업했다는 것이다.

공부하라는 말을 하지 말자

이 고통을 절대로 내 자식에게는 물려주고 싶지 않았다. 내 자식은 비바람 맞지 않고 여름에 시원한 에어컨이, 겨울에 따뜻한 히터가 나오는 사무실에서 일하고 빨간 날에는 휴가도 가는 인간다운 삶을 살게 하고 싶었다. 아무리 발버둥 쳐도 비정규직과 최저임금의 삶은 미래가 없었다.

아이가 초등학생이 되자 내가 그토록 싫어하던 말을, 죽었다 깨어나도 내 아이한테는 하지 말아야지 수만 번 다짐했던 그 말을 내뱉고야 말았다.

"공부해라."

아이는 뾰로통한 표정으로 묻는다.

"왜요?"

한 대 쥐어박고 싶은 마음이 들었지만, 꾹 참았다. 그런데 어디서부터 어떻게 설명해줘야 할지 막막했다. 공부를 못한 나 자신이 느꼈던 고생, 수모, 모멸감, 그 인간 이하의 삶을 초등학생 아이에게 이해시킬 자신이 없었다. 공부를 잘하면 누릴 수 있는 사회적 지위, 안정된 삶, 희망을 가질 수 있는 미래, 주변 사람들의 대우…… 이 모든 것을 한마디로 표현할 수밖에 없었다.

"공부 잘하면 좋아."

물론 아이가 이해할 리 없었다.

"피~ 난 공부 안 할래요."

"그럼 뭐 해서 먹고살 건데?"

"누가 그러는데, 인터넷 쇼핑몰을 하면 쉽게 돈 잘 번대요. 저도 그거 할래요."

피가 거꾸로 솟는 것 같았다. 하지만 방법이 없었다. 내가 지금 알고 있는 것을 아이에게 알려줄 방법이. 아이도 짧은 가방 끈으로, 특별한 기술도 없이 사회에 나가면 알게 될 것이다. 왜 어른들이 그토록 공부하라고 했는지를. 그리고 그 아이도 뼈저리게 고생을 한 후 어른이 되면 다시 아이에게 공부하라는 얘기를 하게 될 것이다. 악순환의 반복이다.

어른들은 아이들만 보면 "공부해라"라는 말을 입에 달고 산다. 그런데 역설적으로 아이가 공부를 하길 원한다면 이 말을 절대로 해서는 안 된다. 세 가지 이유 때문이다.

첫째, "공부해라"라는 말은 효과가 없다.

이는 동서고금을 막론하고 수천 년 동안 효과가 없다는 것이 증명되고 있다. 그럼에도 불구하고 이 말을 하면서 효과가 있기를 바라는 어른들이 우리 주위에 너무나도 많다. 굳이 부모님까지 그 말을 하지 않아도 아이는 매일 그 말을 질리도록 듣는다.

한 남자가 도망치고 있다. 다른 남자는 그를 뒤쫓고 있다. 영화나 드라마에서 많이 보는 추격 신이다. 이 상황에서 쫓아가는 사람의 대사는 거의 천편일률적이다.

"거기 서! 거기 안 서?!"

이 말을 듣고 쫓기는 남자가 멈추는 것을 한 번도 본 적이 없다. 그런데도 이렇게 진부한 대사를 반복해서 쓰고 있는 작가들은 반성(?) 해야 한다. 어쨌든 서라고 말해도 도망자는 결코 서지 않고 계속 달려간다.

도망치고 있는 사람이 멈추란 얘기를 듣고 멈추지 않는 이유는 멈출 마음이 1%도 없기 때문이다. 마찬가지로 아이들이 공부하란 얘기를 듣고 공부를 하지 않는 이유는 공부할 마음이 1%도 없기 때문이다. 영화나 드라마에서 효과가 없는 얘기를 반복적으로 하는 것은 좀 식상하긴 해도 우리 삶에 큰 영향을 미치지는 않는다. 그러나 효과도 없을뿐더러 많은 부작용을 일으키는 이 "공부해라"는 말을 반복하는 것은 우리 삶의 질에 큰 영향을 미친다. 바로 부모와 자녀와의 갈등을 초래하기 때문이다. 부모와 자녀의 갈등은 자녀가 청소년기에 최고조에 이르며, 그 중심에는 "공부해라"라는 잔소리가 있다.

둘째, "공부를 열심히 해라"는 말은 해석이 주관적이다.

고3 동준이는 쉬는 시간마다 휴대폰 게임을 한다. 매일 지각을 하고, 숙제를 제대로 해 오는 날도, 심지어 교재를 바르게 챙겨 오는 날도 별로 없다. 하루는 점심 시간 동안에 야동을 다운받아 보고 온 적도 있었다. 아이들이 돈을 모아서 공동으로 이용하는 사이트가 있는데 점심 시간에 누가 야동을 다운받았다는 것이다. 범인을 추적해 보니 동준이로 밝혀졌고, 아이들은 이동준이라는 이름 대신 야동준이라는 별명을 선물해 주었다.

이런 동준이도 대학교는 가고 싶어 했다. 그것도 좋은 대학교에. 안 되겠다 싶어서 동준이와 얘기를 했다. 지금 너의 노력으로는 원하는 대학교에 가기 힘들 것이라고. 그런데 아이의 반응이 예상 밖이었다. 본인은 정말로 최선을 다하고 있다며 입에 거품을 물고 흥분하는 것이 아닌가? 더욱이 부들부들 떨면서 서럽게 울기까지 했다. 충격이었다. 할 말이 없었다. 아이는 정말로 최선을 다하고 있다고 생각하는 듯했다. 계속 열심히 하자고 말한 뒤 아이를 들여보냈다. 그날 오후 자습 시간에 여전히 휴대폰 게임을 하고 있는 동준이의 모습을 보았다.

반에서 1등 하는 아이가 본인의 공부가 부족하다고 느낄 수도 있고, 반에서 30등 하는 아이가 본인은 나름대로 열심히 공부한다고 생각할 수도 있다. 요컨대 '공부를 열심히 한다'는 말은 듣는 사람과 말하는 사람이 전혀 다르게 해석할 수 있다는 것이다.

셋째, "공부해라"라는 말은 무책임한 말이다.

대부분 돈을 많이 모아서 부자가 되고 싶어 한다. 그런데 만나는 사람마다 "돈 모아라"라는 말을 한다고 가정해 보자. 아무리 마음이 넓은 사람이라도 매일 이런 말을 수십 번씩 듣는다면 긍정적으로 받아들이기 힘들 것이다. 듣다 듣다 어떻게 돈을 모으냐고 반문할 수 있다. 그러면 열심히 모으라고 얘기한다. 열심히 모아도 부자가 안 된다고 말하면 목숨을 걸고 모으라고 얘기한다. 이렇게 모호하게 얘기하는 것은 도움이 안 된다는 것이다. 누군가에게는 1억을 모으는 것이 노력하면 달성 가능한 목표지만, 만약 집에 사건사고가 끊이지 않다면 1억은커녕 저축하기도 힘들 것이다. 따라서 도움을 주고 싶으면 재정 상태를 파악하고 장기적인 목표와 단기적인 목표를 정해서 실천해 나갈 수 있는 방안을 함께 제시해야 한다.

마찬가지로, 공부하라는 얘기를 하고 싶으면 적어도 지금 듣는 사람의 수준을 파악하고 어떤 공부를, 어떻게, 얼마나 하면 되는지 같이 얘기해 주어야 한다. 정작 도움이 되는 얘기는 쏙 빼고 그저 공부하라고 얘기하는 것은 공허한 메아리일 뿐이다.

'공부해라'보다 '운동해라'가 성적을 올린다

그러면 아이들의 공부에 실제로 도움이 되는 말은 무엇일까? 바로 이 말이다.

"운동해라."

신체와 정신은 연결되어 있다. 몸을 움직이는 것이 단지 건강해지는 것으로 끝나는 것이 아니다. 우리의 정신을 더 맑게 해준다. 운동이 뇌에 미치는 영향을 연구한 결과 규칙적으로 운동을 하면 스트레스가 감소하고 사고 능력이 향상되는 것으로 나타났다. 하버드대학교의 정신과 의사인 존 래티의 말을 직접 들어보자.

"운동을 하는 사람은 침착하고 집중력이 높으며 충동적이지 않고 우울증에 걸릴 확률도 낮습니다. 그리고 우울증, 신경쇠약, 과민성 스트레스 등의 증상을 호소하는 환자들도 운동을 병행하면 치료의 효과가 빠르게 나타납니다."

실제로 운동을 하면 두뇌의 능력이 향상된다. 운동을 하면 뇌에 새로운 신경세포가 생겨나고 세포 간의 연결망이 더 촘촘하게 만들어진다. 즉, 운동을 통해 기억력, 집중력, 사고력 등이 실제로 향상되는 것이다.

예전에 가르쳤던 한 학생은 살이 심하게 쪄서 여러모로 힘들어했다. 학습 의욕도 부족하고 운동도 안 하고 자신감도 없었다. 이 학생의 부모님에게 학원을 좀 쉬고 운동을 시켜보는 것이 어떻겠냐고 조심스럽게 권했다. 그런데 정말로 그 학생이 학원을 끊고 운동을 시작했다. 놀라운 것은 6개월 만에 살이 빠지고 성적이 올랐다는 사실이다. 하지만 부모님이 정말로 기뻐했던 이유는 따로 있었다. 바로 아이의 성격이 밝아졌고 매사에 자신감 있는 태도로 생활한다는 것이었다. 그 학생은 운동을 하면서 인생이 달라졌다.

"공부해라"라는 말은 공부에 전혀 도움이 안 된다. 반면 "운동해라"라는 말은 정말로 공부에 도움이 되는 말이다. 혹시나 공부할 시간도 부족한데 운동을 하느라 성적이 더 떨어지지는 않을까 걱정이 된다면, 장담하는데 그럴 일은 없다. 몸에 맞는 운동을 적당히 꾸준하게 하면 그 아이는 자신감, 자존감이 향상되고 성격이 긍정적으로 변하며 성적도 오를 것이라고 연구는 말하고 있다.

그래도 아이에게 운동을 권하기가 머뭇거려진다면 이 세상에서 가장 중요한 것이 무엇인지 생각해 보자. 이 세상에서 가장 중요한 것은 건강이다. 공부를 잘하고 좋은 대학에 가도 건강을 잃으면 불행한 것이다. 내 아이의 건강을 위해서라도 운동을 권해 보자.

> **정리하면**
>
> "공부해라"라는 말을 듣고 공부를 하는 아이는 없다. 아이들에게 이 말을 하는 것은 효과가 전혀 없을뿐더러 오히려 아이가 공부에서 멀어지는 결과를 초래하니 하지 말자는 것이다. 일단 "공부해라"라는 말을 입 밖에 내지 않는 것만으로도 아이와의 갈등 중 50%는 해결할 수 있다. 그런데 이는 쉬운 일이 아니다. 하루에도 수십 번씩 말하고 싶기 때문이다.
>
> 그래도 참아야 한다. <u>아이가 진정 공부하길 바란다면 역설적으로 "공부해라"라는 말을 내뱉으면 안 된다. 이 말을 하지 않는 것만으로도 어른들은 아이의 공부에 도움을 주는 것이다.</u> 대신에 자녀에게 운동을 권하자. 많은 연구 결과 운동은 스트레스, 우울증, 치매, 충동성, 중독의 가능성을 줄이고 기억력, 집중력, 사고력, 창의력 등에 탁월한 효과가 있는 것으로 나타났다. 운동은 몸을 건강하게 해 줄 뿐만 아니라 정신도 건강하게 해준다. 그러니 자녀에게 공부보다 운동을 권하자. 자녀의 건강을 위해서, 자녀의 머리를 위해서, 자녀의 행복을 위해서.

아이 때문에 화가 머리끝까지 날 때 대처법

동현이는 게임에 빠졌다. 어머니의 표현을 빌리자면 밥 먹는 것도 잊을 정도로 게임을 한다. 초등학교를 지나 중학교 때까지는 부모님도 그러려니 하고 넘어갔다. 그러나 고등학교에 올라가서도 여전히 변함없는 아들의 모습에 부모님은 조급해지기 시작했다. 동현이에 대해서 얘기하다가 부부싸움도 잦아졌다. 아이를 설득해 보고, 훈계도 해보고, 화도 내봤지만 그때뿐이었다.

동현이는 또래보다 체격이 작고 붙임성이 없어서 학교와 학원에서 왕따를 당한 적이 있어 학원은 다니지 않는 상태였다. 그러다 보니 학교 갔다 와서 잘 때까지 내내 게임에만 매달렸다. 동현이와 어머니와의 대화는 늘 이런 식이다.

"하루 종일 게임만 하고, 공부는 안 하니?"

"해야지요."

"언제 하려고?"

"이것만 하고요."

"그게 언제 끝나는데?"

"좀만 있으면 끝나요."

이쯤 되면 어머니는 가슴속 깊은 곳에서 슬슬 부하가 치밀어 오른다. 그 '조금'이라는 시간이 어머니가 생각하는 시간과 동현이가 생각하는 시간이 엄청나게 다르다는 것을 경험적으로 체득했기 때문이다. 한 5분쯤 있으면 알아서 정리하고 들어가겠지 생각했는데 30분이 지나서도 여전히 게임에 매달려 있는 동현이를 보면 어머니는 솟구쳐 오르는 화를 더 이상 참을 수가 없다.

"너, 엄마 말이 말 같지 않아? 도대체 언제까지 할 거니?!"

"아이…… 이제 들어가려고 했어요."

"조금만 하고 들어간다고 했으면 금방 정리해야지! 30분이 지났는데 아직도 하고 있니?"

"어? 벌써 그렇게 됐나?"

"알았으면 빨리 끄고 들어가!"

"네, 네…… 조, 조금만…… 이, 이것만 깨고요."

"조금, 조금 하다가 도대체 언제까지 할 거니!!!!!"

"어…… 어?!"

어머니는 더 이상 참지 못하고 컴퓨터의 전원 코드를 뽑아버렸다. 동현이는 일그러지는 표정으로 자리에서 일어났다. 방으로 들어가며 동현이가 한 말은 "죄송해요, 앞으로 조금만 할게요"가 아니었다.

"아이…… 저장해야 되는데 다 날아갔잖아. 처음부터 다시 해야 하잖아."

어머니는 그 말을 듣고 화를 참지 못해서 몸이 부들부들 떨렸다고 고백했다. 드디어 사건이 터졌다. 아버지가 "저놈의 자식 정신을 차리게 해주겠다"며 손찌검을 한 것이다. 그 후로 "이번 기회에 썩어빠진 정신력을 뿌리째 뽑아버리겠다"며 몇 차례 더 사랑의 매를 들었다. 그러나 그 썩은 정신력이 뽑히기 전에 먼저 지친 것은 부모님이었다. 결국 사랑의 매는 아이를 컴퓨터에서 떼어놓지 못했다.

아이를 체벌로 바꾸는 것은 어렵다. 효과도 일시적이고 부작용도 크다. 때려도 안 되니 이제 다른 뾰족한 수가 없다. 그리고 게임을 하지 말라고 해도 보이지 않은 곳에서 하고 "안 했어요"라고 말하면 할 말이 없다. 다섯 살짜리 아이도 부모님이 "불량식품 먹지 마라"고 말하면 앞에서는 알았다고 하고 뒤에서 몰래 사 먹는다. 그 어린 나이에도 부모를 속일 줄 아는 것이 인간이다. 그러니 보다 더 근본적인 차원에서 접근해야 한다.

동현이를 직접 만나 보니 답이 없어 보이지 않았다. 사회를 좋아하고, 수학도 남들 정도는 했다. 일단 좋아하는 과목이 하나라도 있으면 절망적인 상황은 아니다. 하지만 영어와 과학은 포기 상태였다. 이미 고등학교 1학년이니 허황된 얘기로 희망 고문을 시켜서는 안 된다. 현실적으로 달성 가능한 목표를 얘기해야 본인도 수긍하고 희망을 가지고 공부를 해나갈 것이다. 영어는 당장 성적을 올리는 것에 스트레스를 받지 말고 매일 일정 시간 학습하는 것을 목표로 정했다. 그리고 과학은 아직 시간이 있으니 좋아하는 과목부터 시작하기로 했다.

나이가 많든 적든 사람은 누구나 문제점을 가지고 있다. 건강, 돈, 외모, 공부, 인간관계 등 다양한 면에서 말이다. 재미있는 것은 대부분의 사람들이 본인의 문제점을 이미 알고 있다는 것이다. 나아가 그 문제를 해결하는 방법도 이미 알고 있는 경우가 많다.

문제는 실행할 수 있는 의지력 부족이다. 여기서 이 부족한 의지를 고양시키겠다고 개입하는 타인들이 사실은 더 큰 문제를 야기하는 경우가 많다. 남에게 의지가 부족하다고 지적하는 사람들을 자세히 들여다보면 정작 본인들의 문제는 해결하지 못하는 경우가 대부분이다. 예컨대 담배를 못 끊는 사람이 뚱뚱한 사람에게 살을 못 뺀다고 의지력 운운하는 경우가 그러하다. 아직 미혼인 사람이 부부관계에 대해서 상담을 해주겠다며 한 소리 하는 경우도 마찬가지다.

어쨌든 동현이도 본인의 문제점을 스스로 파악하고 있었다. 이후에는 의지의 문제이며, 이는 결국 '동기'로 귀결된다. 게임을 하면서 느끼는 즐거움보다 공부를 해야 할 더 큰 이유가 있다면 아이는 말하지 않아도 컴퓨터에서 내려와 책상에 앉을 것이다. 예컨대 좋아하는 이성 친구가 수학 문제를 물어보면 아마도 그 문제를 풀기 위해서 혼신의 힘을 다해 공부를 할 것이다. 그리고 그제야 비로소 진짜 공부를 하는 것이다.

동현이의 경우 결정적인 문제는 부모님이 아이에게 '화'를 냈던 것이다. 물론 동현이 부모님의 마음은 충분히 이해한다. 그러나 화를 내면 안 된다. 왜냐하면 화를 내서 얻을 수 있는 것이 하나도 없기 때문이다. 그리고 어른이 아이와 얘기하면 답답하고 화가 나는 것은 자연스러운 것이다. 인생에 대한 경험치가 다르기 때문에 말이 통하지 않는 것도 당연하다.

화를 내다 보면 감정이 더 격해져서 말로 타이르려다가 화가 화를 더욱 키워 결국 매까지 드는 경우도 있다. 화를 내며 함께 분출되는 짜증, 비아냥, 폭언은 아이들의 생각에 어떠한 긍정적인 변화도 주지 못한다. 요컨대 화를 내는 순간 더 이상 건설적인 관계는 기대하기 어렵다.

기대치를 낮추고 장점을 찾아보자

그러면 화가 머리끝까지 올라와 도저히 참을 수가 없을 때는 어떻게 하면 좋을까? 교육 현장에서 학생들을 가르치다 보면 화가 날 때가 한두 번이 아니다. 수업 시간에 친구와 시끄럽게 잡담을 하는 학생을 보면 화가 난다. 물론 이를 지적해도 무시하고 계속 떠들 때는 점점 화가 치솟는다. 수업 시간에 자고 있는 학생을 보는 것도 화가 난다. 이런 아이를 깨우자 적반하장으로 씩씩거리며 교실을 뛰쳐나가는 모습을 볼 때는 그야말로 속이 뒤집힌다. 급기야 수업 시간에 늘 자던 학생에게서 "선생님이 이상하게 가르쳐서 공부를 못하겠다"는 말을 들을 때면 정말이지 올라오는 화를 참는 것이 버겁다.

 실제로 예전에 한 선생님은 수업 시간에 책을 집어던지고 집에 가 버렸다. 변하지 않는 아이들의 모습에 너무 배신감이 든다며 이런 아이들을 가르쳐서 뭐 하겠냐고 결국 일을 그만두었다. 내가 후임으로 그 반을 맡아서 가르쳐 봤는데 그 선생님이 왜 그런 행동을 했는지 충분히 이해할 수 있었다. 그 아이들을 가르치면서 마음속으로 '忍' 자를 얼마나 많이 새겼는지 모른다. 어쨌든 나 역시 이렇게 여러 번 화가 날 때마다 다양한 방법들을 써 봤는데, 가장 효과가 있었던 방법은 '기대하지 않기'와 '칭찬하기'이다.

 첫째, '기대하지 않기'는 말 그대로 기대치를 낮추는 것이다. 무슨 일을 했을 때 그 결과가 기대한 것에 미치지 못하면 실망하게 된다. 이것이 반복되면 짜증, 분노, 체념, 좌절, 무기력 등의 감정에 휩싸이게 된다. 이를 피하기 위해서 기대치를 낮추자는 것이다.

 그런데 오해하지 말아야 할 것은, 이 말은 아이를 포기하라는 의미가 아니다. 아이를 믿고 장기적인 목표까지 이끌어야 하는 마음이 흔들리면 안 된다. 다만 지금 이 순간에 어떤 이유에서건 기대만큼 못할 수도 있다는 가능성을 열어두자는 것이다.

 "아이들이 숙제를 다 해 왔겠지?"라는 생각보다 "아이들이 숙제를 잘 못해 오는 것이 당연할 거야. 기초도 부족하고 공부하는 습관도 안 잡혀 있으니까.", 이런 생각으로 기대를 낮추고 숙제 검사를 하면 설사 아이들이 숙제를 엉망으로 해 와도 그 순간에는 생각만큼 화가 나지 않았다. "아이들이 오늘은 시간 맞춰서 다 오겠지?"라는 생각보다 "아이들은 학교가 끝나고 많은 활동이 있으니까 늦을 수도 있을 거야.", 이런 생각으로 교실에 들어가면 몇 명이 지각을 하더라도 당장에는 화가 나는 것을 피할 수 있었다. 그리고 후에 다른 방법을 고민하고 적용하는 것이 아이에게도 어른에게도 더 건설적이다.

둘째, '칭찬하기'는 아이의 장점을 구체적으로 찾아보는 것이다. 사람들은 자신의 장점만 보고 타인의 단점만 보는 경향이 있다. 이를 반대로 하자는 것이다. 본인의 단점을 떠올리고 상대방의 장점을 떠올려 보자. 흡연, 음주, 폭식, 게으름, 욱하는 성격, 의지박약 등 사람은 대개 치명적인 단점을 하나씩은 가지고 있기 마련이다. 물론 처음에는 쉽지 않다. 인간은 감정이 있기 때문에 화를 유발시키는 사람의 장점을 생각하는 것이 쉽게 허락되지는 않는다. 하지만 우리는 어른이고 상대는 아이 아닌가? 그러니 마음만 먹으면 불가능한 것도 아니다.

그리고 실제로 해봤을 때 효과가 있다면 다음부터는 더 적극적으로 할 수 있게 된다. 예컨대 공부에는 전혀 관심이 없고 한시도 가만히 있지 못하는 아이를 보면 화가 날 수 있다. 그래도 잘 찾아보면 그 아이도 남이 가지지 못하는 장점을 가지고 있다. 성격이 긍정적이고 잘 웃는 것도 장점이 될 수 있다. 이를 기억해 두었다가 그 아이와 애기할 기회가 생겼을 때 활용해 보자. 고민거리, 장래희망 등을 애기하다가 긍정적인 성격과 잘 웃는 것이 보기 좋다고 말하면 된다. 그러면 신기하게도 아이에 대한 화가 사라진다. 흥미로운 점은 그 아이도 공부를 더 열심히 하려고 노력하는 모습을 보인다는 것이다. 사람은 누구나 자신의 장점을 인정해 주는 사람에게 더 좋은 모습을 보이고 싶어 하기 때문이다.

화가 나는 감정을 칭찬을 통해서 해결하는 방법은 개인적인 경험에서 터득한 것이지만 사실 이는 이론적 배경을 가지고 있다. 미국의 심리학자 마틴 셀리그만(1942~)이 주장하는 긍정심리학이 이와 일맥상통하다. 긍정심리학의 핵심은 한마디로 개개인마다 다른 강점에 몰입하여 행복한 삶을 살자는 것이다.

고3 정민이는 수능이 100일 남은 시점에서 학교에 나가지 않고 있다. 이유는 학교에 가면 자살 충동이 느껴진단다. 나름대로 열심히 공부했는데 성적은 오르지 않고 주위에서 안 좋은 소리만 들으니 불안이 극에 달해서 정신이 무너진 것이다. 실제로 학교에서 칼로 손목을 그어 응급실에 실려 간 적도 있었다. 상황이 이렇게 되니 부모님은 아들을 잃을까 봐 전전긍긍하고 있다.

정민이가 이 지경까지 오기 전에 막을 수 있는 방법은 없었을까? 공부를 하라고 다그쳤던 사람들 중에서 한 사람이라도 정민이의 장점에 대해서 말해 주었다면 어땠을까? 앞에서 게임에 빠졌던 동현이의 경우도 마찬가지다. 게임만 하는 아들 때문에 부모-자녀 갈등의 골이 깊어졌지만 사실 대부분의 남학생들은 게임을 즐겨 한다. 그렇게 게임에 빠졌던 아이들이 대학교에 들어간 뒤 나를 찾아올 때가 있다. 그러면 물어본다.

"너 아직도 게임하냐?"

"아니요, 더 재미있는 게 많은데 게임을 왜 해요?"

게임에 몰입하는 것도 학창 시절 한때인 경우가 대부분이다. 물론 적정 수준의 통제가 필요한 아이들도 있다. 하지만 화를 내는 것은 문제 해결에 도움이 되지 않는다. 그것보다는 아이의 장점을 찾아서 이를 칭찬해 주는 것이 부모의 마음, 자녀의 마음, 그리고 자녀의 학업에도 더 도움이 된다.

> **정리하면**
>
> 어른이 아이와 대화를 하면 잘 안 통하는 것이 당연하다. 인생을 산 기간과 경험한 수준이 다르고 생각의 깊이에 차이가 나기 때문이다. 이때 어른의 눈높이로 아이를 바라보면 절대로 대화를 할 수 없다. 어른이 눈높이를 아이에게 맞춰야지, 아이가 어른에게 맞출 수는 없지 않은가? 특히 아이가 부족한 모습을 보여도 화(짜증, 비아냥, 폭언 등)를 내면 안 된다.
>
> 그런데 화를 내지 않고 아이와 대화하는 데는 엄청난 인내심이 필요하다. 그래도 화를 내지 말아야 한다. <u>사람은 나이가 많든 적든 본인에게 화를 내는 사람에게는 마음을 닫기 때문이다.</u> 그러면 화가 치밀어 오를 때는 어떻게 해야 할까? '기대하지 않기'와 '칭찬하기'를

활용해 보자. 먼저, 아이에 대한 기대치를 낮추자. 아이는 완벽한 존재가 아니다. 장기적인 관점에서 기대하지 말라는 것이 아니라 그곳에 도달하기까지 모든 과정에서 다 완벽할 수 없다는 것이다. 기대치를 낮추면 당장 화가 나는 상황을 피할 수 있다. 그리고 나중에 이성적으로 다른 효과적인 방법을 강구하는 것이 더 좋다.

나아가 본인의 단점을 떠올리고 아이의 장점을 찾아서 이를 칭찬해 주자. 사람은 누구나 장점이 있다. 기회가 생겼을 때 아이에게 본인의 장점을 알려주면 신기하게도 화가 사라진다. 그리고 어른과 아이의 관계도 더 좋아지고 아이도 공부를 더 열심히 하려고 노력한다. 이게 마틴 셀리그만이 주장하는 긍정심리학을 현실에서 실천하는 방법이다. 이렇게 상대방의 장점을 찾아서 칭찬하면, 말하는 사람과 듣는 사람 모두에게 행복의 필수 요소인 긍정 정서가 높아진다.

Chapter 4
성적이 오르는 효과적인 학습 방법

암기를 잘하는 방법

지난주에 원피스를 하나 샀다고 생각해 보자. 마침 오늘 모임이 있어서 그 옷을 입고 가려고 옷장을 열었다. 그런데 한참을 찾아도 옷이 보이지 않는다. 분명히 옷을 사서 어딘가에 두었는데 정확히 어디에 두었는지 기억나지 않는다. 이 상황에서 질문을 하나 해보자. 원피스는 있는 것일까, 없는 것일까? 분명히 지난주에 사서 어딘가에 두었으니 있는 것은 맞다. 하지만 입어야 하는데 옷을 못 찾으니 지금은 없는 것이다. 그러니 답은 있기도 하고 없기도 한 것이다.

민수는 수업 시간에 우리나라의 국보와 보물에 대해서 배웠다. 국보 1호와 보물 1호는 시험에 나올 테니 공부하라는 선생님의 말씀에 쾌재를 불렀다. 이미 한 문제는 맞은 것이나 다름이 없다고 생각했다. 시험 당일 대한민국 보물 1호를 쓰는 것이 서술형 1번 문제였다. 그런데 갑자기 생각이 나지 않는다. 시험 보기 전까지 여러 번 봤는데 보물 1호가 뭔지 도무지 떠오르지 않는다. 애꿎은 국보 1호 '숭례문'만 계속 떠올랐다. 머릿속을 샅샅이 탐색했지만 끝내 답을 적지 못하고 답안지를 제출했다. 그리고 급하게 책을 펼쳤다.

'아! 흥인지문…….'

민수는 고개를 떨군 채로 머리를 쥐어뜯었다. 다시 한 번 같은 질문을 해보자. 민수는 대한민국 보물 1호를 아는 것일까, 모르는 것일까? 여러 번 봤기 때문에 알고는 있다. 하지만 답을 써야 하는 그 순간에는 생각나지 않았기 때문에 당시에는 모른다고 볼 수 있다. 그러니 민수는 보물 1호를 알기도 하고 모르기도 하는 것이다. 그러나 시험이라는 시스템에서는 민수가 대한민국 보물 1호를 모른다고 평가한다.

머릿속에 정보를 넣는 과정을 간단히 무언가를 '기억'하는 것으로 이해하면 된다. 공부의 첫 번째 단계는 보거나 들은 내용을 기억하는 것이다. 그런데 종종 이런 학생들이 있다.

"선생님, 저는 정말 못 외워요."

확실하게 말할 수 있다. 이 세상에 외우지 못하는 사람은 없다. 인간은 원시시대에도 먹을 수 있는 풀과 독이 있어서 먹을 수 없는 풀을 기억해야 했다. 이를 기억하지 못하면 생존이 불가능했기 때문이다. 또 사냥을 나갔다 돌아오는 길도 기억하지 못하면 집에 돌아올 수 없었다. 즉, 인간이 무언가를 외우는 능력은 DNA에 각인되어 전해져 오고 있는 것이다. 외우지 못한다고 말하는 학생에게 이름, 주소, 학교, 부모님의 성함 등을 물어보면 다 기억하고 있다. 더 흥미로운 점은 아이들이 좋아하는 연예인에 대해 물어보면 눈을 반짝이면서 아주 자세한 정보까지도 잘 설명한다는 것이다. 다음은 엑소라는 그룹의 이름과 이들이 콘셉트로 잡고 있는 능력이다.

시우민(김민석) – 빙결   수호(김준면) – 물   레이(장이씽) – 힐링

백현(변백현) – 빛   첸(김종대) – 번개   찬열(박찬열) – 불

디오(도경수) – 힘   카이(김종인) – 순간이동   세훈(오세훈) – 바람

아마 어른들이 엑소의 본명과 예명 그리고 콘셉트로 잡고 있는 능력을 외워서 시험을 본다면 높은 점수를 받을 수 있는 사람이 얼마나 될까? 이러한 연예인들의 생일까지 정확하게 기억하고 있는 아이들이 6.25가 언제 일어났는지는 기억하지 못하고 있었다. 그러니 기억의 문제라기보다는 '관심'의 문제인 것이다.

감각기억 → 작업기억 ⇄ 장기기억

인간의 기억에는 '감각기억', '작업기억', '장기기억'의 세 종류가 있다. 미처 자각하지 못하고 있지만 우리의 머릿속에서는 지금도 정보가 이 세 기억 사이를 부지런히 오가고 있는 것이다. 암기를 더 잘하기 위해서 이 세 기억의 특징에 대해 알아볼 필요가 있다.

'감각기억'은 우리의 의지와는 상관없이 들어오는 정보를 말한다.

시각, 청각, 후각, 미각, 촉각을 통해서 들어오는 모든 정보는 우선 감각기억에 저장된다. 외부에서 들어오는 모든 정보를 1차적으로 검열하는 장소라고 생각하면 된다. 이 감각기억의 용량에는 제한이 없지만 정보가 머무르는 시간은 대략 1~4초 정도로 짧다. 감각기억에 들어온 정보 중에서 인위적으로 '주의'를 기울이는 정보가 '작업기억'으로 옮겨진다. 우리가 흔히 멍 때린다고 하는데 이는 감각기억에 들어온 정보들에 어떤 주의도 기울이지 않아서 전부 소멸되고 있는 상황이다.

1차 관문소인 감각기억을 통과한 정보는 2차 관문소인 '작업기억'으로 옮겨진다. 작업기억은 말 그대로 정보를 가지고 우리가 작업을 하는 공간이다. 작업기억의 용량은 약 5~9개 정도이고, 시간은 10~20초 정도로 제한된다. 인간이 집중해서 처리할 수 있는 정보는 생각보다 많지 않은 것이다. 작업기억으로 옮겨진 정보는 '장기기억'에 저장되거나 소멸되는 갈림길에 놓인다.

작업기억에서 장기기억으로 옮기는 방법은 크게 두 가지가 있다. 첫째, '반복'이다. 작업기억에 들어온 정보는 지속적인 반복을 통해서 '장기기억'으로 옮겨진다. 구구단, 전화번호, 노래, 주소, 생일 등이 여기에 해당한다. 둘째, 장기기억에 새로 들어갈 정보와 이미 장기기억에 저장되어 있는 정보를 연결하는 것이다. 예컨대 장기기억에 어류와 포유류의 정의가 저장되어 있는 경우 상어는 어류의 하위 개념으로, 고래는 포유류의 하위 개념으로 기억할 수 있다.

2차 관문소인 작업기억을 통과한 정보는 마지막 공간인 장기기억에 저장된다. 감각기억과 작업기억은 용량과 시간이 제한되어 있는 반면, 장기기억은 용량과 시간의 제한이 없다. 장기기억에는 태어나면서부터 지금까지 수십 년간의 정보가 저장되어 있다. 장기기억에 저장된 정보는 평소에는 비활성화되어 있고 일정 시간이 지나면 소멸되기도 한다.

그러면 장기기억에 저장된 정보는 언제 활성화될까? 감각기억에 들어온 정보 중에서 주의를 기울인 정보만 작업기억으로 옮겨지는 것처럼, 장기기억에 있는 정보 중에서 '인출'하는 정보만 작업기억으로 옮겨진다. 공부를 했는데 시험 볼 때 기억이 안 났다는 말은 인출에 실패했다는 의미이다. 분명히 머릿속 어딘가에는 있는데 필요할 때 꺼낼 수가 없는 것이다. 그러다가 불현듯 떠오르기도 한다. 장기기억의 중요한 특징은 한 번 인출된 정보를 더 쉽게 인출할 수 있다는 것이다. 서랍 속에 있는 친구 명함을 찾는다고 생각해 보자. 어딘가에 두고 한 번도 찾아보지 않은 경우와 지난주에 찾아본 경우, 어떤 경우가 더 쉽게 찾을 수 있을까? 마찬가지로 시험에 필요한 정보를 장기기억 속에 저장만 하고 시험장에 들어가면 낭패를 볼 수가 있다.

"어제 공부한 내용이 정말 하나도 기억이 나지 않았어요. 저는 정말 머리가 나쁜가 봐요."

머리가 나쁜 게 아니라 본인의 기억력을 활용하는 방법을 모르고 있는 것이다. 그러니 시험장에서 원하는 정보를 바로 꺼낼 수 없다.

★ ★ ★ **기억의 특성** ★ ★ ★

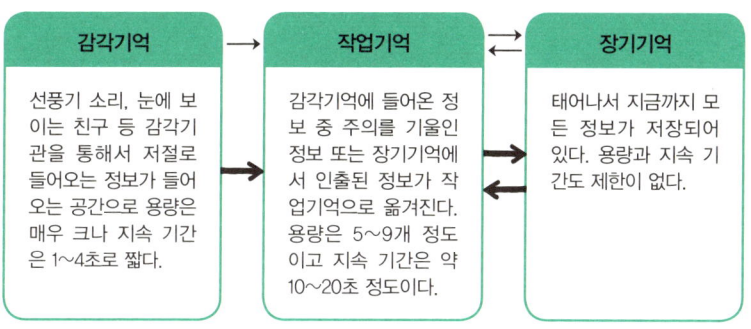

밑줄 치기와 핵심어 정리

고2 지연이가 쉬는 시간에 교무실로 찾아왔다. 나름대로 열심히 공부하지만 생각만큼 결과가 좋지 않아서 고민이란다. 일종의 효율적인 공부법에 관한 상담을 해온 것이다. 지연이가 어떻게 공부하는지 확인을 해보니 주로 교과서에 밑줄을 치면서 반복적으로 읽고 있었다. 어떤 책은 밑줄과 동그라미가 본문을 뒤덮고 있어서 글씨가 안 보일 정도였다. 아마도 이렇게 공부하면서 본인은 나름대로 열심히 한다고 생각할지도 모른다.

문제는 이렇게 공부해도 성적이 좋지 않다는 것이다. 열심히 밑줄을 치면서 읽는 것이 겉보기에는 적극적으로 학습하는 것처럼 보이지만 머릿속을 들여다보면 얘기는 달라진다. 재미없는 교과서에 밑줄을 치면서 30분만 읽어도 머릿속은 멍해져 있다. 손과 눈은 움직이지만 머릿속은 멈춰 있다는 말이다. 다시 말해 감각기억에 들어온 교과서 내용을 작업기억으로 옮기지 못하고 있는 것이다.

이렇게 밑줄을 너무 많이 치면서 읽는 학생은 약간의 지도가 필요하다. 연구 결과 단순히 밑줄을 치는 효과는 미미한 것으로 나타났기 때문이다. 학생들이 밑줄을 너무 많이 칠 때는 이렇게 조언해 보자.

"이 단락(글)에서 가장 중요한 한 문장만 밑줄을 쳐 볼래?"

그러면 무조건 밑줄을 치면서 읽던 학생이 이 소중한 밑줄을 어디에 칠 것인가를 고민하게 된다. 이는 얼마 되지 않는 작업기억의 공간에 어떤 정보를 넣을까 선별하는 작업인 셈이다. 중심 내용을 함축하고 있는 문장을 찾아서 밑줄을 그을까 말까 생각하고 다시 한 번 더 읽어보며 밑줄을 치는데, 뒤에서 주제문에 더 가까운 문장을 발견하고 이전에 쳤던 밑줄을 지우면서 효율적인 공부를 하게 된다. 여러 문장에 마구잡이로 밑줄을 그었을 때와는 독해의 질이 달라지는 것이다.

한 페이지에 밑줄이 하나 있다면 기억 공간에 그 내용은 저장할 수 있다. 하지만 밑줄이 너무 많으면 기억 공간을 초과하게 된다. 요컨대, 모든 내용을 다 기억할 수 없으니 더 중요한 내용과 덜 중요한 내용을 구분해서 중요한 내용만 기억하자는 것이다.

고1 수원이는 자타가 인정하는 모범생이다. 어느 누구도 수원이에게 공부하라는 말을 하지 못한다. 왜냐하면 늘 열심히 공부하고 있기 때문이다. 수원이가 공부하는 모습을 옆에서 지켜보면 전교 1등으로 오해할 수도 있다. 그러나 사실 수원이의 성적은 하위권이다. 아이들은 수원이에게 그렇게 열심히 공부하면서 왜 성적이 좋지 못하냐며

놀린다. 그럴 때마다 수원이는 웃어넘긴다.

　수원의 교과서를 보면 필기가 하나도 없이 깨끗하다. 처음 받았을 때의 그 모습 그대로 간직하고 있다. 대신 교과서마다 노트가 있어서 그 노트에 내용을 정리한다. 여기까지는 별문제가 없어 보인다. 그러나 노트를 자세히 보면 교과서의 내용이 거의 똑같이 적혀 있다. 수원이는 매일 손이 아프도록 교과서의 내용을 옮겨 적고 있었던 것이다. 더욱 놀라운 것은 그렇게 열심히 적고 있는 내용에 대해서 질문을 하자 수원이는 대답을 하지 못했다. 본인이 무슨 내용을 적고 있는지도 몰랐던 것이다.

　이렇게 비효율적인 공부를 하고 있는 학생에게는 '핵심어' 정리가 효과적이다. 책을 달달 외우려고 하면 하나도 기억하지 못한다. 책 전체를 읽으면서 무슨 내용인지 감을 잡았으면 핵심어를 통해서 뼈대를 잡아야 한다. 그런데 문제는 아이들이 핵심어를 찾는 능력이 부족한 경우가 많다는 것이다. 이렇게 공부를 해본 적이 없기 때문이다. 이때는 먼저 공부하고 있는 단원의 제목과 소제목을 주의 깊게 보라고 권하자. 막상 책을 읽는 아이들을 보면 제목이 뭔지도 모르고 바로 본문 내용으로 들어갈 때가 많다. 제목은 본문의 중심 내용을 한마디로 요약 정리한 것이다. 그러니 제목은 가급적 외우는 것이 좋다. 제목과 소제목을 이해했으면 본문에서 이와 일맥상통하는 핵심어를 찾아내기란 어렵지 않다.

　실제로 수원이도 이 방법으로 학습을 지도했다. 하지만 수원이는 그 효과성에 대해서 별로 확신을 가지지 못하고 있는 듯했다. 어쨌든 핵심어를 정리하는 방법을 일러주고 꼭 사용해 보기를 권했다.

시험이 끝나고 수원이의 성적을 보니 지난번 시험과 비교해서 암기 과목의 성적이 눈에 띄게 향상되었다. 본인도 놀랐다고 한다. 더욱이 이렇게 핵심어를 정리하면서 공부를 하니 공부하는 시간이 괴롭지만은 않더라는 것이다. 당연하다. 본문의 흐름이 어떻게 전개되는지 정리를 하면서 공부를 하니 학습의 질이 달라지는 것이다.

노트에 본문 내용 모두를 여러 번 쓰면서 기억하려고 한다면 그 과정이 매우 고통스러울 뿐만 아니라 다 기억할 수도 없다. 필연적으로 시험 점수도 실망스러울 것이다. 반면에 중요한 요소들을 정리해서 기억한다면 학습의 과정도 흥미로울 뿐만 아니라 시험장에서도 더 생생하게 기억을 인출할 수 있다. 그러나 우리 주위에는 비효율적으로 학습하는 학생들이 너무나도 많다. 이러한 학생들에게 핵심어 정리는 암기를 효율적으로 하는 학습의 전환점이 될 수 있다.

마지막으로 이런 아이들을 지도할 때 버려야 할 것이 하나 있다. 바로 한 번에 완벽하게 알려주어 즉시 큰 효과를 보겠다는 마음이다. 아이들을 실제로 지도해 보면 예상치 못한 변수들이 발생한다. 고등학생 지연이와 수원이도 이 방법들을 처음에는 제대로 이해하고 실천하지 못했다. 그러나 이는 당연한 것이다. 무언가 새로운 방법은 의지를 가진 성인이 해도 생각처럼 잘 안 되는 경우가 많다. 하물며 의지가 없는 아이들이 새로운 방법을 처음부터 완벽하게 이해할 리 만무

하다. 단계적으로 조금씩 습득해 나가는 것이 돌아가는 것 같지만 더 빨리 가는 지름길이다.

> **정리 하면**
>
> 우리의 기억 공간은 '감각기억', '작업기억', '장기기억'으로 이루어져 있다. 그런데 이 공간이 생각보다 작다. 따라서 암기를 잘하기 위해서는 이 소중한 공간을 효율적으로 활용해야 한다. 아이들이 공부하는 모습을 보면 무작정 책을 펴고 열심히 읽는 경우가 많다. 물론 그 의지력은 높이 평가하지만 노력한 만큼 결과가 따라주지 않는다면 가장 실망하는 것은 본인일 것이다. 이러한 아이들에게 효과적으로 기억하는 방법에 대해서 알려주면 학습의 전환점이 될 수 있다.
>
> 먼저, <u>밑줄을 너무 많이 치는 아이들은 밑줄을 '주제문'에만 칠 것을 권해 보자.</u> 그러면 기계적으로 밑줄을 치던 아이들이 어떤 문장이 글의 주제문인지 생각을 하면서 읽게 된다. 그리고 <u>아무 생각 없이 필기만 하는 아이들은 '핵심어'를 정리하라고 조언해 주자.</u> 핵심어를 정리하는 능력이 부족하다면 <u>글의 제목과 소제목을 바탕으로 체계를 세울 수 있다.</u> 제목은 글의 중심 내용을 함축하는 핵심어인 경우가 대부분이기 때문에 제목을 통해 본문 중 뭐가 중요한지 더 효율적으로 파악할 수 있다. 교과서의 모든 내용을 암기할 수는 없다. 그러나 글의 주제를 찾아서 밑줄을 치고 핵심어를 정리해 암기한다면 더 적은 시간을 공부하고도 더 나은 결과를 기대할 수 있다.

실전에 약한
아이를 위한 조언

 중2 슬기는 오늘도 영어 단어 시험을 통과하지 못해서 재시험을 보고 있다. 그런데 표정이 거의 울상이다. 어디 아픈지 물어보니 자기는 정말 억울하다는 대답이 돌아왔다. 다른 아이들은 단어를 안 외워서 다시 공부하고 있는데 자기는 정말로 열심히 공부했다는 것이다. 교육 현장에서는 이런 아이들을 자주 만난다. 그래서 별로 대수롭지 않게 생각하고 넘어가려는데 슬기는 꽤나 비장하게 말했다. 세 시간이나 단어를 외웠다면서 공부한 연습장을 내 눈 앞에서 흔들어댔다. 어? 그런데 정말로 빽빽하게 단어를 공부한 연습장을 보니 두세 시간은 족히 공부했을 양이다. 50개밖에 안 되는 단어를 세 시간이나 공부했으면 시험에 통과하지 못할 리가 없다. 공부법에 어딘가 문제가 있는 것이다.
 나름대로 열심히 공부하지만 실전에 가서 점수로 '환원'하지 못하는 아이들을 종종 보게 된다. 학원에서 보는 단어 재시험은 억울하지만 공식적인 성적은 아니니 넘어갈 수 있다고 치자. 그러나 학교에서 보는 중간·기말고사와 수능 모의고사도 이런 경우가 많다. 분명히 공부를 열심히 하는 아이인데 시험만 보면 결과가 실망스럽다. 이런 아이들의 근본적인 문제는 무엇일까?

공부에 대해서 가장 크게 오해하고 있는 것 하나는, 모르는 것을 배워서 아는 것만이 공부라고 생각한다는 것이다. 어? 그럼 모르는 것을 배우는 게 공부가 아닌가? 아니다. 이는 공부에 대해서 부분적으로만 맞는 말이다. 과연 공부란 무엇일까? 사전에는 '학문이나 기술 등을 배우고 익힘'으로 정의하고 있다. 이는 공부에 관한 포괄적인 의미이다. 우리가 실생활에서 사용하는 의미로 범위를 조금 좁혀서 생각해보자. 수업을 듣고 필기하는 것이 공부일까? 책을 읽으면서 중요한 부분을 외우는 것이 공부일까? 문제를 풀고 답을 확인하는 것이 공부일까? 사람마다 다르게 정의할 수 있지만 개인적으로 공부를 다음과 같이 정의하고 싶다.

> **공부란 머릿속에 지식을 넣고 필요할 때 꺼내는 일련의 과정**

공부는 '입력 + 출력'을 포괄하는 개념이다

대부분의 아이들은 책을 한두 번 읽고는 공부를 다 했다고 생각한다. 앞서 언급한 슬기도 장시간 손이 아프도록 영어 단어와 한글 뜻을 썼지만 사실 이는 공부를 다 한 것이 아니다. 슬기에게 어떻게 공부를 했는지 확인해 보니 예상대로 몇 시간 동안 영어 단어와 한글 뜻을 번갈아 가며 쓰기만 했다고 한다. 지식을 머릿속에 넣고 꺼내는 것까지가 공부인데 슬기는 넣기만 하는 반쪽짜리 공부를 한 것이다. 그래서 앞으로는 단어를 외우고 나서 반드시 꺼내 보는 훈련을 병행하라고 일러주었다. 즉, 스스로 단어 시험을 보라는 것이다. 이 과정도 한 번 해서는 부족하고 다섯 번 정도 하라고 주문했다. 그 후로 슬기는 단 한 번도 재시험을 보지 않았다.

이처럼 공부를 처음 시작하는 아이들은 공부를 어떻게 효율적으로 하는지에 대한 개념이 부족한 경우가 많다. 그래서 시험을 보고 나면 이런 말을 자주 하는 것이다.

"시험지를 보는 순간 머리가 하얘져서 아무 생각도 나지 않았어요."

공부는 간단히 '입력 + 출력'의 과정으로 이해할 수 있다. 슬기는 지나치게 입력에만 치우쳤던 경우이다. 그러나 그 반대의 경우도 상황은 나아지지 않는다.

효성이는 수학을 어려워한다. 본인은 '수학 머리'가 없다고 한탄한다. 물론 수학적인 소양이 부족한 사람도 있다. 그런데 효성이가 수학을 공부하는 모습을 살펴보면 정말로 수학적인 소질이 부족한지 의구심이 든다. 효성이가 수학을 공부하는 방법은 단순하다. 바로 문제를 푸는 것이다. 그럼 수학을 문제를 풀지 어떻게 공부하느냐고 반문할 수 있다. 그러나 문제를 푼다는 것은 머릿속에 있는 지식을 꺼내는 과정이다.

여기서 질문을 하나 해보자. 만약에 문제를 풀기 위해서 필요한 지식이 머릿속에 없다면? 찍을 수밖에 없다. 효성이는 수학 문제를 푸는 게 아니라 찍고 있었던 것이다.

아이들이 공부하는 문제집을 한번 살펴보자. 문제가 풀려 있고, 채점이 되어 있고, 틀린 문제는 색깔 펜으로 정답이 적혀 있을 것이다. 대부분의 아이들은 이렇게 한 번 보고 나면 공부가 끝났다고 생각한다. 그러나 사실 진짜 공부는 여기서부터 시작이다. 어떤 문제를 틀렸다는 것은 해당 분야의 지식이 부족함을 뜻한다. 즉, 틀린 문제를 통해서 본인이 어느 부분의 지식이 부족한지 확인할 수 있다. 그 다음에는 그 부족한 지식을 입력해야 한다. 그런데 아이들은 이 과정을 하지 않는다. 개념을 이해하고 공식을 외우는 과정은 꽤나 지루하고 고되기 때문이다.

그래서 아이들은 당장에 찍어서 맞출 수 있는 문제풀이에만 매달린다. 문제집을 여러 장 풀면 뭔가 진도가 나가는 것 같고, 찍어서 맞추더라도 일단 맞으면 기분이 좋기 때문이다. 역시나 반쪽짜리 공부이다.

공부는 복습이다

결국 입력과 출력이 균형 잡힌 공부를 해야 한다. 그런데 균형 잡힌 과정마저도 한두 번 해서는 실전에서 좋은 결과를 기대하기 어렵다. 머릿속에 넣은 지식을 자유자재로 꺼낼 수 있을 때까지 여러 번 반복해야 한다. 이 과정에서 실수가 줄어들고 탄탄한 실력을 가지게 되는 것이다. 그러면 얼마나 반복해야 할까? 이 질문에 정답이 있는 것은 아니지만 효율적인 복습 시기는 연구를 통해서 확인할 수 있다.

인간의 기억력에 대해 최초로 과학적인 연구를 한 사람이 독일의 심리학자 에빙하우스(1850~1909)이다. 그는 인간은 어떤 것을 학습한 후 20분이 지나면 약 58%, 1시간이 지나면 44%, 9시간이 지나면 36%, 6일이 지나면 25%, 한 달이 지나면 21%만 기억한다고 망각곡

★ ★ ★ 망각곡선을 활용한 효과적인 복습 주기 ★ ★ ★

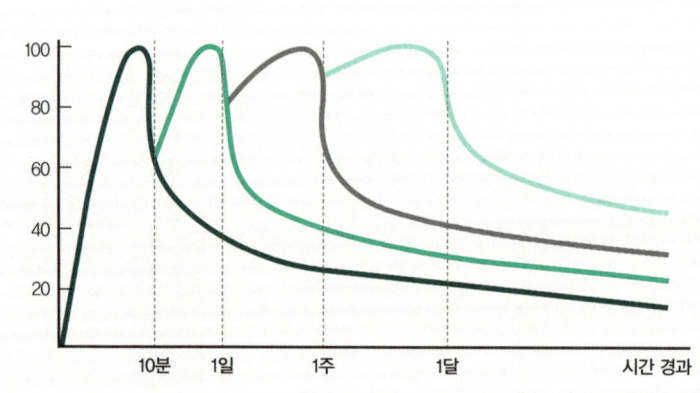

선을 통해서 설명했다. 그의 이론을 통해 인간은 망각의 동물임이 판명되었다. 어쨌든 학습 과정에서 에빙하우스의 망각곡선을 활용하면 언제 복습할 때 가장 효율적인지 확인할 수 있다. 위 그래프를 보면 배우고 나서 바로 복습을 하고, 다음 날, 그리고 1주일 뒤, 그리고 한 달 뒤에 복습할 때 동일한 노력으로 더 많은 내용을 기억할 수 있다.

학생들에게 어제 공부한 내용에 대해서 확인해 보면 놀랄 때가 많다. 공부를 좀 하는 학생도 지난 시간에 배운 내용에 대해서 정확히 기억하는 경우가 드물다. 공부는 결국 복습 싸움이다. 배운 내용이 복습을 통해서 진정한 실력이 되기 때문이다. 복습은 공부한 내용을 다시 보는 것이 아니라 복습 자체가 공부인 셈이다. 그런데 복습은 지겹다. 이 지겨움을 감당하지 못하면 공부를 잘할 수 없다. 흥미로운 점은 공부를 잘하는 아이는 복습을 시켜도 별다른 저항이 없다. 그런데 정말로 복습이 필요한 아이들은 이렇게 볼멘소리를 한다.

"에이, 다 아는 건데 뭐 하러 다시 공부해요?"

이 생각에 빠져서 학습한 내용을 다시 확인하고 재정리하는 과정을 거치지 않는다면 근본적인 실력 향상은 어렵다. 하루 종일 열심히 공부해도 3~4등급, 운이 좋아서 찍은 것이 몇 개 더 맞으면 2~3등급에 있는 아이들이 여기에 해당된다. 같은 수업을 듣고 같은 교재로 공부해도 어떤 아이는 복습을 통해서 완전히 본인의 것으로 소화하는 것이고, 다른 아이는 반쪽짜리 공부만 하고 있는 것이다.

특히 반드시 잊어버리면 안 되는 기본 개념을 다시 설명하는 시간에 1~2등급 아이들과 3~4등급 아이들의 분위기가 너무나 다르다. 1~2등급 아이들은 이미 다 알고 있음에도 불구하고 눈에서 레이저가 나온다. 기본이 중요하다는 것을 뼈저리게 느끼며 그 자리에 왔기 때문이다. 본인이 혹시 놓치고 있는 것은 없는지 끊임없이 선생님의 설명과 본인이 알고 있는 내용을 비교해 본다. 그러다 그동안 풀리지 않았던 문제의 실마리를 발견한다. 사실 복잡한 문제를 못 푸는 원인은 고난도 지식이 없어서가 아니라 기본적인 개념이 부족한 경우가 많다. 수업 시간에 이런 아이들의 머릿속에서는 불꽃이 팡팡 터진다. 얼굴을 보면 알 수 있다. 반면에 3~4등급 아이들은 이 중요한 기본 개념을 이미 다 아는 것이라며 듣지 않는다. 이런 아이들을 볼 때면 궁금증이 생긴다. 공부는 과연 똑똑한 학생들이 잘하는 것인지, 겸손한 학생들이 잘하는 것인지 말이다.

그러나 현실에서 복습을 제대로 하기란 쉽지 않다. 일단 아이들은 복습보다는 선행을 더 좋아한다. 뭔가 새로운 것을 배우는 듯한 기분이 들기 때문이다. 더군다나 선행은 남보다 먼저 무언가를 배우는 것이니 아이들의 참여도 좋은 편이다. 하지만 선행의 함정에 빠져서 복습을 소홀히 한다면 그 아이의 미래는 희망적일 수 없다. 모르는 지식을 채워 넣는 것도 중요하지만 이미 알고 있는 지식에 대한 재확인·재정리가 더 중요한 법이다.

공부를 좀 한다는 아이가 생활하는 것을 보면, 틈만 나면 무언가를 읽고 쓰며 중얼거린다. 자투리 시간을 만들어서라도 계속 복습을 하는 것이다. 그러니 시험을 볼 때 본인의 머릿속 어디에 뭐가 있는지 기가 막히게 찾아낼 수 있다. 이들은 기억의 원리를 이론적으로 배운 것은 아니지만 이렇게 하지 않으면 시험에서 좋은 성적이 나오지 않는다는 것을 경험적으로 터득한 것이다.

아마 한 달 정도만 복습을 제대로 해보면 그동안 스스로에 대해 얼마나 과대평가를 하고 있었는지 깨닫게 될 것이다. '아, 내가 이 문제를 맞았기 때문에 이 내용에 대해서 아는 줄 알았는데 자세히 보니 코끼리 뒷걸음질하다가 쥐 밟은 격이구나!' 하고 머리에 쾅 충격을 받는다. 그리고 머릿속의 정보를 다시 정리해서 기억하게 된다. 이제야 비로소 진정한 의미의 공부를 하게 되는 것이다. 이 효과를 한 번만 느끼면 그 다음부터는 누가 말하지 않아도 스스로 하게 되어 있다.

> **정리하면**
>
> 공부는 나름대로 열심히 하는 것 같은데 시험만 보면 결과가 실망스러운 아이들이 있다. 실전에 약한 아이들이다. 이런 아이들이 공부하는 모습을 자세히 보면 한쪽으로 치우쳐 있는 경우가 많다. 공부는 무언가를 기억했다가 필요할 때 지식을 꺼내는 과정인데 입력만 한다든지, 아니면 출력만 하는 것이다. 사실 입력을 하지 않고 출

력을 할 수는 없는 노릇이다. 그래서 모르는 문제는 찍을 수밖에 없다. 이는 진정한 의미의 공부가 아니다. 따라서 공부는 입력과 출력의 균형 잡힌 과정이라는 개념을 이해해야 한다.

그러나 어느 누구도 한두 번 공부해서는 지식을 완벽히 소화할 수 없다. 복습이란 공부의 동의어이다. 복습을 통해서 학습한 내용이 진짜 본인의 것이 된다. 에빙하우스에 따르면 배운 바로 그날, 다음 날, 일주일 뒤, 그리고 한 달 뒤 꾸준히 복습하는 것이 가장 효율적이다. 입력과 출력의 균형 잡힌 공부를 여러 번 복습한다면 그 학생은 실전에서 본인의 능력을 100% 점수로 환원할 것이다.

반드시 성적이 오르는 검증된 학습 전략

학생들을 가르치다 보면 처음에는 성적이 비슷했던 아이들이 어느 순간부터 차이가 벌어지기 시작한다. 나는 그 원인이 무엇일까 늘 궁금증을 가지고 있었다. 재학생이야 학원에 있는 시간 외에 다른 시간은 어떻게 활용하는지 알 길이 없으니 원인 파악이 어렵다. 하지만 재수생들은 같은 시간에 등원해서 같은 시간표대로 같은 선생님에게 수업을 듣고 같은 시간 자습을 한다. 그럼에도 불구하고 똑같이 4등급으로 시작했지만 누구는 수능에 가서 2등급을 받고, 누구는 수능에 가서 5등급을 받는다. 공부를 하는 과정에서 여러 변수가 작용했겠지만, 공부하는 방법이 다른 결과를 만든 변수 중 중요한 한 가지라는 확신이 점점 강하게 든다. 그렇다면 효율적으로 공부하기 위해서 어떤 학습 전략이 필요한지 살펴보자.

첫째, '오감 활용 전략'이다.

학습하는 과정에서 인간이 정보를 받아들이는 감각은 수업을 듣는 청각, 눈으로 보는 시각, 필기를 하는 촉각 등이 있다. 앞서 이러한 감각기관을 통해 들어온 정보 중에서 주의를 기울인 것만 '작업기억'으로 이동한다고 배웠다.

그런데 한 가지 감각만 사용하다 보면 주의력이 떨어지기 시작한다. 이럴 때 다른 감각으로 전환하면 머리가 환기되는 경험을 할 수 있다. 예컨대 같은 한 시간을 공부했을 때 한 시간 내내 책을 보는 학생은 도중에 주의력이 바닥나기 쉽다. 주의력이 떨어졌다는 얘기는 감각기억의 정보가 작업기억으로 옮겨지지 못하고 전부 소멸되고 있다는 의미다. 이럴 경우 졸음이 오고 결국 엎드려 자게 된다. 학생들이 공부하는 모습을 보면 이 순서대로 흘러가는 경우가 많다.

의욕적으로 공부 시작 ➡ 한 가지 감각으로만 공부 ➡ 주의력 저하 ➡ 졸음 ➡ 잠

만약 같은 학생이 이렇게 공부했다면 어땠을까? 10분 동안은 눈으로 책을 읽고(시각), 다음 10분은 소리 내서 책을 읽고(미각/입), 다음 20분 동안은 인터넷 강의를 듣고(청각), 마지막 20분 동안은 중요한 내용을 노트에 적는다(촉각). 이렇게 다른 감각으로 전환할 때마다 신기하게도 주의력은 어느 정도 회복된다. 본인의 상황에 맞게 15분, 20분, 30분마다 감각을 바꿔 가면서 학습을 한다면 졸음이 오는 상황을

막을 수 있다. 학습에는 후각이 사용되지 않아서 정확히 다섯 개의 감각은 아니지만 편의상 '오감 전략'이라고 명명했다.

둘째, '교집합 전략'이다.

이는 쉽게 '단권화'를 떠올리면 된다. 단권화는 교과서, 노트, 자습서, 문제집의 주요 내용을 한 권의 책에 몰아서 정리하는 것을 말한다. 물론 이 방법도 추천할 만하다. 그러나 교집합 전략은 단권화보다 좀 더 발전된 것이다. 교집합 전략을 위해서는 여러 가지 색깔 볼펜이 필요하다.

먼저, 학교 선생님의 수업을 들으면서 필기하는 내용을 '파란색'으로 적자. 그리고 학원/인터넷 강의/과외 등의 수업을 들으면서 필기하는 내용은 '초록색'으로 적자. 이 교집합 전략의 하이라이트는 바로 다음 단계이다. 몇몇 과목의 경우 두세 명의 선생님들이 반을 나누어서 들어간다. 이때 같은 과목이지만 다른 선생님이 들어가는 반 친구의 책을 빌리자. 물론 필기를 잘하는 아이의 책을 빌려야 효과가 커진다. 이 필기를 '빨간색'으로 적자. 같은 교과목 선생님들은 회의를 통해서 시험에 출제할 내용을 공유한다. 따라서 여러 명의 선생님이 들어가는 경우 가르치는 방식은 다르지만 시험에 나오는 부분은 반드시 자세하게 설명해 준다. 이 모든 필기와 밑줄의 교집합을 찾아서 이 부분을 중점적으로 공부하는 것이 '교집합 전략'이다.

공부를 열심히 하는데도 성적이 저조한 아이들을 보면 십중팔구 필기가 성의 없게 되어 있다. 노트도 없다. 그저 책을 몇 번 읽고 학원에서 뽑아준 문제를 풀고 시험을 보러 간다. 학습 의욕이 있는 아이들은 어느 정도 성적이 나오지만 만약 몇 년째 성적이 제자리걸음이라면 학습 방법에 변화가 필요한 것이다. 어차피 아이들은 시험을 보기 전에 같은 내용을 다섯 번 정도는 수업을 듣거나 읽으면서 공부한다. 이때 각각의 수업에 다른 색깔의 펜으로 정리하면 아이들의 집중도와 흥미도가 올라간다. 따로 공부를 더 하라는 얘기가 아니라 아이들의 저항도 별로 없다. 이 방법의 효과는 얼마나 좋을까? 필기를 하면서 공부를 하는 학습 자세가 전혀 잡혀 있지 않은 아이들을 제외하면 생각보다 효과가 크다. 특히 필기하는 것을 좋아하는 학생일 경우 교집합 전략과 궁합이 잘 맞는다고 볼 수 있다.

셋째, '질문하기 전략'이다.

인간이 무언가를 깨닫고 배우기 위해서는 먼저 호기심을 가져야 한다. 알고 싶어 하는 내용을 들어야 관심이 생기고 집중하게 된다. 궁금하지 않는 내용을 듣는 것처럼 지겨운 경우가 없다. '왜 어떤 나라는 일 년 내내 겨울이고, 우리나라는 사계절이 있을까?'란 궁금증이 있는 학생과 '수업이 몇 분 남았지?'라는 생각을 하는 학생이 지구의 자전과 공전에 대한 수업을 들을 때 과연 똑같이 집중할 수 있을까? 궁금증이 있는 사람은 설명을 들어야 하는 이유가 있는 것이다. 집중해서 설명을 듣다가 답을 찾으면 머릿속에서 즐거움을 느낀다. 정말로 궁금했던 것에 대한 답을 찾으면 희열을 느끼기도 한다. 이 맛을 본 아이들은 계속 질문을 만든다. 더 정확히 말하면 뇌가 즐거움을 맛

보기 위해 질문을 하라고 시키는 것이다. 반면에 질문이 없는 아이들은 설명을 들어도 재미가 없다. 어차피 궁금한 것도 아니었으니까 집중도 잘 안 된다. 그러니 깨달음도 희열도 없다. 그래서 듣긴 들었는데 무엇을 들었는지 모르는, 아는 것도 아니고 그렇다고 모르는 것도 아닌 애매한 상태가 되는 것이다.

아이가 초등학생일 경우 부모님이 학습의 조력자가 될 수 있다. 그저 하루에 10~20분 정도 시간을 정해서 내일 학교 수업 시간에 배울 내용에 관해 질문을 하나씩만 만들라고 해보자. 이 질문을 반드시 노트에 적어야 한다. 말로 하고 끝내면 내일 아이는 무슨 질문을 했는지 기억하지 못한다. 그리고 아이는 다음날 수업을 들으면서 질문했던 내용에 대한 답을 노트에 적는 것이다. 저녁에 부모님이 아이가 질문에 대한 답을 적었는지 확인만 해주자. 혹시 의욕이 넘쳐서 처음부터 이렇게 나가면 안 된다.

"너는 질문에 대한 답을 왜 못 적었어? 수업을 제대로 듣는 거야, 마는 거야?"

처음에는 질문을 만들고 수업 시간에 답을 적는 '습관'을 만들어 주는 것이 더 중요하다. 당장에 아이가 수준 높은 질문을 만들고 질문에 대한 답을 적었는지는 그렇게 중요한 게 아니다. 시간이 지나면 시키지 않아도 질문이 점점 예리해지고 답을 적어 오는 횟수가 증가할 것이다. 궁금한 것을 못 참는 아이는 선생님에게 따로 질문을 해서라도 알아내 온다.

만약 중·고등학생이라면 이 작업을 담당 교사가 할 수 있다. (물론 부모님이 할 수도 있지만 여의치 않을 수 있다) 실제로 수업 시간에 설명을 하고 아이들에게 바로 확인을 해보면 방금 들었음에도 불구하고 대답을 못하는 경우가 많다. 이는 아이들의 잘못이 아니라 원래 사람은 관심이 없는 내용을 들으면 한 귀로 듣고 한 귀로 흘린다. 그런데 질문을 하나씩 해오라고 시켜서 그 질문에 대한 설명을 해주면 아이들은 대부분 기억한다. 특히 그 질문을 한 아이만큼은 매우 의미 있는 수업인 것이다. 질문하는 횟수와 성적이 증가하는 속도는 비례한다.

넷째, '가르쳐 주기 전략'이다.

아이들이 가장 힘들어 하는 공부가 수학이고 가장 많은 시간을 할애하는 것도 수학이다. 개인적으로도 고등학생 때 쉬는 시간마다 수학 문제를 하나씩 풀었던 것 같다. 어쩌다 보니 고등학교 3년 내내 같은 짝과 앉게 되었다. 내 짝은 수학을 어려워했는데 요즘 말로 하면 '수포자'였다. 그래도 가끔씩 공부를 하다가 나에게 이런저런 질문을 해왔다. 나는 아는 문제는 가르쳐 주고 모르는 문제는 넘어갔다.

그런데 어느 날 짝에게 설명을 해주는 것이 내가 더 공부가 된다는 놀라운 사실을 깨달았다. 왜냐하면 알고 있는 문제는 설명을 하면서 다시 한 번 복습이 되고, 모르는 문제는 내가 어디를 정확히 모르는지 인지할 수 있기 때문이다. 그렇게 수업을 듣거나 공부를 할 때 짝에게 설명하다 막혔던 부분이 나오면 눈에 불을 켜고 공부하게 되었다. 그리고 다시 설명해 주면 짝은 "우와, 대단하다!"라며 감탄했고, 나는 의

기양양했다. 앞서 얘기했던 것처럼 다른 사람에게 '인정'을 받는 것은 굉장히 큰 동기가 된다. 내 짝은 본의 아니게 3년 내내 나의 수학 공부에 엄청난 도움을 준 셈이다.

따라서 여건이 된다면 누군가를 가르치게 하자. 한두 살 터울 아이가 있는 경우 이를 잘 활용할 수 있다. 물론 이 방법에도 무수히 많은 변수가 작용한다. 형은 일반고에서도 힘들어하는데 동생은 특목고에서 상위권을 유지한다면 이 방법을 쓸 수 없다. 물론 형이 모든 것을 내려놓고 동생에게 질문할 수도 있지만 그 나이 아이에게는 이게 쉬운 일이 아니다.

친구건 친척이건 본인보다 조금 실력이 부족한 사람이 있으면 가르쳐 주고, 본인보다 실력이 좋으면 질문하면 된다. 사실 질문하기와 가르쳐 주기는 일맥상통한 전략이다. 질문하는 사람은 배워서 좋고, 가르치는 사람은 다시 한 번 알고 있는 내용을 정리할 수 있어서 좋다. 서로에게 이보다 더 좋은 전략은 없다.

주변에 섭외(?)할 마땅한 사람이 없다면 부모님이 이 역할을 해도 된다. 다만 아이에게 "엄만 이것도 몰라?"라는 꾸지람을 들을 각오를 해야 한다. 속이 부글부글 끓어도 웃으면서 참아야 한다. 이 수모와 모멸감은 나중에 아이의 실력으로 보상받을 날이 올 것이다.

다섯째, '백지 전략'이다.

이 전략은 상위권 전략이라고 볼 수 있다. 반에서 3~5등은 하는데 1~2등은 못하는 경우, 전교 10~20위 즈음에서 정체되어 있는 경우,

거기까지가 본인의 한계라고 선을 긋고 있는 아이들에게 한계점을 뚫고 비상하는 전략이 될 수 있다.

방법은 간단하다. 백지를 꺼내서 방금 공부한 내용을 적어보는 것이다. 생각만 해도 막막하지 않은가? 이 고통스러운 방법을 하면 학습에 어떤 효과가 있을까? 백지를 꺼내서 배운 내용을 적으려고 하면 어디서부터 어떻게 시작해야 할지 난감하다. '장기기억'에서 갑자기 너무 많은 내용을 한 번에 인출하니 기억 회로에 과부하가 걸리는 것이다. 그래서 이 방법을 쓰는 아이들은 꺼낼 수 있는 방법으로 공부를 한다. 애초에 기억을 할 때부터 백지에 쓸 것을 감안하고 체계적으로 공부를 하는 것이다. 공부를 인식하는 관점부터 달라진다고 볼 수 있다. 두서없이 책을 읽으면서 무작정 밑줄을 치는 아이와 백지에 꺼낼 것을 고려해서 차곡차곡 정보를 기억하는 아이의 학습 효율은 비교할 수 없다.

교육 현장에서 가끔씩 백지 전략을 구사하는 아이를 만난다. 이런 아이들은 거의 전교 상위권을 다투는 아이들이다. 그러면 나는 호기심이 발동해서 상담을 빙자(?)한 확인에 들어간다. 어떻게 이 방법으로 공부하게 되었는지, 이 방법의 좋은 점은 무엇인지 물어보면 늘 답은 비슷하다. 본인도 모른단다. 어쩌다 보니까 이렇게 하고 있단다. 단, 처음부터 이렇게 공부한 것은 아니라는 게 공통된 답변이었다. 처음에는 다른 아이들처럼 책을 읽고 문제집을 풀었는데, 그렇게 해서는 늘 실수를 하게 되더라는 것이다. 그래서 고민을 하고 공부 방법을 바꿔 보는 시행착오를 거치면서 백지에다 쓰는 것까지 왔단다.

산에 올라가는 길은 여러 길이 있다. 백지 전략은 산의 가장 높은 봉우리까지 올라가는 공부법인 셈이다. 체력이 약한 사람이 한 번에 산 정상에 올라가지 못하는 것처럼, 공부 내공이 약한 사람이 백지 전략을 구사하기는 어렵다. 물론 체력이 약한 사람이 무리해서 정상을 찍고 내려올 수는 있다. 그러면 그 사람은 파스와 근육통 약을 복용하며 일주일 동안 통증에 시달리고 나중에 산이라는 얘기만 들어도 손사래를 칠 확률이 높다. 마찬가지로 공부 내공이 약한 학생에게 백지 전략을 강요하면 그 고통이 심해서 역효과가 날 수 있다. 이는 어느 정도 학습 능력이 갖춰진 아이들이 마지막 2%를 채우기 위한 전략으로 사용하면 좋다.

여섯째, '아는 것 다시 보기 전략'이다.

일종의 복습이다. 이 당연한 얘기를 다시 하는 이유는 복습은 아무리 강조해도 지나치지 않기 때문이다. 그러나 한 가지 짚고 넘어가야 할 것은 '왜 복습을 하는가?'이다. 아이들에게 복습을 왜 하느냐고 물어보면 이런 대답을 들을 수 있다.

"공부를 잘하고 싶어서."

"시험을 잘 보고 싶어서."

"복습이 중요하니까."

다 맞는 말이다. 그런데 이 말로는 복습의 중요성을 전달하기에 부족하다. 아는 것을 다시 보는 이유는 알고 있는 상태를 시험까지 또렷

하게 유지하기 위해서다. 내신 시험이라면 아는 것을 계속 확인함으로써 시험장에 가서 실수를 막을 수 있다. 시험이 끝나고 채점을 하면 과목당 실수가 보통 한두 문제는 있다. 이 실수만 줄여도 평균이 오르고 등급이 달라진다. 몰라서 푸는 문제야 까짓것 본인의 부족한 실력을 인정할 수 있다. 그런데 풀 수 있는 문제를 실수하면 속이 쓰리다. 내신 시험이 이 정도인데 수능 시험에서는 어떨까?

수능 시험지를 채점할 때 아는 문제를 틀린 아이들은 의외로 웃는다. 인간은 감당할 수 있는 수준을 넘어서는 고통을 받으면 웃게 되어 있는 것을 아는가? 이런 아이들은 허탈감을 넘어서 실소에 가까운 웃음을 터뜨린다. 12년 농사를 실수로 망쳤다고 생각하니 웃지 않고서는 미쳐 버릴 것 같아 견디질 못하는 것이다. 수시 6장 카드 중에서 5장이 다 떨어졌다. 마지막 남은 한 장이 수능 최저 두 과목 합 4를 맞추면 원하는 대학교에 합격인 상황이다. 국어가 2등급이 나오고 수학은 4등급, 탐구는 3등급이 나왔다. 영어의 2등급 컷이 87점인데 86점으로 3등급을 받아서 떨어졌다. 틀린 문제를 보니 아는 내용을 실수로 틀린 경우라면 웃어야 그 절망감을 버틸 수 있는 것이다. 모든 학과에서 예비 1~2번으로 떨어진 아이들이 여기에 해당한다. 이런 아이들이 전국에 생각보다 많다. 그러니 알고 있는 것을 다시 보는 것이 사실 합격의 당락을 결정하는 중요한 학습 전략인 것이다.

이렇게 말하니 그저 복습하라고 말하는 것과는 느낌이 다르지 않은가? 모르는 것을 배워서 아는 것도 중요하지만, 알고 있는 것을 다시 보지 않으면 말 그대로 '밑 빠진 독에 물 붓는' 셈이다. 아는 것 다시 보기 전략은 하면 좋은 것이 아니라 합격을 위한 필수 전략인 것이다.

> **정리하면**
>
> 실력이 비슷한 학생들이 같은 기간을 공부했지만 결과는 너무나 다른 경우가 많다. 이때 어떤 방법으로 공부하는지 스스로 돌아볼 필요가 있다. 만약 책을 몇 번 읽는 것으로 공부가 끝났다고 생각하는 학생이 있다면, 검증된 학습 전략으로 보다 더 효율적인 공부를 할 수 있다.
>
> 첫째, '오감 활용 전략'이다. 한 가지 감각으로 일정 시간 학습을 하다 집중력이 흐려지면 다른 감각으로 전환하는 방법이다.
>
> 둘째, '교집합 전략'이다. 학교, 학원, 인터넷 강의, 과외 등 다른 수업을 들을 때마다 다른 색깔의 볼펜으로 필기를 해서 그 교집합을 공부하는 방법이다. 특히 한 과목을 여러 선생님이 나눠 수업하는 경우 반드시 확인해야 한다.
>
> 셋째, '질문하기 전략'이다. 질문을 하면 그 답을 찾기 위해서 수업에 더 집중하게 되는 원리를 이용하는 방법이다.
>
> 넷째, '가르쳐 주기 전략'이다. 다른 사람을 가르치면서 장기기억 속에 저장된 정보를 다시 한 번 인출하는 훈련을 하게 된다. 만약 가

르쳐 주다가 막히는 부분이 있다면 바로 그 부분의 공부가 더 필요한 것이다.

다섯째, '백지 전략'이다. 백지에다 공부한 내용을 다 적어보는 것인데 상위권 아이들이 마지막 한계를 뛰어넘는 방법이다.

여섯째, '아는 것 다시 보기 전략'이다. 이는 시험장에서 실수를 방지하는 위해서 꼭 필요한 학습 과정이다.

집중력을 높이는 방법

보통 어머니가 학원에 처음 와서 가장 많이 하는 말이 뭘까? 개인적으로 다음과 같은 말들을 많이 들어봤던 것 같다.

"선생님, 우리 아이가 공부를 못해요. 잘 좀 부탁합니다."

"우리 철민이가 기본이 좀 부족해요. 공부를 안 하면 혼을 내서라도 가르쳐 주세요."

"우리 형진이가 집중력이 떨어집니다. 학원만 믿겠습니다."

공부를 못한다, 기본이 없다, 집중을 못한다, 이는 다른 듯 같은 말들이다. 이 중에서 가장 근본적인 원인은 무엇일까? 집중을 못하니까 기본 지식이 쌓이지 않는 것이고, 기본이 없으니 공부를 못하는 것이다. 그러므로 문제의 핵심은 아이가 집중을 못하는 것이다. 정도가 심하면 'ADHD(주의력결핍 과잉행동장애)'라는 진단을 받기도 한다. 그러나 초등학교 때 아이가 이런 증상을 보이는 것은 정상적인 발달 과정의 일부일 수도 있으니 신중하게 판단해야 한다.

중학교를 지나 고등학생이 되면 대부분 부산스럽게 움직이는 것이 많이 줄어든다. 그러면 가만히 있는 아이는 집중력이 좋은 것일까? 그럴 수도 있고 아닐 수도 있다. 왜냐하면 'ADD(주의력결핍장애)'라는 병리적 증상도 있기 때문이다. 몸을 과하게 움직이지는 않지만 집중을 하지 못하는 것이다. 앞서 기억의 과정을 살펴봤듯이 집중을 못한다는 것은 무언가를 기억하는 데 심각한 지장을 초래한다는 의미이다. 감각기억에 들어온 정보 중에서 주의를 기울이는 것만 작업기억으로 이동하는데 이 주의력이 결국 집중력이기 때문이다. 따라서 집중을 못한다는 말은 기억을 못한다는 말과 같은 의미이며, 당연히 공부를 잘할 수 없는 것이다.

집중할 수 있는 활동의 공통점

공부할 때 도무지 집중을 못하는 아이가 게임, TV, 휴대폰을 할 때는 다른 사람이 된다. 화면 속으로 빨려 들어갈 정도로 집중을 한다. 만약 게임, TV, 휴대폰을 할 때도 집중하지 못한다면 집중력이 부족한 것이 맞다. 만약 그렇지 않다면 집중력이 부족한 것이 아니라 공부할 때 집중력을 사용하지 않는다는 것이 더 정확한 해석일 것이다.

그럼 왜 TV, 게임, 휴대폰을 할 때는 불러도 못 들을 정도로 집중을 하고 공부는 30분도 집중하지 못하는 것일까? TV, 게임, 휴대폰은 재미가 있고 공부는 재미가 없기 때문이다. 그럼 왜 TV, 게임, 휴대폰은 재미가 있고 공부는 재미가 없는 것일까? 아이들이 집중하는 활동의 특성에 대해서 좀 더 알아보자.

사실 아이들은 TV 자체를 좋아하기보다는 본인들이 좋아하는 프로그램이 따로 있다. 아이들에게 다큐멘터리, 뉴스, 토론 등의 프로그램을 보라고 하면 금방 자리에서 일어난다. 아이들은 바로바로 웃음을 주는 프로그램을 즐겨 본다. 이런 프로그램들은 5분, 10분 단위로 강한 자극을 통해서 웃음을 유발한다. 아이들이 하는 게임을 보면 대부분 적을 죽이고 퍼즐을 풀어서 아이템을 얻거나 경험치를 얻는 형태이다. 게임 역시 적을 죽일 때마다 바로 보상이 주어진다. 아이들은 휴대폰으로 대부분 게임과 대화를 한다. 마찬가지로 휴대폰 게임도 터치를 한 번 할 때마다 보상을 받는다. 대화도 내가 한마디 하면 상대방이 바로 답장을 보낸다. 답장이 없는 대화는 아이들이 집중해서 하지 않는다. 그러므로 아이들이 집중하는 것의 공통점은 보상의 '즉시성'과 '예측 가능성'이다. 어떤 행동을 했을 때 그 보상이 빠르고 예측 가능하다는 것이다.

반면에 공부는 어떨까? 공부는 이와 정반대의 특성을 가지고 있다. 공부는 노력을 해도 바로 보상이 주어지지 않으며, 이마저도 예측 불가능하다. 10시간을 투자해도 어떤 결과가 나올지 모르는 일과 10분을 투자하면 확실한 즐거움을 주는 일 중에서 아이들이 후자를 선택하는 것은 당연한 일 아닐까? 같은 경우, 우리 어른들은 다를까?

눈앞에 맛있는 치킨이 있다. 이를 먹으면 바로 즐거움과 포만감을 느낄 수 있다. 이를 먹지 않으면 지금 당장은 공복감과 괴로움을 느끼지만 나중에 언젠가는 보상(체중 감량)을 받을지도 모른다. 물론 아닐 수도 있다. 이때 대부분의 어른들은 당장의 즐거움을 주는 전자를 선택한다. 담배도 마찬가지다. 매일의 담뱃값을 평생 모으면 5천만 원을 모을 수 있다는 사실을 알려주고 폐암의 위험성을 경고해도 당장의 즐거움을 포기하지 못한다. 아이들만 그런 것이 아니라 사람은 원래 미래의 불확실한 가능성을 위해 현재의 확실한 즐거움을 포기하지 못하는 존재인 것이다.

게임 속에는 내가 조종하는 주인공이 있다. 처음에는 힘도 약하고 무기도 별 볼 일 없다. 그러나 악당을 조금만 죽이면 레벨이 오른다. 힘도 강해지고 좋은 무기도 갖게 된다. 특히 처음에는 레벨을 올리는 것이 비교적 쉽다. 그리고 현재 어느 정도의 경험치를 모았고, 앞으로 어느 정도의 경험치를 더 모아야 레벨이 올라가는지 확인할 수 있는 게이지가 있다. 그래서 아이들은 기를 쓰고 화면을 두드리는 것이다. 조금만 더 하면 즐거움을 맛볼 수 있기 때문이다.

만약 이런 게임이 있다면 어떨까? 처음에 레벨을 올리기 위해서 하루에 세 시간씩 1년간 악당을 죽여야 한다. 더욱이 어느 정도의 경험치가 쌓였고 얼마나 더 쌓여야 레벨 업이 되는지 알려주는 게이지도 없다. 레벨이 오르기 전까지 아이템도 안 나오고 강한 적들에게 죽으면 처음부터 다시 시작해야 한다.

공부가 이런 식이다. 열심히 하라고 하지만 얼마나 해야 실력이 오르는지 확인할 길이 없다. 시험 점수로 확인할 수 있지만 시험의 난이도에 따라서 공부를 열심히 했지만 성적이 떨어지는 경우도 종종 있다. 그러니 아이들은 재미도 없고 보람도 없는 공부에 집중할 수가 없는 것이다. 만약 공부를 게임처럼 하면 어떨까? 한 문제를 풀 때마다 바로바로 보상이 주어진다면 아이들은 게임에 집중하는 것처럼 공부에도 집중하지 않을까? 이 질문에 대한 답은 '그렇다'이다.

고1 때 수능을 공부하는 것이 힘든 이유는 3년 뒤에 받을 보상을 위해서 현재의 즐거움을 포기해야 하기 때문이다. 그래서 미리 공부해 두면 좋은 것을 알고는 있지만 좀처럼 집중이 안 되는 것이다. 고2 때 수능을 공부하는 것은 고1 때보다는 낫지만 그래도 보상을 받으려면 아직 2년이나 남았기 때문에 쉽지 않다. 고3이 되면 이제 1년도 채 안 남았기 때문에 아이들은 공부를 시작한다. 그러다가 시험이 가까워질수록 더 많은 아이들이 알아서 공부하기 시작한다. 내신 공부는 한 달 고생하면 보상을 받을 수 있기 때문에 수능보다는 많은 아이들이 집중을 잘하는 편이다. 그렇다면 내신은 시험 범위가 있어서 집중을 잘하고, 수능은 시험 범위가 없어서 집중을 못하는 것은 아닐까? 수능이 한 달 남은 자습실은 아이들의 학구열로 교실이 뜨거워진다. 따라서 범위보다는 기간이 집중력에 더 큰 영향을 미친다고 볼 수 있다.

보상을 받을 수 있는 기간이 짧아질수록 아이들의 집중력은 올라간다. 아이들은 일주일 뒤에 있을 중간고사보다 내일 있는 수행 평가에 더 잘 집중한다. 중간고사는 80점이고 수행 평가는 10점이 들어가도 말이다. 그리고 한 시간 뒤에 있는 단어 시험에 아이들은 집중력을 더 끌어올린다. 인간은 합리적인 듯 보이나 사실 매우 근시안적인 동물인 셈이다.

가끔씩 '공부에는 소질이 없다', '원래 잘 못 외운다'는 말을 하는 아이들에게 실험을 해본다. "지금부터 5분 동안 여기 단어 20개를 외워 봐라. 너의 암기력을 테스트해 보겠다"고 말하고 확인해 보면 결과가 실망스러웠던 아이들은 별로 없다. 5분 뒤에 보상(본인의 능력을 확인)을 받는다는 생각에 집중력을 최대한으로 끌어올리기 때문이다.

안 되는 아이는 없다

이를 교육 현장에 어떻게 적용할 수 있을까? 아이들은 한 달 뒤에 있을 시험을 위해서 지금 당장 집중하지 못한다. 이때 한 달 뒤에 있을 평가를 한 시간 뒤로 당기면 어떨까? 공부할 내용을 20분 정도 설명해 주고 나머지 20분 정도 스스로 정리할 시간을 준다. 그리고 테스트를 통과하면 예컨대 집에 일찍 보내주는 보상을 주는 것이다. 그러면 아이들의 집중력은 높아질 수밖에 없다. 앞에서 확인했듯이 아이들은 그 보상이 빠르고 예측 가능한 것이라면 더 잘 집중한다.

아래 성적표는 과목별 점수가 50~70점대에 머물러 있는 평범한 학생의 것이다. 아마 이 학생은 공부에 소질이 없다고 여겨질 수도 있다. 그리고 대부분의 어른들이 좋은 대학에 가지 못할 것이라고 말하고 본인도 스스로에 대해서 기대가 높지 않을 것이다. 그러나 이 아이

과목	구분	고사/영역명 (반영비율)	만점	받은 점수	합계	원점수	성취도	석차 등급	석차(동석차 수)/수강자수	과목평균 (표준편차)
국어 I (4)	지필	1학기 중간고사 (100.00%)	100.00	75.20	75.20	75			85(2) / 228	58.2 (28.9)
수학 I (4)	지필	1학기 중간고사 (100.00%)	100.00	68.00	68.00	68			53 / 227	42.9 (26.1)
실용영어 I (5)	지필	1학기 중간고사 (100.00%)	100.00	99.00	99.00	99			3(3) / 229	54.0 (29.8)
세계사(2)	지필	1학기 중간고사 (100.00%)	100.00	58.60	58.60	59			148(3) / 227	64.9 (26.6)
세계지리(2)	지필	1학기 중간고사 (100.00%)	100.00	60.30	60.30	60			115(2) / 229	58.3 (25.4)
법과정치(2)	지필	1학기 중간고사 (100.00%)	100.00	50.30	50.30	50			69 / 228	38.5 (27.0)
과학(3)	지필	1학기 중간고사 (100.00%)	100.00	48.80	48.80	49			94 / 228	44.2 (30.1)
기술·가정(2)	지필	1학기 중간고사 (100.00%)	100.00	73.80	73.80	74			67 / 228	59.9 (21.1)

가 정말로 공부에 소질이 있는지 없는지는 본인의 능력을 충분히 써 본 후에 판단을 내려도 늦지 않다.

 이 학생에게 영어 시간에만 시험 볼 내용을 잘게 나누어서 학습시켜 보았다. 집중해서 공부할 수 있게 보상의 시기를 당겨준 것이다. 물론 매일 본인의 능력을 100% 활용하지는 못했다. 생각보다 열심히 한 날도 있었고, 학습을 독려했지만 기대에 못 미친 날도 있었다. 그러나 적어도 공부하다가 졸면서 무의미하게 시간을 흘려보내지는 않았다. 공부를 열심히 한 날이면 칭찬을 아끼지 않았고, 일찍 보내 주기고 했다. 즉, 보상을 챙겨 준 것이다.

 아이는 기분 좋게 학원을 나선다. 본인의 집중력을 최대한 발휘해서 공부를 했고 칭찬도 받았고 집에도 일찍 가고 친구들의 부러운 눈빛도 받았다. 다음 날에도 그 기분을 느끼고 싶어서 공부를 더 열심히 하게 된다. 추측컨대, 대략 이 학생의 능력 중에서 80~90% 정도까지 사용하지 않았나 싶다. 그렇게 하루에 두 시간씩, 일주일에 세 번 공부를 했다. 이전과 비교해서 공부의 절대적 양이 늘어난 것은 아니다. 하지만 영어 점수는 이전 시험과 크게 달라졌다. 한 아이의 어머니이자 두 손자의 할머니인 대학원 지도 교수님께서 이렇게 말씀하신 적이 있었다.

"안 되는 아이는 없다. 안 되는 방법으로 하니까 안 되는 것이다. 되는 방법으로 하면 된다."

솔직히 당시에는 반신반의했지만 교육 현장에서 많은 아이들이 변하는 모습을 지켜보면서 점점 이 말을 부인하기 어려워진다.

집중력의 핵심은 얼마나 빨리 노력한 것에 대한 보상을 받을 수 있는가에 달려 있다. 이 시간이 짧을수록 아이들은 더 큰 집중력을 발휘한다. 물론 집중해서 공부를 해본 적이 없는 아이들은 금방 집중력이 고갈된다. 더 이상 공부를 할 수 없는 상태가 되는 것이다. 이때는 쉬라고 하면 된다. 잠시 바람을 쐬면 정신적 에너지가 어느 정도 회복된다. 그러면 다시 집중해서 공부할 준비가 된 것이다. 이 과정을 반복하면 자연스럽게 한 번에 집중할 수 있는 시간이 길어진다. 하루아침에 높은 집중력으로 장시간 학습할 수는 없는 것이다.

『몰입의 즐거움』의 저자 칙센트미하이(1934~) 교수도 많은 연구를 통해서 명확한 목표, 정확한 규칙, 신속한 피드백이라는 조건이 성립될 때 집중력이 높아진다고 말한다. 공부는 성적 향상이라는 명확한 목표가 있다. 그리고 문제를 해결하면 점수를 인정하는 정확한 규칙이 있다. 우리가 간과했던 것이 신속한 피드백이다.

그러니 아이들에게 2년 뒤, 1년 뒤의 보상을 얘기하면서 공부를 열심히 하라고 말하지 말자. 이는 정말 집중하기 어려운 것이다. 대신에 공부할 내용을 작게 잘라서 보상의 시기를 앞당겨 주자. 그러면 아이는 할 수 있는 한 최대한 집중해서 학습을 수행할 것이다. 이렇게 집중해서 학습하는 시간이 쌓이면 아이는 어느새 공부 잘하는 아이로 변모해 있을 것이다.

> **정리하면**
>
> 집중력이 부족한 아이들 때문에 걱정인 어른들이 많다. 그런데 대부분의 아이들은 집중력 자체가 부족한 것이 아니다. TV, 게임, 휴대폰에는 혼이 쏙 빠질 정도로 집중을 하는데 공부에만 집중을 못한다는 말이 맞다. 그러니 TV, 게임, 휴대폰을 하지 말고 공부에 집중하라고 잔소리할 것이 아니라 TV, 게임, 휴대폰에 집중할 수밖에 없는 특성을 공부에도 적용하자는 것이다. 이는 어떤 행동을 했을 때 받을 수 있는 보상의 '즉시성'과 '예측 가능성'이다. 이렇게 집중해서

공부할 수 있는 환경을 조성하자 눈에 띄게 다른 결과가 나온 아이들을 여럿 보았다. 만약 1년을 고생해야 보상을 맛볼 수 있는 게임과 한 시간을 고생하면 보상을 맛볼 수 있는 공부가 있다면, 아이들은 합리적으로 후자를 선택할 것이다.

Chapter 5

대한민국 사교육 사용설명서

대한민국에서
영어 마스터하기

현재 우리나라의 교육 과정은 초등학교 3학년부터 영어를 가르친다. 그러나 초등학교 3학년부터 영어를 시작하는 아이는 대한민국에 없다. 대부분 사교육으로 영어를 먼저 배우기 때문이다.

시연이 엄마와 아빠는 요즘 고민이 많다. 아이가 유치원에 갈 나이가 되면서 영어 유치원을 보내느냐 마느냐로 의견이 갈리기 때문이다. 아빠는 보내자는 쪽이고 엄마는 반대하는 쪽이다. 정확히 말하면 엄마는 보내도 되고 안 보내도 되는 입장인데, 경제적 형편을 고려하면 굳이 기를 써서 보낼 필요가 있을지 의문이 든다.

많은 학부모가 아이를 영어 유치원에 보낼지 말지 한 번씩은 고민하는 듯하다. 평소 영어 조기교육에 반대하던 영어교육과 교수가 영어 유치원 입시 설명회에 참석한 후 아이를 영어 유치원에 등록시켰다고 한다. 그러니 평범한 사람들은 고민이 오죽할까.

여섯 살 소연이는 2년째 영어 유치원에 다니고 있다. 원어민 선생님과 영어로 요리도 하고 춤도 추고 노래도 부르고 동화책도 같이 읽는다. 이제 여러 번 본 디즈니 애니메이션은 자막 없이도 이해할 수 있다. 엄마는 아이의 발음이 원어민과 비슷해지는 것을 들으면 한 달 유치원비 130만 원이 아깝지 않게 느껴진다.

열 살 은희는 일반 유치원을 나왔고 영어 학원은 따로 안 다니고 있다. 말할 수 있는 영어는 학교에서 배운 "Hi.", "Hello.", "Nice to meet you.", "Good morning." 정도가 전부이다.

누구라도 이런 사례를 보면 내 아이만 뒤처지는 것은 아닐까 불안이 극에 달하게 된다. 그래서 앞서 언급한 영어교육과 교수도 소신을 지킬 수 없었던 것이다. 하지만 속을 들여다보면 얘기가 달라진다. 일반적으로 영어 유치원은 발음 훈련 과정인 파닉스, 단어 암기, 듣고 따라 하기, 쓰기를 기본으로 시킨다. 즉, 반복 학습을 통해서 실력을 향상시킨다. 문제는 이런 학습 방법이 성향에 안 맞는 아이들도 있다는 것이다. 그런데 영어 유치원에서는 어떻게 해서든 성과를 내야 한다. 한 달에 100만 원 넘게 원비를 내는데 내 아이만 뒤처지는 것을 이해해 줄 엄마는 없다. 그래서 몇몇 아이들은 어린 나이에 엄청난 좌절을 경험하게 된다. 이렇게 뒤처지는 아이들은 특별 훈련(?)으로 집중 관리를 받는다. 그렇게 해서라도 실력이 좋아지고 있음을 보여줘야 하는 것이다. 일종의 쇼윈도 교육이랄까?

그런데 여기서 끝이 아니다. 본 적도 없는 외국 화폐인 'penny',

'cent', 'dollar'를 열심히 따라 하고, '포유류'라는 우리말 뜻이 뭔지도 모르는 상황에서 'mammal'라는 단어를 외워 시험을 봐야 한다. 이렇게 아이들은 스트레스와 불안으로 영어에 대한 첫 기억을 채우기 시작하는 것이다.

대개 영어 유치원을 졸업한 아이들은 연계 어학원으로 가서 더 어려운 교육을 받는다. 아이는 숙제를 하기 싫다며 엄마와 매일 실랑이를 벌인다. 이쯤 되면 아이들은 점점 영어를 싫어하게 되며 몇몇 아이들은 심한 울렁증을 가지게 된다. 그렇게 어릴 때부터 쥐어짜 내서 살아남은(?) 몇몇 아이들이 중학생 때 토플 100점이 넘는 성적표로 그동안의 투자에 보답한다. 하지만 그런 아이들조차도 직접 얘기를 해보면 어딘가 모르게 정서가 안정되어 있지 않다는 것을 알 수 있다. 다른 사람과 눈도 못 마주치고 우리말 표현도 자연스럽지 않다. 즐겁게 놀아야 할 시기에 영어를 주입한 결과는 이렇게 가혹한 대가를 요구한다. 영어 유치원에서 광고하는 밝고 자신감이 넘치고 영어와 우리말 둘 다 유창한 아이는 아주 드문 경우이다.

결국 영어를 잘하기 위해서 꼭 영어 유치원을 다녀야 하는 것은 아니다. 오히려 어린 시절의 지나친 학업 스트레스가 아이를 영어에서 더 멀어지게 만들 위험도 있다.

개인차가 존재하지만 영어를 공부로서 시작하기 적합한 시기는 초등학교 3학년 정도이다. 나라에서 괜히 초등학교 3학년부터 정규 교과로서 영어를 시작하는 것이 아니다. 전 세계의 많은 연구 결과를 바탕으로 교육 과정을 정한 것이다. 그 이전에는 놀면서 배우는 것이 좋다.

요즘은 어학원의 프로그램들이 상향평준화되어 있어서 집 근처 어학원에 보내면 된다. 초1 반, 프리스쿨 반 등에서 알파벳과 파닉스부터 영어를 접한다면 큰 무리 없이 영어를 시작하는 것이다. 만약 영어를 좀 더 가르치고 싶은 욕심이 생긴다면 집에서 영어 그림 동화책을 같이 읽으면 좋다. 부모가 주의해야 할 점은 이때 열심히 가르쳐서 남보다 앞서 가겠다는 생각이 들면 위험하다. 이 시기에 배운 내용은 아무리 노력해도 아이의 머리에 남아 있지 않는다. 이때 배웠던 것 중에서 기억에 남는 것이 하나라도 있는지 스스로 생각해 보자. 이 시기의 목표는 영어는 즐거운 것이라는 '인식'을 심어주는 것이다. 요컨대 아이가 영어를 노는 것으로 인식하면 성공이다.

영어는 '언어'다

모국어는 '듣기-말하기-읽기-쓰기' 순으로 익힌다. 외국어도 이렇게 배우면 좋겠지만 우리나라처럼 영어를 외국어로 사용하는 환경에서는 불가능하다. 우리는 영어의 단어를 외우고, 문법을 공부하고, 이를 바탕으로 읽고 듣고 말하고 쓰는 훈련을 통해 실력이 향상된다. 영어를 공용어로 사용하는 나라에서는 일상생활에서 충분한 훈련이 되므로 의사소통을 위해 따로 단어와 문법을 공부할 필요가 없다. 우리나라에서도 영어를 원어민처럼 배울 수 있다고 주장하는 사람도 있다. 물론 '아이의 언어적 감각, 아이의 적극성, (조)부모님의 심리·경제적 지원' 이 조화롭게 어우러지면 불가능한 것은 아니다. 그러나 이 중에 하나라도 부족하면 긍정적인 결과를 기대하기 어렵다.

여기서 불편한 진실 하나. 영어는 공교육만으로는 절대로 해결할 수 없다. 왜냐하면 영어에 노출되는 시간이 턱없이 부족하기 때문이다. 현재 학생들이 영어 수업에 노출되는 시간은 초등학교에서는 매주 1~2시간, 중학교에서는 3~4시간, 고등학교에서는 4시간, 12년간 대략 730시간에 불과하다. 시험 기간에 공부하는 시간을 다 합쳐 봐야 1,000시간 정도이다. 일정 수준의 영어 실력에 도달하기 위해서 필요한 학습 시간은 전문가들에 따라 달리 말하지만 보통 3~4천 시간 정도이다. 즉, 영어는 학교 수업을 충실히 따라가도 일정 수준에 도달할 수 없다는 결론에 이르게 된다. 어떻게 해서든 영어에 노출되는 시간을 늘려야 한다. 개인적인 학습이든 사교육을 통해서든 말이다.

그러나 공부에 관심이 없는 초·중·고 아이들이 스스로 학습하는 것을 기대하기란 기적에 가깝다. 어쩔 수 없이 사교육의 도움을 받아야 한다. 만약 초·중·고 학생이 하루에 한 시간씩 일주일에 5일 사교육을 받는다고 계산하면 1년에 약 240시간이 나온다. 그렇게 12년을 공부하면 2,880시간이 나온다. 산술적으로 계산하면 1,000+2,880=3,880시간이다. 어쨌든 꾸준히 사교육을 이용하면 3~4천 시간 정도는 채울 수 있다. 이렇게 시간 얘기를 자세히 한 이유는 영어는 다른 과목들보다 노출 시간이 중요하기 때문이다. 다른 과목들도 실력 향상을 위해서는 일정 시간 이상이 필요하지만 영어와 비교하기 힘들다. 영어는 과목이기 이전에 '언어'이기 때문이다. 기억하자. 영어는 노출 시간에 비례해서 실력이 오른다.

2004년에 출판된 『한국 토종 엄마의 하버드 프로젝트』란 책에서 저자는 아이가 어릴 때 어떻게 공부를 시켰는지 자세하게 설명하고 있다. 아이 엄마는 집에서 가장 큰 안방을 공부방으로 만들 만큼 자녀 교육에 열정적이었다. 저자의 말을 직접 들어보자.

"어차피 학교에서 배우는 영어로는 만족할 수 없었고, 내가 다 가르친다는 것은 어림도 없는 일이었다. 결국 나는 학원에 의존하기로 했고, 학원을 현명하게 이용하기로 마음먹었다. 그리고 하루도 빠짐없이 한 시간씩은 공부방에서 영어 공부를 시켰다. 하지만 아이가 제대로 알고 있는지 확인하려고 하면 아이는 정말 괴로워한다. 그저 영어에 자연스럽게 노출시켰다. 그냥 놔둬도 언젠가는 알게 될 기회가 얼마든지 있을 텐데 굳이 그 자리에서 꼭 가르칠 필요가 뭐가 있을까. 학습 습관을 자리 잡는 데, 그리고 영어 실력을 쑥쑥 키우는 데 없어서는 안 될 사실이 바로 이 공부방이다."

물론 아이가 공부에 소질이 있었고 스스로 했기 때문에 좋은 결과가 있었을 것이다. 그러나 아이 엄마의 교육 방식은 오늘날 우리에게도 시사하는 바가 크다. 당장 맞고 틀리고가 중요한 것이 아니라 영어에 노출되는 시간 자체에 큰 의미를 두었다. 저자는 교육학을 배운 것은 아니지만 언어적인 관점에서 아이에게 최고의 교육을 시킨 셈이다. 만약 공부방을 만들어서 매일 영어에 노출되는 시간을 늘려주지 않았다면 어땠을까? 아마도 아이는 지금과는 다른 모습으로 살고 있을 것이다.

효과적인 영단어 암기법

보통 과목을 국어, 영어, 수학, 그리고 암기 과목이라고 해서 사회, 과학, 기술, 가정, 윤리, 국사 등으로 분류한다. 그러나 이는 영어에 대해서 엄청나게 오해하고 있는 것이다. 영어야말로 진정한 암기 과목이다. 영어는 나머지 모든 과목에서 외워야 할 것을 전부 합한 것보다 더 많은 것을 외워야 한다. 단어를 모르면 말하고 쓰는 것은 차치하고라도 읽고 들을 수도 없다. 국내에서 영어 공부는 단어를 외우는 것으로 시작해서 단어를 외우는 것으로 끝난다. 학생들이 독해력이 부족하다고 하는데 사실 어휘력이 부족한 것이다. 문법을 몰라서 영어가 힘들다고 하는데 사실 단어를 모르는 것이 더 근본적인 문제이다. 결국 영어 시험의 등급도 어휘력이 결정짓는다.

그런데 어휘력을 단시간에 올리는 것은 불가능하다. 영어를 못하는 고등학생은 십중팔구 초등학생과 중학생 때 단어 학습을 게을리한 경우이다. 이런 경우 고등학교에 올라와서 열심히 공부해도 좀처럼 영어 실력이 좋아지지 않는 맹점이 있다. 고등학생은 마음이 조급해서 여유를 가지고 공부하기 어렵기 때문이다. 내신 시험과 수능 모의고사를 번갈아 가며 한 달에 한 번씩 치르기 때문에 당장의 가시적인 성과에 목을 맬 수밖에 없다. 결국 중학교 때까지 어느 정도의 어휘력을 쌓지 못한다면 대한민국에서 영어 학습은 실패할 확률이 상당히 높아진다.

그럼 단어는 어떻게 해야 잘 외울 수 있을까? 단어 암기에서 필요한 것은 두 가지이다. 하나는 '무식함'이고, 다른 하나는 '빈번함'이다. 단어는 우직하게 학습하는 사람이 결국에 가서 웃을 확률이 높다. 어떤 원리를 깨우친다고 단어 실력이 급격하게 향상하는 경우는 없다. 그래서 수학이나 과학에 소질이 있는 아이들 중에서 영어 학습에 애를 먹는 경우가 생긴다. 수학, 과학에서 일정 수준 이상의 성과를 보이는 경우 아이의 지적 능력에는 이상이 없는 것이다. 다만 수학과 과학은 핵심 원리를 파악하면 한 번에 많은 것들을 이해할 수 있는 반면 영어는 이러한 원리가 없는데 계속 '뭔가'를 찾아 헤매는 것이다. 단어는 돌부처처럼 묵직하게 공부하는 것이 필요하다. 물론 단어 학습에도 효율성이 존재한다. 같은 한 시간을 공부하는 다음 두 학생을 비교해 보자.

A 학생: 한 번 자리에 앉으면 한 시간 동안 꼼짝도 하지 않고 외운다.
B 학생: 15분씩 아침, 점심, 저녁, 자기 전, 총 네 번에 걸쳐 나눠서 외운다.

학습에 따르는 고통으로 보자면 A 학생이 B 학생에 비할 바가 아니다. 그런데 노력한 만큼 결과가 좋을지는 미지수다. 반면 B 학생은 A 학생보다는 훨씬 덜 지루하게 학습할 수 있다. 지루해지려고 하면 다른 과목으로 전환하거나 쉬는 시간을 가지기 때문이다. 그런데 단어 시험을 보면 신기하게도 A 학생보다 B 학생이 성적이 더 좋다. 그럴 수밖에 없다. 단어의 특성상 총 노출 시간보다 노출 빈도가 암기력에 더 큰 영향을 미치기 때문이다. 반드시 기억하자. 단어는 자투리 시간을 쪼개서 공부할수록 더 효율적이다.

공부 잘하는 친구들을 보면 짧은 시간에 굉장히 효율적으로 단어를 암기한다. 화장실에서, 신호등을 기다리면서, 등하교를 하면서, 버스 안에서, 급식 줄을 기다리면서 등등. 이렇게 남들이 버리는 시간을 통해서 단어를 공부한다. 그리고 단어는 이렇게 공부하는 게 맞다. 단어는 사교육을 활용한다고 무조건 실력이 늘지 않는다. 단어는 결국 본인이 외워야 하기 때문이다. 물론 매일 단어를 관리해 주는 사람이 있으면 학업에 동기부여가 되겠지만 이마저도 본인이 외우지 않으면 실력 향상은 없다.

초등학생 때 학습지, 교습소, 어학원 등에 아이를 보내면 여기서 단어를 관리해 준다. 그러나 이런 사교육에 아이를 맡기고 '알아서 잘하겠지' 하고 무작정 믿기보다는 초등학생 때라도 부모님이 아이의 단어 학습에 조력자가 되는 것을 추천한다. 두 가지 이유 때문이다.

첫째, 학교와 학원을 다니더라도 아이가 영어에 노출되는 시간은 여전히 부족하다. 둘째, 자녀와 교감을 하면서 소중한 추억(?)을 쌓을 수 있다. 이 시기가 지나면 자녀의 학업에 도움을 줄 수 있는 부분이 거의 없다. 그러니 매일 30분씩 아이와 영단어 데이트를 즐기다 보면 아이의 단어 실력이 더 좋아질 것이다. 그리고 아이의 학습 능력에 대해서 보다 정확한 데이터를 얻을 수 있다. 이는 추후 입시 전략을 짤 때 더욱 현실적인 목표 설정을 하는 데 도움이 된다.

부모가 영어를 잘 모르는 것은 별문제가 되지 않는다. 저학년에는 카드 게임으로 단어와 뜻을 맞추는 형식이 좋고, 고학년이 되면 한-영, 영-한 테스트를 보면 된다. 물론 이 테스트를 부모님이 준비할 필요는 없다. 아이에게 스스로 공부해서 시험을 보라고 한 뒤 확인만 해주어도 엄청난 도움이 되는 것이다.

'문법'은 '복습'이 답이다

단어가 어느 정도 쌓이면 이제 문법을 공부할 차례다. 단어를 배열하는 규칙이 문법이다. 그러니 단어를 모르고 문법을 공부하는 것은 의미가 없다. 물론 간단한 문장들은 단어만 알아도 이해가 되지만 당장 중학교 2학년만 올라가도 문법적인 지식을 요구하는 문장들이 나온다. 그러나 모든 문법을 다 알아야 영어를 잘할 수 있는 것은 아니다. 학교에서 배우는 문법만 충실히 습득해도 족하다. 보통 한 시험에 3~4개의 문법을 배운다. 두 달 동안 이 정도 문법을 학습하는 것은 어렵지 않다.

그런데 중학교 때는 공부를 하지 않다가 고등학교에 올라가서 모든 내용을 한 번에 공부하려니 버거운 것이다. 이렇게 중학교에서 익혀야 할 문법을 놓치고 고등학교에 올라가면 웬만한 의지가 아니고서는 따라잡기 힘들다. 고등학교에 가면 더 열심히 할 것 같지만, 타 과목의 학습량 증가로 인해 중학교 때보다 영어에 투자할 수 있는 시간이 더 줄어드는 것이 현실이다.

어쨌든 영어를 잘하기 위해서 꼭 필요한 몇몇 문법은 알아야 한다. 그런데 이를 독학하는 것은 오랜 시간의 시행착오와 고통이 따른다. 왜냐하면 문법은 용어가 어렵고 책에 나와 있는 설명이 딱딱하기 때문이다.

단어, 문법, 읽기, 듣기, 말하기, 쓰기 중에서 단 한 영역만 사교육을 받아야 한다면 '문법'을 추천한다. 문법은 예습보다는 철저하게 복습으로 가야 한다. 방학이면 많은 학원들이 문법 특강의 강좌를 개설한다. 이런 수업 중에서 본인에게 맞는 것을 선택해 듣고 열심히 복습하는 길이 문법을 마스터하는 지름길이다. 사교육을 권장하는 것처럼 들릴 수도 있지만 필요한 사교육은 확실하게 활용하면 더 효과적으로 공부할 수 있다.

문제는 학생들이 문법을 한 번 공부하고 끝내고 싶어 한다는 것이다. 그러나 우리는 국어 문법도 최소한 5번 정도는 공부해야 어느 정도 실력이 쌓인다. 하물며 외국어의 문법을 그 이하의 노력으로 터득하려고 하는 것은 무리이다. 만약 문법에 스트레스를 받고 있는 자녀가 있다면 영문법은 최소한 10회독 이상은 해야 한다고 설명해 주자. 1~2번 정도 공부를 하면 대략적으로 어떤 문법이 있는지 감을 잡게 된다. 3~4번 정도 공부를 하면 문법 용어들에 익숙해진다. 5~6번 정도 공부를 하면 기본적인 원리를 터득하게 된다. 7~8번 정도 공부를 하면 웬만한 문법들은 이해가 된다. 9~10번 정도 공부를 하면 드디어 머릿속에서 문법의 톱니바퀴가 돌아가기 시작한다.

문법을 꼭 이렇게까지 공부해야 할까? 대답은 '그렇다'이다. 왜냐하면 중·고등학교 영어 시험은 문법 시험이기 때문이다. 한국의 영어 시험은 언어의 '유창성'보다는 언어의 '정확성'을 평가한다. 아무리 말을 많이 해도 틀리게 말하면 의미가 없다는 것이다. 얼마나 정확하게, 즉 문법적으로 옳은지에 높은 가치를 둔다. 이러한 문법을 묻는 문제가 배점이 높은 객관식, 서술형으로 출제되고 있다. 만약 서술형으로 봉사활동을 한 경험을 영어로 쓰라는 문제를 출제했다고 가정해 보자. 많이 쓴 글, 어려운 표현을 쓴 글, 문법적으로 완벽한 글, 논리적인 글, 감동적인 글 중에서 어떤 글에 더 높은 점수를 줘야 할까? 현재 우리 시험의 평가 요소에서 가장 중요한 것은 '객관성'이다. 평가에 선생님의 주관이 들어가면 학생과 학부모의 반발이 심하기 때문에 명확한 정답과 오답이 있는 문법 문제를 출제할 수밖에 없는 것이다.

학년별 영어 '읽기'의 학습 방향

영어를 외국어로 공부하는 데 가장 핵심적인 영역이 '읽기'이다.

말하기, 듣기, 쓰기 영역은 외국인으로서 아무리 열심히 해도 원어민과 어깨를 나란히 하기 어렵다. 그러면 말하기, 듣기, 쓰기를 원어민처럼 잘하고 싶다면 어떻게 해야 할까? 어릴 때 그 나라에서 사는 방법밖에 없다. 국내파 중에서도 원어민처럼 영어를 잘하는 사람이 있긴 있다. 그런데 이들은 언어적 감각이 탁월하고 오랜 시간 피눈물을 흘리며 연습한 결과이다. 평범한 사람이 적당히 노력해서 말하기, 듣기, 쓰기에서 자유로워지기는 어렵다.

다행히 우리나라에서 가장 많이 요구되는 영역은 '읽기'이다. 읽는 방법은 크게 '다독'과 '정독'이 있다. 어릴 때 영어 동화책을 읽혀 보면 대충 빠르게 읽는 아이가 있고, 천천히 한 글자씩 곱씹어 가며 읽는 아이가 있다. 독해력을 키우기 위해서는 둘 다 필요하므로 어떤 방법이 더 옳다고 말할 수는 없다. 다독으로는 언어의 유창성을, 정독으로는 언어의 정확성을 기를 수 있다. 많이 읽으면 노출되는 영어의 양이 늘어나므로 어휘력과 배경 지식이 증가한다. 천천히 정확하게 읽으면 생각을 많이 하면서 읽게 되므로 사고력이 증가한다. 따라서 이 둘은 상호 보완적 관계이다.

참고로 초등학교 아이들은 그림책 등을 통해서 다독을 시켜주고, 중학생이 되면서 정독으로 넘어오는 것이 이상적이다. 중·고등학교 영어 시험에서 요구되는 능력은 주로 정독이기 때문이다. 그러면 초등학교 시기에 다독을 시키는 것은 어떤 의미가 있을까? 영어에 대한 절대적인 노출의 양이 증가한다. 중학교 때 '당황, 난처'라는 뜻의 단어 embarrassment를 외운다고 할 때, 다음 두 아이 중 누가 더 쉽게 받아들일까?

- **A 학생:** embarrassment라는 단어를 태어나서 처음 본 아이. 알파벳 한 글자씩 천천히 따라 쓰면서 외우고 있다. e-m-b-a-r-r-a-s-s-m-e-n-t, 당황, 난처, e-m-b…….
- **B 학생:** 어릴 때 동화책에서 embarrass, embarrassed, embarrassing 등의 표현에 많이 노출된 아이. 단어의 뜻을 정확히는 모르지만 여우가 곤란한 상황에서, 토끼가 힘든 상황에서 이런 단어를 봐서 뭔가 좋지 않은 뜻의 단어라는 것은 알고 있다.

읽기에서 우리가 오해하고 있는 것 하나. 영어를 다 해석할 수 있으면 수능에서 100점을 받을 것이라고 생각한다. 그러나 수능 영어는 해석을 다 한다고 해서 100점을 맞기 어렵다. 왜냐하면 해석을 해도 '이해력'이 부족하면 문제를 풀 수 없기 때문이다. 이해력은 모국어가 관장하는 영역이다. 그러니 어릴 때 우리말 책을 많이 읽는 것도 결국 영어 실력에 도움을 주는 것이다. 영어책만 많이 읽는다고 영어를 잘하게 되는 것은 아니다. 외국어의 능력은 절대로 모국어의 능력을 넘어설 수 없다.

'듣기'는 매일 훈련하자

듣기가 안 되는 경우는 진단을 잘해야 한다. 들어서 이해가 안 되는 문장은 먼저 읽어 보자. 읽어서 이해가 되는 경우가 있고 이해가 안 되는 경우가 있다. 만약 읽어서 이해가 되는 경우라면 듣기 훈련이 부족한 것이다. 이때는 일정 시간의 듣기 훈련을 통해서 발음, 연음, 강세 부분에 익숙해진다면 듣기 실력이 좋아질 수 있다. 반면 읽어도 무슨 말인지 모르는 경우는 듣기의 문제가 아니다. 읽기의 실력이 부족한 것이다. 읽어서 이해할 수 없는 문장은 당연히 들어서도 이해할 수 없다.

듣기는 본인의 실력보다 조금 낮은 수준을 하는 것이 좋다. 초보자가 토플 듣기나 영어 뉴스 등을 훈련하는 경우를 종종 보는데 이는 수영장에서 50m도 가기 힘든 사람이 험난한 바다에서 헤엄을 치는 것과 유사하다. 실력이 늘기는커녕 영어가 힘들고 괴롭다는 경험만 하게 된다. 열심히 노력해도 발전이 없으니 '나는 해도 안 되나 봐'라는 잘못된 결론에 이를 위험성도 있다. 물론 언어적 감각이 좋고 엄청난 의지력을 가진 학생은 본인의 수준보다 월등히 높은 교재로 공부해도 잘되는 경우가 있다. 우리 아이가 그런 경우인지 먼저 확인해야 한다.

영어 듣기에서 가장 중요한 것은 매일 듣는 것이다. 이틀에 한 번 1시간 듣는 것보다 매일 30분 듣는 것이 훨씬 효과가 좋다. 다행히 수능에서 요구하는 듣기 실력은 그리 높지 않으므로 듣기를 꾸준하게 훈련한다면 좋은 결과를 기대할 수 있다.

만약 단기간에 듣기 실력을 향상시켜야 하는 상황이라면 '딕테이션'과 '쉐도잉'을 추천한다. '딕테이션'이란 영어를 듣고 영어로 받아쓰는 훈련이다. 영어 한 문장을 듣고 잠시 멈춘 다음에 노트에 들은 대로 적는 것이다. 그리고 스크립트를 확인하면서 틀리거나 못 들은 부분은 빨간색 펜으로 교정하면 된다. '쉐도잉'은 영어를 듣고 입으로 따라 말하는 훈련이다. 처음에는 한 문장씩 멈추면서 훈련하다가 실력이 붙으면 계속 틀어놓고 쉐도잉을 할 수 있다. 이 훈련을 6개월만 하게 되면 아무리 영어 실력이 부족했던 학생이라도 수능 영어의 듣기는 다 맞을 것이다. 그냥 듣다 보면 머리가 멍해지거나 잠깐 놓치는 부분이 발생한다. 그러나 지금 들은 문장을 쓰거나 따라서 말해야 한다면 집중력을 최대한 끌어올려서 들을 수밖에 없다. 이 과정에서 집중력과 청취력이 급격하게 향상되는 것이다.

'말하기'는 초등학생 때 집중적으로 훈련시키자

영어 말하기의 경우 국민들의 관심이 가장 큰 영역이다. 영어를 12년 동안 공부해도 기초 회화조차 못한다며 국내 영어 교육에 대해서 회의적으로 말하는 사람도 많다. 그런데 질문을 하나 해보자.

'과연 나는 영어 회화를 공부해서 누구와 이야기를 나눌 것인가?'

업무적으로 영어가 필요하거나 외국인 친구가 있는 경우를 제외하면 사실 영어 회화를 공부해서 딱히 써먹을 데가 없다. 해외여행에 나갔을 때는 '평소에 영어 회화 좀 공부할걸'이란 생각이 들어도 막상 일상으로 돌아오면 다시 시들해진다. 더군다나 아이들의 경우 당장 공부해야 할 것이 산더미처럼 쌓여 있다. 이런 상황에서 학교 시험에 들어가는 것도 아닌 영어 말하기를 독려하기는 어렵다.

사실 학교에도 영어 말하기 시험이 있다. 학교마다 한두 명의 원어민 선생님이 회화 수업을 담당하지만 속을 들여다보면 유명무실한 수업이다. 말하기 시험의 배점이 약 10점 정도 할당되는데 이마저도 기본 점수가 6~7점일 정도로 변별력이 없다. 그리고 발음이나 표현을 확인하는 것이 아니라 문장을 정확히 외웠는지가 평가 기준이다. 만약 말하기 시험을 발음이나 표현으로 본다면 채점 기준이 시비의 대상이 될 것이다. 평가에서 주관적인 요소를 배제하다 보니 정확하게 채점할 수 있는, 모두가 수긍할 수 있는 방식으로 변하게 된 것이다. 즉, 대한민국에서는 말하기 시험도 결국 암기 시험인 것이다.

초등학생들은 여유 있게 말하기 훈련을 할 수 있다. 그리고 이 나이 때 아이들은 수업 시간에도 큰소리로 잘 따라 하니 말하기 훈련을 시키기에 가장 적절하다. 저학년들은 몸을 움직여서 학습하는 것을 선호하고, 학년이 올라갈수록 보고 듣고 손으로 정리하는 형태의 학습을 선호한다고 앞서 언급했었다. 영어 말하기는 일종의 예체능 훈련과 비슷하다. 직접 입을 움직여서 말을 해야 발음과 말하기 실력이 좋아진다. 따라서 말하기·발음 관련 사교육을 한다면 초등학교 6년 시기에 집중하는 것이 효과적이다. 이 시기가 지나면 나중에 같은 시간을 연습해도 효과는 급격히 떨어진다.

지금 대한민국의 성인들이 다 이런 경우이다. 평생 영어 발음 콤플렉스를 가지고 살아가지 않는가? 물론 모든 한국인의 영어 발음이 좋아야 한다는 것은 아니다. 어쨌든 영어를 잘하면 기회가 많은 것이 현실이다. 그러므로 혹시 나중에 아이의 유학, 어학연수 등을 위해서 비자금(?)을 조성한 것이 있다면 언제 투자해야 수익률(?)이 더 높은지 잘 생각해 보자. 중학교까지는 말하기 수업을 할 여유가 어느 정도는 있다. 그러나 고등학생이 되면 내신과 수능으로 아이의 시간표가 채워진다. 여기서 일정 수준 이상 점수가 나오지 않으면 대학을 가는 데 지장이 생기므로 말하기를 훈련할 시간이 없다.

'쓰기'는 '읽기'가 뒷받침되어야만 한다

'쓰기'는 수업을 듣는다고 실력이 느는 것이 아니다. 많이 써봐야 한다. 그런데 무언가를 쓰려면 많이 읽어야 한다. 빙산의 일각을 떠올리면 된다. 물 윗부분에 조금 떠 있는 부분이 쓰기 영역이라고 생각하면 된다. 물속에 잠겨서 보이지 않는 부분이 읽기 영역이다. 즉, 풍부한 독해력이 뒷받침되어야만 쓰기가 가능하다고 볼 수 있다. 반대로 생각하면 많이 읽으면 저절로 쓸 수 있는 힘이 생기는 것이다.

중·고등학교에서 서술형 문제로 내는 형태의 쓰기는 사실상 문법 시험에 더 가깝다. 자기 생각을 표현할 정도로 글을 쓸 수 있으려면 많은 양의 읽기가 필요하지만 현재 우리나라의 초·중·고 학생들은 그 정도의 책을 읽을 시간이 없다. 현실적으로 쓰기는 꼭 필요한 학생만 학습하면 될 듯하다.

> **정리하면**
>
> 대한민국에서 영어는 한 과목 이상의 의미를 가진다. 대입은 물론 사회에 진출해서도 영어 실력이 부족하면 많은 기회를 박탈당한다. 그런데 많은 학부모가 자녀의 영어를 어떻게 가르쳐야 할지 혼란스러워한다. 일단 영어 유치원에 대한 관심은 예전만큼 크지 않다. 아이를 영어 유치원에 보낸다고 해서 영어에 관한 문제가 끝나지 않더라는 깨달음을 얻었기 때문이다.
>
> <u>영어 학습에서 가장 중요하게 고려해야 할 요소는 '노출 시간'이다.</u> 전문가들은 3~4천 시간이 필요하다고 말하는데 초·중·고 공교육 시간을 다 합쳐 봤자 1,000시간이 넘지 않는다. 개인적인 학습 또는 사교육을 통해 부족한 영어 훈련 시간을 채워야 한다. <u>영어는 과목이기 이전에 '언어'이기 때문이다. 어떤 특별한 방법보다 많이 읽고, 듣고, 말하고, 쓰면서 몸에 익혀야 하는 것이다.</u>
>
> '단어'는 무조건 많이 봐야 실력이 좋아진다. 다만 한 번에 한 시간을 학습하기보다는 20분씩 세 번 나눠서 학습하는 것이 더 효율이 좋다.
>
> '문법'은 용어가 낯설고 설명이 딱딱하기 때문에 독학으로 공부하기 힘들다. 선생님들의 수업을 통해서 기본 개념을 정리한 후 복

습을 통해 본인의 실력을 다지는 방법을 추천한다. 다만 한두 번에 끝낸다는 욕심은 버리고 열 번 정도 공부한다는 마음으로 학습하길 바란다.

'읽기'는 유창성을 기를 수 있는 다독과 정확성을 기를 수 있는 정독이 있는데 이 둘은 상호 보완적 관계이다. 저학년에는 다독을, 고학년에는 정독으로 넘어가는 것이 자연스럽다.

'듣기'는 잘 안 들리는 문장을 읽어 보자. 읽어서 이해가 안 된다면 먼저 읽기 훈련이 선행되어야 한다. 읽어서 이해가 된다면 정말로 듣기 훈련이 부족한 것이다. 만약 단기간에 듣기 실력을 향상시키고 싶으면 딕테이션과 쉐도잉을 병행하면 된다.

'말하기'를 훈련할 수 있는 시기는 현실적으로 초·중등, 그리고 대학생 이후이다. 이 중에서 아이들의 학습 참여도와 효율성을 고려해 봤을 때 초등학생 시기가 말하기 훈련을 하기에 가장 적합한 때이다.

'쓰기'는 읽기 능력이 뒷받침되지 않으면 절대로 쓸 수 없다. 그러나 현실적으로 아이들에게는 그만큼의 책을 읽을 수 있는 시간이 허락되지 않는다. 다행히(?) 중·고등학교에서 보는 서술형 문제는 쓰기 능력을 묻는 것이 아니라 일종의 문법 문제이다. 따라서 쓰기는 꼭 필요한 학생만 학습하길 권한다.

아이의 유형에 따른
사교육 활용 방법

학원은 공교육에서 안아주지 못하는 학생들이 학업을 이어 나갈 수 있도록 도와주는 곳이다. 또 학원은 사교육이라는 이름으로 여론의 질타를 받는 곳이기도 하다. 사회는 이 두 개의 시선으로 학원을 바라본다. 사실 모든 학원이 논란에 휩싸여 있는 것은 아니다. 공교육에서 할 수 없는 사람들의 다양한 능력을 발달시켜 주는 피아노, 태권도, 미술학원 등은 하등 문제가 되지 않는다. 다른 나라의 언어를 배울 수 있는 영어, 중국어, 일본어 학원 등도 시비의 대상이 아니다. 문제는 학교에서 배운 국어, 영어, 수학을 계속 반복적으로 가르쳐서 학생들의 자율성과 자립성을 떨어뜨리는 학원이다. 이렇게 학원의 문제점을 알고는 있지만 학부모들은 대안이 없다. 어쨌든 하루에 3~4시간 자녀를 맡아서 교육시킬 수 있는 곳이 학원 말고는 없기 때문이다.

한 학부모가 사교육 없이 자녀를 교육시키겠다고 굳은 다짐을 하고는 아이의 학원을 모두 끊었다. 그런데 생각지도 못한 곳에서 문제가 터졌다. 아이가 같이 놀 친구가 없다며 다시 학원에 보내 달라는 것이 아닌가? 어른들 생각에는 학교에서 같이 놀면 될 것 같지만 아이들의 관계는 학교-학원-학교-학원으로 이어진다. 학원은 이미 우리 사회에서 그리고 아이들 세계에서 문화로 자리 잡고 있는 것이다.

학원을 보낼 수밖에 없는 것이 현실이라면, 우리 아이를 어떤 학원에 보내야 최대의 효과를 기대할 수 있을까? 학부모들은 학원을 선택하는 것도 여간 어려운 일이 아니라고 말한다. 흔히 학원이 밀집해 있는 지역으로 이사를 가면 문제가 다 해결될 것 같지만 사실 그때부터 진짜 고민의 시작이다. 주변에 학원들이 너무 많아서 선택을 하기 어렵고, 상담을 받아도 어디를 보내야 할지 판단이 안 서서 본의 아니게 학원 쇼핑을 하게 된다는 것이다. 아이들마다 상황과 목표가 다르므로 일률적으로 어떤 학원이 좋다고 말할 수는 없다. 그래도 큰 가이드라인을 정할 수 있게 대표적인 유형의 아이들에 대해서 살펴보자.

첫째, 노력도 하고 성적도 좋은 경우다. 이럴 경우 아이의 의견을 존중해 주자. 자기주도학습이든, 단과 학원이든, 종합 학원이든, 원하는 대로 해주면 된다. 만약 아이가 잘 모르겠다고 하면 대형 학원을 추천해 보자. 아이의 학업 능력이 어느 정도 갖춰진 경우 공부 잘하는 아이들이 모여 있는 반에 배치될 확률이 높다. 성적이 우수한 아이들만 있으니 수업 분위기도 좋다. 그리고 모르는 문제가 있으면 같은 반

아무나 붙들고 물어봐도 정답과 친절한 해설을 바로 들을 수 있다. 모르는 문제를 배우는 것도 중요하지만 더 큰 효과는 서로에게 자극이 된다는 것이다. 이러한 '동료 효과'를 통해 아이가 더 자극을 받아서 학업에 열의를 불태울 수 있다.

이 동료 효과가 얼마나 강력한지 확인할 수 있는 실험이 1995년에 펜실베이니아대학교에서 있었다. 실험 참가자는 한 장의 카드에 그려진 선과 같은 길이의 선을 다른 카드에서 찾는 질문을 받았다. 6~8명이 같은 실험실에 있었는데 사실 한 명을 제외한 나머지 사람들은 일부러 틀린 답을 고르라고 지시받은 연기자들이었다. 연구 결과를 요약하면, 다른 사람들이 모두 오답을 고르자 그 나머지 한 명도 결국 다른 사람의 의견에 마지못해 동조했다. 다른 사람 모두가 본인과 다른 의견을 내놓자 본인의 생각을 의심하게 된 것이다.

아이들은 아직 뚜렷한 주관이 형성되지 않아서 주변 친구들에게 더 큰 영향을 받는다. 공부하다가 졸음이 밀려올 때 주위를 둘러봤는데 다른 친구들이 모두 엎드려 자고 있다면, 여기서 잠을 이겨내고 공부하기란 쉽지 않다. 반대로 주위를 둘러보니 모두 눈에서 빛이 날 정도로 공부를 하고 있다면 정신이 번쩍 들 것이다. 앞의 연구에서 확인한 것처럼 주변 사람들은 판단의 기준에 영향을 미치기 때문에 중요하다.

물론 아이가 자신감을 잃는 생각지 못한 역효과가 나타날 수도 있지만, 어쨌든 이런 분위기는 인위적으로 해줄 수 없는 아주 중요한 요소이다. 헬스클럽에서는 주변 사람들 모두 운동을 하고 있기 때문에 나도 따라서 운동을 하게 된다. 하지만 집에서 혼자 하려고 하면 잘 안 되는 것과 같은 이치다. 이러한 동료 효과를 받으면 평범한 상위권 아이들이 전교권을 넘어 전국구 수준의 아이들과 경쟁할 수 있는 잠재력을 발휘하기도 한다. 만약 장학금을 탈 정도로 학업에 성과를 보인다면 가계의 사교육비 경감에도 도움이 된다. 그리고 이것이 아이가 공부를 더 열심히 할 동기가 된다. 남들은 학원에 교육비를 내고 다니는데 본인은 열심히 공부해서 장학금으로 다니니 얼마나 기분이 좋겠는가? 이런 아이는 자신감, 자립심, 자존감 등이 높아지고 공부를 즐기게 되는 경지에 이르게 된다.

둘째, 노력은 하지만 성적은 좋지 않은 경우다. 이런 아이들은 요령 없이 무작정 공부하는 케이스다. 물론 열심히 하는 자세는 칭찬받아 마땅한 요소임에 틀림없다. 그러나 세상은 열심히만 한다고 다 잘되는 것은 아니다. 이런 아이들의 경우, 좋은 선생님을 만나는 것이 무엇보다 중요하다. 만약 아래와 같은 질문을 받았다고 생각해 보자.

"당신은 어떤 선생님이 좋은 선생님이라고 생각합니까?"

아마도 개인의 경험에서 비롯된 다양한 생각들이 떠오를 것이다. 이를테면 열정적이고 헌신적으로 가르치는 선생님, 재치 있고 유머러스해서 수업 시간에 웃음이 떠나가지 않게 만드는 선생님, 학창 시절에 공부를 잘해서 좋은 대학을 졸업하고 학생들의 성적도 잘 올려주는 선생님, 학생의 눈높이에서 진심 어린 소통을 하는 선생님 등 여러 대답이 나올 것이다. 그러나 이러한 생각들은 모두 주관적일 수 있으며, 다른 사람들도 이에 동의할지는 미지수이다.

교육학에서 배우는 전공서적인 『교육심리학』 제1장을 보면 유능한 교육자가 되기 위해서 필요한 3요소가 나온다. 전공에 관한 지식, 교육에 관한 지식, 학습자에 대한 헌신적 소명감이 그것이다. 이 중에서 공부 요령이 부족한 아이에게는 세 번째 요소인 학습자에 대한 헌신적 소명감이 있는 선생님이 꼭 필요하다. 현실적으로 누가 우리 아이를 헌신적으로 이끌어 줄 수 있을까? 바로 주인 의식을 가지고 가르치는 사람이다.

기본적으로 원장은 강사보다 경험이 많다. 그리고 책임감도 강하다. 이는 강사들이 무책임하다는 게 아니라 서로 처한 입장이 다르기 때문이다. 강사는 아이를 가르치다가 다른 학원으로 옮길 수도 있지만 원장은 갈 데가 없다. 학원이 없어지기 전까지는 그곳에서 아이들을 가르칠 것이다. 아이가 성적이 오르면 보람도 있지만 아이가 성적이 떨어져서 학원을 그만두면 운영에 지장이 생긴다. 즉, 원장에게는 아이를 공부시키는 것이 본인의 생존이 걸린 문제이다. 바로 이것이 아이들을 더 열심히 가르치게 되는 동기가 된다. 식당을 가봐도 주인과 직원의 표정, 말투, 행동이 다른 경우가 많다. 각자 가지고 있는 책임감이 다르며, 이것이 서비스 마인드로 이어지기 때문이다. 원장은 아이가 부족한 점이 보이면 '이 아이를 어떻게 이끌어 줄까?'를 더 고민하게 된다. 이해를 못하는 부분이 있으면 어떻게 해서는 이해를 시키려고 노력한다. 많은 학부모들이 '원장 직강'에 아이를 보내려고 몰리는 것이 이런 이유 때문이다.

셋째, 노력은 하지 않지만 성적은 좋은 경우다. 이는 공부에 대한 감각은 좋은데 성실성이 부족한 경우이다. 센스가 좋아서 공부는 어느 정도 하지만 더 열심히는 하지 않는, 딱 그 정도의 아이들이다. 특히 중학교 때 이런 아이들이 많다.

믿을지 모르겠지만 이런 아이들의 미래는 어느 정도 정해져 있다. 고등학교에 올라가서 성적이 하락하고 대입에 실패하는 것이다. 원하든 원치 않든 대부분 그 수순으로 간다. 그러니 노력에 비해서 점수가 잘 나올 경우 좋아할 것이 아니라 나중에 생길 큰 문제를 미리 알려주는 '경고'로 삼아야 한다. 준비하지 않고 있다가 막상 큰일이 닥치고 나면 백약이 무효하다. 이런 아이들은 시험 기간 외에도 평소 꾸준하게 공부하는 습관을 들여야 한다. 하지만 아이는 시험이 끝나면 좀처럼 차분하게 공부를 하지 못한다. 이런 아이들은 한 교실에 많은 아이들이 수업을 듣는 교실에 앉혀 놓으면 들러리를 할 가능성이 높다. 실력이 부족해서가 아니라 마음이 딴 곳에 있기 때문이다.

사실 어느 교실이나 나앙한 아이들이 함께 공부다. 앞자리에 앉아서 선생님의 말씀을 정갈하게 필기하는 예림이도 있고, 뒤에 앉아서 샤프를 휙휙 돌리며 '어제 치킨 시켜 먹은 게 아직 남아 있으려나? 형이 다 먹어 치웠으면 어쩌지? 차라리 어제 다 먹어버릴 걸'이라고 생각하는 호식이도 있다. 그동안 공부를 못한다고 구박을 받다가 지난 중간고사에서 처음으로 평균 80점을 넘겨 위상이 한껏 높아진, 기본 실력은 없지만 의욕이 넘치는 호명이도 있고, 어려서부터 제법 머리가 좋다는 소리를 들었지만 갈수록 공부가 하기 싫고 이성친구만 사귀고 싶은 제민이도 있다.

문제는 한 명의 선생님이 이들 모두에게 관심을 가질 수 없다는 점이다. 따라서 성실성이 부족하고 감각이 좋은 아이는 한 교실에 적은 수의 학생이 있는 수업에 들어가기를 추천한다. 3~4명의 팀 수업이나 개인 과외도 괜찮다. 중요한 것은 선생님의 관심이 다른 곳으로 분산되는 것을 막아줄 환경이 필요하다. 그러면 아이는 꼼짝없이 그 시간만큼은 공부를 해야 한다. 한 반에 20명이 있는 교실에서 내주는 숙제와 한 반에 6명이 있는 교실에서 내주는 숙제는 아이의 입장에서 부담감이 다르다. 20명이면 몇 명 안 해와도 티가 별로 안 나지만, 6명이면 한 명의 빈자리가 크게 느껴진다. 교육특구라고 불리는 지역에 가 보면 한 반에 3~4명의 아이들이 수업을 듣는다. 한 반에 아이들이 많으면 교육의 질이 떨어지기 때문이다.

이렇게 수업 시간에 선생님의 눈길에서 벗어날 수 없었던 아이들은 또 엄청난 양의 숙제를 들고 집에 온다. 그리고 이 숙제를 관리해 주는 과외 선생님이 따로 있는 경우도 많다. 아이 혼자서는 의지 부족으로 다 못해 가기도 하지만, 옆에 선생님이 있으니 꼼짝없이 공부를 해야 한다. 어떻게 해서든 학습 시간이 받쳐 주니 결과가 나쁘지는 않다. 물론 아이가 점점 사교육에 의지하게 되는 단점이 있다. 그러나 아이 스스로 내버려 두면 도저히 안 되겠다는 생각이 들면 이 방법도 고려해 봐야 한다.

넷째, 노력도 하지 않고 성적도 좋지 않은 경우다. 이런 아이의 경우 당장 어떤 학원을 보내는지가 중요한 것은 아니다. 그리고 현재 학원에서 배우고 있는 내용을 다 소화하지 못할 가능성이 매우 크다. 그러니 학원을 줄여서 일단 아이가 쉴 수 있는 시간을 만들어 주자. 지금도 공부가 뒤처져 있는데 아이를 쉬게 하면 영영 못 따라가는 것이 아닐지 우려가 들 것이다. 하지만 지금처럼 이렇게 지지부진해서는 큰 변화를 기대하기 어렵다. 중요한 것은 아이가 공부를 열심히 해야겠다는 의지를 가지는 것이다. 잠깐 학원을 줄인다고 큰일이 나지는 않는다.

그러면 학원을 줄이고 그 시간에 무엇을 시킬까? 다양한 경험을 하게 하면 좋다. 예컨대, 방학 때 다른 친구들은 학원에서 방학 특강을 듣느라 정신이 없을 때 국토 대장정을 하는 것이다. 아이는 하루 종일 힘들게 걸으면서 느끼고 깨닫는 점이 있을 것이다. 인간은 직접 경험하고 진심으로 느껴야지만 생각이 바뀐다. 그리고 생각이 바뀌면 행동이 달라진다. 좋아하는 활동, 예컨대 예체능, 어학, 자원봉사 등에 관심이 있다면 어느 정도 허락해 주자. 공부를 힘들어하는 아이들은 대개 삶의 자신감도 부족한 경우가 많다. 이런 아이들은 '나는 잘하는 것이 하나도 없어'라는 생각으로 의욕이 땅에 떨어져 있다. 그런데 본인이 관심 있는 분야의 활동을 꾸준히 하면 아이의 눈빛과 표정이 달라진다. 즉, 스스로에 대한 자신감이 생기는 것이다. 이 자신감은 삶의 전반적인 생활 태도와 학업에도 긍정적인 영향을 미친다.

 이런 아이들의 경우 종합 학원보다는 단과 학원을 추천한다. 만약 아이가 국·영·수 중에서 국어만 좋아한다면 국어 학원만 보내자. 물론 잘하는 과목은 더 잘하게 하고, 못하는 과목은 열심히 해서 보완하는 것이 이상적이다. 그러나 현실에서는 늘 선택을 해야 한다. 이때 못하는 과목을 보완하는 것보다 잘하는 과목을 확실한 전략 과목으로 만들어 주는 것이 더 좋다. 못하는 과목을 챙기다 보면 잘하는 과목도 경쟁력을 잃고 하향평준화되는 경우가 많다. 더욱이 현재 입시 제도에서도 국·영·수·탐 등급이 3333인 경우보다는 2244인 경우가 더 좋은 대학에 진학할 확률이 높다.

정리하면

 학부모는 우리 아이를 어떤 학원에 보내야 할지 고민이 많다. 주변에 워낙 다양한 학원들이 많아서 학원을 선택하는 것이 간단한 일이 아니다. 그래서 아이를 크게 네 가지 유형으로 나누어서 보다 더 큰 효과를 기대할 수 있는 학원을 알아보았다.

 첫째, 열심히 하고 성적도 좋은 아이는 대형 학원을 추천한다. 장학금과 동료 효과로 공부를 하는 데 동기부여가 될 것이다.

둘째, 열심히 하지만 성적이 좋지 않은 경우는 원장님의 수업을 들을 수 있는 학원을 추천한다. 아이의 부족한 부분을 내 자식처럼 꼼꼼하게 봐줄 수 있는 분에게 아이를 맡기자는 것이다.

셋째, 열심히 하지 않지만 성적이 좋은 경우는 소규모 학원이나 과외를 추천한다. 아무래도 한 반에 여러 명의 아이가 있으면 선생님의 주의가 분산되어 아이가 들러리를 할 가능성이 높아진다.

넷째, 공부를 열심히 하지 않고 성적도 좋지 않은 경우는 일단 학원으로 아이의 문제를 해결하기 힘들다. 이런 경우는 학원의 부담을 줄이고 다양한 경험을 통해서 자존감, 자신감 등을 키워 주는 것이 선행되어야 한다. 학원을 보내게 되면 좋아하는 과목의 단과 학원을 추천한다. 확실하게 잘하는 과목이 생기면 아이의 표정이 달라지고, 대입에서도 더 좋은 결과를 기대할 수 있기 때문이다.

효과적인 자기주도학습 방법

중학교 3학년 정민이는 여느 학생과 마찬가지로 공부를 하기 싫어한다. 학교에서도 쉬는 시간과 점심시간에만 활기가 넘치고 수업 시간이 되면 다시 책상에 엎드리거나 딴생각을 하면서 시간을 보낸다. 당연히 성적이 잘 나올 리가 없다. 성적이 끝없이 추락하자 엄마는 불안한 마음에 여기저기 좋다는 학원을 알아보기 시작했다.

그러다 우연히 '자기주도학습'에 관한 설명회에 참석하게 되었다. 거기서 정민이 엄마는 충격을 받았다. 자기주도학습을 통해서 중하위권 아이들이 상위권으로 올라가는 사례를 보자 드디어 한 줄기 희망의 빛을 발견한 듯 심장이 두근거렸다. 1등을 하는 아이들은 특별한 능력이 있어서 공부를 잘하는 것이 아니라는 말에 정민이 엄마는 정신이 번쩍 들었다. 한마디라도 놓칠세라 귀를 쫑긋 세우고 집중했다. 어려서부터 시행착오를 통해서 스스로 공부하는 법을 터득하지 못하면 평생 의존적인 사람이 된다는 얘기에 정민이 엄마는 가슴이 철렁했다. 안 그래도 아이가 스스로 하는 게 하나도 없어서 걱정이 컸기 때문이다. 부모님의 지나친 교육열이 아이들의 정신 장애를 유발한다는 설명은 남의 얘기 같지가 않았다. 정민이가 한시도 가만히 있지 못하고 주의가 산만해서 ADHD가 아닌가 하고 남몰래 걱정하기도 했었다. 조금이라도 일찍 자기주도학습을 시키는 것이 유일한 해결책이라는 말을 곱씹으며 강연장을 나왔다.

엄마는 비장한 결단을 내렸다. 정민이는 학원을 모두 끊었다. 진정한 자기주도학습을 위해서 이제부터라도 스스로 학습하기로 한 것이었다. 설명회에서 자기주도학습을 못하면 고등학교에 가서 절대로 좋은 성적을 받을 수 없다고 들은 내용이 결정적인 계기가 되었다. 이제부터라도 스스로 해보자는 말에 아이도 별다른 반발은 없었다. 그런데 평생을 '타인주도학습'을 해왔던 아이에게 자기주도학습은 처음부터 험난했다. 설명회에서 소개되었던 아이들과 정민이는 너무나 달랐기 때문이다.

자기주도학습을 성공적으로 하는 아이들은 스스로 목표를 정하고, 계획을 짜고, 이를 하나하나 실천하면서 성취감과 보람을 느꼈다. 그러다 보니 자기 효능감, 자존감, 자신감 등이 점점 높아졌다. 그런데 정민이는 목표가 없었고 계획도 없었다. 그저 책상에 앉아 꾸벅꾸벅 졸면서 무기력하게 시간만 보내고 있었다. 설명회에서 들은 대로 따라 해도 성과가 없었다. 왜 다른 아이는 자기주도학습이 되는데 정민이는 그게 안 되는 것일까?

한때 자기주도학습이 대한민국을 들썩이게 했다. 그 열기는 지금도 상당하다. 그런데 생각해 보면 자기주도학습이란 게 원래 없었는데 누군가가 만든 것이 아니다. 예전부터 존재해왔고 누구나 알고 있는 개념이다. 자기주도학습을 조금 쉬운 말로 하면 다음과 같다.

"공부는 스스로 하는 거야."

이걸 모르는 사람은 없다. 그러나 현실에서는 미처 예상치 못한 변수들이 발생한다.

자기주도학습으로 공부하는 초등학교 4학년 효진이는 반에서 중간 정도의 성적이다. 그런데 학원에 다니면서 공부하는 같은 반 친구 소연이는 반에서 상위권이다. 아이와 부모님이 여기서 자기주도학습을 끝까지 밀고 나가기란 말처럼 쉽지 않다.

그렇다면 진정한 자기주도학습이란 어떤 것이고, 현실적으로 어떻게 적용할 수 있는지 알아보자. 자기주도학습에 대해 사람들이 가장 크게 오해하고 있는 것 한 가지.

"혼자서 공부하면 자기주도학습이고, 학원에 다니거나 과외를 받으면 자기주도학습이 아니다."

이런 식으로 기준을 정하면 진정한 자기주도학습은 학교 수업도 받지 않고 혼자서 공부해야 한다. 자기주도학습의 기준은 학원에 다니는지 아닌지가 아니다.

시영이는 아무 생각 없이 학원에 앉아 있다가 숙제를 받아 들고 집에 온다. 게임을 실컷 하다가 하기 싫은 숙제를 보고 억지로 몇 문제 풀어본다. 이는 자기주도학습이 아니다.

진영이는 학교 수업을 듣다가 이해가 안 되는 부분이 있었다. 그래서 참고서를 봤는데 역시나 아리송했다. 마침 학원에서 그 부분을 설명하고 있어서 질문을 했다. 한 반에 30명이 있는 학교에서는 쉽게 질문할 수 있는 분위기가 아니다. 반면에 5~10명 안팎의 학원은 질문이 비교적 자유로운 편이다. 선생님은 어려운 용어를 배제하고 예를 들어서 다시 한 번 쉽게 설명을 했고 진영이는 마침내 개념을 이해했다. 진영이는 자기주도학습을 한 것이다. 즉, 자기주도학습이란 '학생이 주도권을 가지고 공부하는 것'을 말한다.

학원에 다니고 과외를 한다고 해서 자기주도학습이 아니라고 말할 수는 없다. 물론 학원에 다니는 대부분의 아이들이 자기주도학습을 못하는 것은 사실이다. 그러면 학원을 끊고 혼자서 공부하면 자기주도학습이 가능할까? 자기주도학습에 대한 열풍이 불자 전국의 많은 학부모들이 아이들에게 실험(?)을 해보았다. 공부에 관해서라면 대한민국 학부모들은 열혈 부사가 된다. 그중 대다수의 아이들이 자기주도학습에서 실패를 경험하고 다시 학원으로 복귀했다. 자기주도학습이 좋은 것은 알겠는데 막상 해보니 말처럼 쉽지는 않더라는 것이 공통된 이유였다. 그리고 현실적으로 한 번의 시험이 가지는 영향력이 너무나 크기 때문에 인생을 걸고 시행착오를 할 수 없다는 것이 더 큰 이유였다.

자기주도학습은 궁극적으로 모든 학습자들이 지향해야 할 올바른 방향임에는 논란의 여지가 없다. 그러나 자기주도학습의 맹점은 지나치게 '이상적'이라는 데 있다. 우리가 "너 이상형이 어떻게 되니?"라고 물어보면 대체로 다음과 같은 대답을 들을 수 있다.

"긴 생머리에 눈, 코, 입이 똘망똘망하고, 날씬하고, 청바지에 흰 티만 입어도 맵시가 나며, 성격은 털털하고 배려심이 많으며, 여러모로 부족한 나를 이해해 주는 헌신적인 여자요."

"큰 키에 눈빛은 촉촉하고, 지적이고, 당당하고, 회사에서는 열정적으로 일하고, 늘 뒤에서 말없이 나를 챙겨주고, 까탈스러운 내 성격도 다 받아주고, 나만 사랑해 주는 남자요."

한번 지금 옆에 있는 남편, 아내 또는 남자 친구, 여자 친구를 보자. 왜 우리는 이상형과 만나지 못할까? 답은 간단하다. 이상형은 말 그대로 이상적인, 현실에 존재하지 않기 때문이다. 물론 이러한 이상형의 모습과 유사한 캐릭터들이 TV 속에는 존재한다. 그러나 그 역할을 하는 연예인도 실제로 만나 보면 생각이 달라질 것이다. 이상적인 것은 우리의 머릿속에서만 존재한다.

마찬가지로 자기주도학습도 지나치게 이상적이다. 자기주도학습으로 전교 1등을 하는 아이도 대한민국 어딘가에는 존재할 것이다.

그러나 실제로 내 아이가 그렇게 되기란 쉽지 않다. 그러면 자기주도학습을 포기하고 계속 주입식 교육으로 아이를 의존적으로 만들어야 하나? 그렇지는 않다. 다시 한 번 지금 옆에 있는 남편, 아내 또는 남자 친구, 여자 친구를 보자. 꿈에 그리던 완벽히 이상적인 모습은 아니더라도 본인이 이상적으로 바라는 몇 가지 특징을 포함하고 있을 것이다. 즉, 이상적이지는 않지만 분명히 장점이 있다는 것이다. 이를 다른 말로 '현실적'이라고 한다.

자기주도학습은 이상적이다. 너무 이상향을 그리면 현실에서 동떨어질 수가 있다. 공부는 현실적으로 해야 한다. 그렇다면 자기주도학습을 어떻게 하면 현실적으로 적용할 수 있을까? 공부에 관한 모든 것은 학습자의 현재 상태를 정확히 파악하는 것에서부터 출발한다. 우리 아이가 가져온 성적표를 살펴보자.

안슬기									
국어	영어	수학	사회	과학	기가	도덕	음악	미술	체육
100	99	100	98	100	100	100	98	99	97
축하합니다. 전체 1등입니다. 앞으로도 지속적인 관심과 격려 부탁드립니다.									

아마 이렇지는 않을 것이다. 이는 말 그대로 이상적인 아이일 뿐이다. 현실에서 우리가 마주하게 되는 성적표는 대개 아래와 같을 것이다. 이런 성적표를 보면 일단 부모님의 표정이 심각해진다. 그리고

격한 반응을 보이는 것이 일반적이다.

"너는 도대체 공부를 하는 거야, 마는 거야? 이게 성적표야? 도대체 학교하고 학원에서는 뭐 하는 거야?"

노지혜									
국어	영어	수학	사회	과학	기가	도덕	음악	미술	체육
60	71	84	63	75	80	47	85	86	88
아이가 수업 시간에 산만한 모습을 보입니다. 진지하게 학업에 임하는 자세가 필요합니다.									

한바탕 퍼붓고 나면 아이는 죄인이 된다. 그래도 달라지는 것은 없다. 아이는 몇 개월 뒤에도 비슷한 성적표를 들고 온다.

"저리 치워. 보고 싶지도 않아. 방에서 공부나 해! 누굴 닮아가지고 하여튼."

"거, 말이 왜 그래?"

"아니, 내가 뭐 틀린 말했어? 그쪽 집안에 어디 변변찮은 대학이라도 나온 사람 있어?"

"당신 말 다 했어?! 말이야 바른말이지 자식 공부머리는 엄마 쪽이라는 거 몰라?"

자식 공부가 부모 집안싸움으로 번졌다. 이런 논쟁은 지극히 소모적이며 어떠한 긍정적인 효과도 기대할 수 없다.

공부에 관한 모든 것을 스스로 선택하게 하자

'입시왕'의 네이버 카페 질문 게시판이나 개인적인 이메일로 자기주도학습에 관한 질문을 종종 받는다. 기숙사에서 자기주도학습으로 공부를 하는 아이가 효율적으로 학습을 하지 못하자 전학을 보내야 하는지 상담하는 경우도 있었다. 이렇게 자기주도학습을 제대로 실천하지 못하는 아이들이 우리 주위에 대부분이다.

자기주도학습을 활용한 솔루션을 제안하면 다음과 같다. 먼저 아이가 잘하는 과목과 못하는 과목을 구분해 보자. 앞서 소개한 노지혜 학생의 성적표를 예로 들면 수학, 과학, 기가 점수가 상대적으로 높은 것을 알 수 있다. 그러면 학교를 마치고 매일 국·영·수 학원에 가는 대신 스스로 할 수 있는 과목은 스스로 하고, 부족한 과목만 학원에 가는 방법을 시도해 볼 수 있다. 여기서 한 가지 기억해야 할 것이 있다. 공부를 하는 것 외에 공부에 관해 결정하는 문제에서도 학생이 주체가 되는 것이 진정한 자기주도학습의 핵심이다. 어른이 정해 놓고 "이렇게 해라"라고 하면 자기주도학습이 될 수 없다. 고민하고 결정하는 것도 스스로 해야 하고, 그렇게 스스로 선택해야 책임감과 적극성이 생긴다. 물론 처음부터 완벽할 수는 없다. 자기주도학습을 잘하는 아이도 시행착오를 거치면서 온 것이다. 스스로에게 맞는 방법을 찾아가는 과정도 자기주도학습의 일부임을 알아야 한다.

아이와 상의해서 수학과 과학은 월, 수, 금에 스스로 하고, 영어는 화, 목에 학원에 다니고, 국어는 인터넷 강의로 주말에 하겠다고 한다면 이상적이지는 않지만 현실적인 자기주도학습이라고 말할 수 있다. 그렇게 조금씩 타인주도에서 자기주도로 변모해 가는 것이다. 자기주도학습을 한다고 하루아침에 학원을 모두 끊고 혼자서 하라고 하면 부작용이 크다.

그러나 이 정도의 자기주도학습도 고등학생이 되어서 시작하는 것은 어렵다. 고등학교 1학년 성적부터 대입에 반영이 되므로 아이가 긴장감을 떨치고 침착하게 공부하지 못하기 때문이다. 실제로 고등학교 2~3학년이 되어서 혼자 공부하겠다는 경우를 많이 보는데 성공하는 경우가 드물다. 어려서부터 10년 가까이 학교 갔다 와서 학원에 갔는데 갑자기 갈 데가 없어진 것이다. 이 시간에 계획을 세우고 공부를 해야 하는데 아이들은 다른 유혹을 뿌리치지 못한다. 공부를 한다고 해서 바로 자기주도학습을 효율적으로 할 수 있는 것도 아니다. 어떤 과목을 언제, 어디서부터 어떻게 공부해야 할지 스스로 정해서 실천해야 하는데 이 과정이 시행착오의 연속인 것이다.

자기주도학습을 성공적으로 하는 고등학생들은 십중팔구 초·중학교 때부터 스스로 해온 아이들이다. 이미 시행착오가 어느 정도 끝난 것이다. 반면 고등학생이 되어서 자기주도학습을 시작하면 시행착오를 끝내고 본격적으로 학습이 궤도에 오르기도 전에 수능이 다가온다. 그래서 계속 학원을 다니다가 고등학생 때 갑자기 모든 과목을 스스로 하면 실패할 확률이 높은 것이다. 반면 어려서부터 자기주도학습을 해오다가 고등학생이 되니 불안해져서 학원을 다니고 싶어 하는 아이도 있다. 이런 아이들은 웬만하면 스스로를 믿고 학업을 이어 나가도록 격려하는 게 낫다. 학원에 간다고 모든 문제가 해결되는 것도 아니고 본인에게 맞는 학원을 찾는 것도 쉽지 않기 때문이다.

그렇다면 인터넷 강의를 활용한 자기주도학습은 어떻게 효과적으로 할 수 있을까? 인터넷 강의의 최대 장점은 학생이 원하는 시간에 높은 수준의 강의를 들을 수 있다는 것이다. 단점은 학생이 원할 때 강의를 그만 들을 수 있다는 사실이다. 대한민국 최고의 강사도 클릭 한 번에 바로 사라진다. 실제로 인터넷 강의 완강률은 높지 않다. 업계에서는 알리기 꺼리지만 내부 정보에 의하면 채 30%도 되지 않는다고 한다. 그래서 인터넷 강의를 효율적으로 활용하기 위해서는 일주일에 한 번 정도 이를 관리해 주는 사람이 있으면 좋다. 꼭 선생님이 할 필요는 없다. 부모님이나 다른 가족이 아이가 정한 계획표대로 공부를 하고 있나 확인해 주면 된다. 이 정도만 해줘도 아이들의 인터넷 강의 효율은 몰라보게 좋아질 것이다.

> **정리하면**
>
> 자기주도학습이 올바른 지향점이라는 것은 논란의 여지가 없다. 그러나 완벽한 자기주도학습은 너무 이상적이어서 현실에 적용해

보면 많은 부작용들이 발생한다. 이상을 현실에 맞게 적용하는 지혜가 필요하다. 즉, 과목별로 자기주도학습이 가능한 과목과 어려운 과목을 구분지어 선별적으로 실행하는 것이 좋다.

그리고 고등학생이 되어서 갑자기 모든 과목을 자기주도학습으로 바꾸는 것은 어렵다. 고등학생은 매 시험이 대입에 영향을 미치는데 이 기간에 시행착오를 겪으며 공부하기는 힘들기 때문이다. 이런 아이들은 대부분 한두 번 자기주도학습을 하다가 결국 학원으로 돌아오는 경우가 많다. 반면에 초·중학생 때부터 자기주도학습을 해온 경우라면 고등학생 때 사교육의 유혹이 생겨도 스스로를 믿고 학업을 마치는 것을 추천한다. 학창 시절에 스스로 학습했던 경험은 평생의 자산이 된다. 물론 이걸 결정하는 것도 공부하는 주체인 아이들이 해야 한다. 자기주도학습에서 주인공은 아이들 자신이기 때문이다.

무기력한 아이를 변화시키는 방법

고2 태현이는 여느 아이들처럼 공부에 별다른 열정이 없다. 그렇다고 딱히 다른 취미가 있는 것도 아니다. 새로 나온 게임이 있으면 조금 하다가 그것도 금방 싫증내 버린다. 늘 기운이 없고 툭하면 머리, 배, 허리, 목, 눈 등이 아프다고 한다. 이런 부위의 특징은 정말로 아픈지 확인할 길이 없다는 것이다. 표정을 보면 진짜 아픈 것 같기도 하고 아닌 것 같기도 하다. 그리고 본인의 의사 표현을 확실하게 하지 못한다.

"선생님, 저 몸이 좀……."

"어, 그래? 어디 아프니?"

"네, 아니…… 그게, 배가 아까부터……."

"아, 그래? 속이 안 좋아? 그럼 조퇴할래?"

"아니, 그 정도는 아닌데. 아, 아니, 안 좋긴 안 좋은데……."

이러한 태도는 학업에도 이어진다. 책상에 앉으면 금방 팔을 베고

눕거나 벽에 기댄다. 펜을 들고 꾸벅꾸벅 졸다가 결국 엎드려 잠드는 과정을 반복한다. 그리고 이번 시험에서 몇 점을 맞고 싶은지 물어봐도 시원하게 대답하는 경우가 없다.

"점수요? 글쎄요, 잘 나오면 좋겠죠. 그런데 제가 그렇게는……."

이렇게 늘 무기력하게 다니는 아이들이 점점 늘어나는 것이 사실이다. 어릴 때는 밝고 활발했던 아이들이 언제부터 이렇게 무기력하게 되었을까? 아이가 첫 번째 성적표를 가져오던 때로 시간을 거슬러 올라가 보자. 우리 아이의 성적표는 어땠을까? 사실 전 과목을 다 잘했으면 좋겠지만 현실적으로 그런 아이는 별로 없다. 예컨대 아이가 다음과 같은 성적표를 받아 왔다고 가정해 보자.

국어	영어	수학	사회	과학	음악	미술	체육
66	88	43	95	55	85	85	80

이때 이렇게 반응하기 쉽다.

"너는 국어, 수학, 과학 점수가 이게 뭐니?"

그도 그럴 것이, 공부하라고 하면 항상 사회 관련 책을 먼저 꺼내 든다. 왜 그럴까? 그냥 그게 좋은 것이다. 인간이 무언가를 좋아하고 싫어하는 것에는 사실 많은 이유가 없다. '그냥' 좋고 '그냥' 싫은 것이다. 그냥 그 과목이 좋은 것을 어쩌겠는가? 그리고 그 아이를 누가 그렇게 만들었을까?

한 의사 부부가 자녀 문제로 상담을 해왔다. 하나밖에 없는 아들이 공부 안 하고 음악을 하겠다고 선언한 것이다. 엄마는 심장이 두근거려서 불면증을 호소하고 아빠는 계속 설득 중이지만 효과는 없었다. 그런데 흥미로운 사실을 알게 되었다. 아빠가 어릴 적 밴드를 만들어서 활동한 적이 있고, 엄마의 원래 꿈은 화가였다는 것이다. 이미 부모님의 DNA에 예술적 인자가 있었던 것이다.

어쨌든 성적을 확인한 후 부모님의 태도가 중요하다. 사람은 누구나 잘하는 것과 못하는 것이 있다. 여기서 잘하는 것을 더 장려해서 아이의 특기로 만들어 줄 것인지, 못하는 것에 힘을 쏟아서 부족한 것을 보충할 것인지 결정해야 한다. 물론 생각 같아서는 잘하는 것을 더 잘하게 하고 못하는 것도 보충하고 싶겠지만 현실에서는 선택을 해야 한다. 대부분 못하는 것이 먼저 눈에 들어오게 마련이다. 그래서 못하는 과목에 더 신경을 쓰게 된다. 이는 잘못된 것은 아니지만 아이 입장에서는 고난의 시작이다.

무기력도 학습된다

수학적 감각이 부족한데 매일 학원에 가서 수학을 해야 하니 얼마나 괴롭겠는가? 재미도 관심도 없는 수학을 본인 나름대로는 노력하며 공부하고 있는데 성적이 안 나오는 걸 어쩌겠는가? 학교와 학원에서는 수학을 잘하는 아이들과 늘 비교당한다. 어려서부터 본인이 못하는 것에 대해 지적만 받아온 아이에게는 '나는 해도 안 돼'라는 의식이 뿌리 깊게 자리 잡기 시작한다. 이렇게 못하는 것을 계속 노력하라고 강요받는 아이들은 항상 '나는 잘하는 게 없다'는 식의 부정적인 생각을 하게 된다. 결국 아이는 못하는 과목에서뿐만 아니라 삶 전체에서 자신감을 잃는다. 어차피 노력해도 안 되니 열심히 할 필요가 없다는 결론에 이르게 된다. 물론 이 모든 과정은 무의식의 영역에서 이루어진다.

이를 마틴 셀리그만은 '학습된 무기력'이라고 명명했다. 그리고 실험으로도 이를 증명했다. A그룹의 강아지를 실험 상자 안에 넣고 전기 충격을 가했다. 이 실험 상자에는 강아지가 레버를 건드리면 전기 충격이 꺼지는 장치가 있었다. 전기 충격을 받자 강아지는 여기저기 뛰어다니며 결국 레버를 건드리면 전기 충격이 사라진다는 원리를 학습했다. B그룹의 강아지는 실험 상자 안에서 끈으로 묶어 움직이지 못하게 했다. 전기 충격을 받자 처음에는 놀라서 움직이려고 하지만 결국 본인이 아무것도 할 수 없다는 것을 깨닫는다. 중요한 것은 다음 실험이다. 얼마 뒤 두 그룹의 강아지를 간단한 장애물만 넘으면 전기 충격을 피할 수 있는 상자에 넣었다. 실험 결과 A그룹의 강아지는 쉽게 전기 충격을 피했다. 그러나 B그룹의 강아지는 가만히 앉아서 전기 충격을 고스란히 받는 쪽을 선택했다. B그룹의 강아지는 이전 실험에서 아무리 노력해도 전기 충격을 피할 수 없다는 사실이 학습된 것이다.

아이가 이렇게 매사에 무기력한 경우 부모님이 아이를 변화시키기는 굉장히 어렵다. 아이는 이미 자신감, 자존감, 자기 효능감 등이 바닥으로 떨어진 상태다. 말 한마디로 쉽게 바뀔 수 있는 상태가 아니다. 이럴 때 사교육의 도움을 받아보기를 권한다. 다행인지 불행인지 대한민국은 사교육의 천국이 아니던가.

주변에 '컨설팅 학원'이라고 불리는 곳에서 아이의 진로, 적성, 동기, 공부법 등을 함께 관리해 준다. 물론 한 번 상담했다고 하루아침에 180% 확 바뀌지는 않는다. 그러나 한 달에 한두 번 정도 꾸준히 가면 서서히 그 효과가 나타난다. 컨설턴트가 아이의 학습 '멘토'가 되는 것이다. 아이와 코드가 잘 맞는 컨설턴트를 만나면 그 효과는 더 크다. 무리하게 비싼 비용을 들여서 고액 컨설팅 업체를 찾아가는 것은 권하지 않는다. 이런 곳은 대부분 거품이 끼어 있는 경우가 많다. 적정 수준의 비용을 받는 사교육 업체를 전략적으로 이용하면 아이가 힘든 시기를 이겨내는 데 도움이 된다. 아이들이 무기력한 이유는 하고 싶은 것도, 해야 할 이유도 없기 때문이다. 무기력한 아이에게 목표가 생기면 눈빛부터 달라진다.

자녀를 믿고 성공 경험을 시켜 주자

아이가 자신감을 회복하기 위해서는 사소한 것이라도 '성공하는 경험'이 필요하다. 작은 실패 경험이 쌓이고 쌓여서 큰 영향을 미치는 것처럼 작은 성공 경험도 반복하다 보면 어느새 아이의 자신감이 커진다.

중3 해성이는 수학을 어려워한다. 학교와 학원에서 배우는 수학은 버겁기만 하다. 이런 해성이에게 필요한 것은 수학에서의 성공 경험이다. 따라서 고등학교 과정을 선행할 것이 아니라 성공 경험을 느낄 수 있는 수준의 공부를 하는 것이 필요하다. 중학교 수학이든 초등학교 수학이든, 그 과정에서 '수학이 할 만하다', '수학이 즐겁다'라는 느낌을 얻는 것만으로 성공이다.

예전에 가르쳤던 한 여학생은 모든 선생님들이 "쟤는 안 돼"라고 말하는 그런 아이였다. 직접 가르쳐 보고 나도 '쟤는 안 되나 보다'라고 생각했었다. 그런데 아이가 교실 밖에서 말하는 걸 들어보니 제법 언어적 센스가 있는 것이 아닌가? 쉬는 시간에 불러서 얘기를 해보니 지금 배우고 있는 내용을 하나도 모르겠다고 하소연을 늘어놓았다. 그래서 아이 수준에 맞는 분량을 개별 숙제로 주고 검사했다. 의외로 아이가 잘 해와서 놀랐다. 그렇게 두 달 정도 지나자 아이가 먼저 다른 것도 숙제로 더 내달라고 말하는 것이 아닌가? 과제를 성공적으로 해내자 자신감이 생기고 학업 의욕이 향상된 것이다.

성공 경험을 꼭 교실에서만 해야 하는 것은 아니다. TV와 휴대폰으로 여가 시간을 보내는 대신 아이에게 다양한 경험을 할 기회를 줘보자. 특히 이렇게 무기력한 아이의 경우 육체적으로 움직이는 경험을 권장한다. 그런데 이런 아이들은 보통 하고 싶은 것도 없는 경우가 많다. 이럴 때 아이와 함께 다양한 활동들을 해보는 것이다. 찾아보면 세상에는 재미있는 일들이 참 많다. 하늘을 나는 스카이다이빙, 바다 속에 들어가는 스킨스쿠버, 아름다운 산을 걷는 트레킹, 동물과 교감하는 승마 등, 이런 다양한 경험들을 통해서 설렘, 짜릿함, 흥분, 보람 등의 감각을 직접 느껴 보는 것이 중요하다.

인간은 못할 것 같은 일을 해냈을 때 마음속 깊은 곳에서 자신감이 우러나온다. 물론 비용은 조금 발생한다. 하지만 무기력한 아이가 자신감이 넘치는 아이로 변하는 데 그 정도 비용이 대수일까. 가능하다면 학원을 그만두고서라도 이런 성공 경험들을 많이 해야 한다. TV를 보면서 리모컨으로 채널을 이리저리 돌리는 것보다 어떤 경험이든 직접 체험해 보는 게 훨씬 낫다.

이와 더불어 힘들게 사는 이웃들을 도와주는 봉사활동을 권장한다. 아이는 아직 세상의 견문이 좁다. 본인이 세상에서 제일 힘들다고 생각한다. 이를 말로 아무리 설명해도 받아들이기 쉽지 않다. 다른 사람의 삶을 직접 눈으로 봐야 한다. 보면 마음속으로 느껴지는 바가 있다. 이렇게 진심으로 깨달아야만 행동이 변하기 시작한다. 이런 활동을 부모님과 같이하면 더 좋다. 이렇게 아이에게 다양한 경험을 시켜 주면서 꼭 필요한 것이 있다. 바로 아이의 발전 가능성을 진심으로 믿는 마음이다. 사람은 누군가에게 기대를 받으면 그 기대를 충족하고 싶은 본능이 있다. 따라서 무조건적인 사랑과 기대를 베풀어 주는 사람이 있으면 아이는 힘들더라도 삶을 포기하고 무기력해지지 않는다. 이러한 믿음이 사람을 얼마나 변화시킬 수 있는지 보여준 연구가 있다.

영화 〈쥬라기공원〉 등의 촬영지로 유명한 카우아이섬은 겉보기에는 아름다운 섬이다. 그러나 사실 이곳 주민들은 가난과 질병에 시름

하고 있었다. 대부분의 부모는 알코올중독, 정신 질환 등으로 범죄에 연루되었다. 이런 환경에서 아이들이 제대로 교육받고 자랐을 리가 없다. 연구자들은 1995년부터 이 섬에서 태어난 모든 아이들 833명을 성인이 될 때까지 연구했다. 물론 대부분은 예상대로 정상적인 어른으로 성장하지 못했다. 그런데 40년 동안 계속된 연구에서 흥미로운 점이 발견되었다. 대부분의 아이들은 가혹한 운명의 굴레를 벗어던지지 못했지만 몇몇 아이들은 이를 극복하고 정상적인 어른으로 성장했던 것이다. 자료 분석을 주도했던 에미 워너 교수는 그중에서도 가장 비참한 상황에 있었지만 건강한 신체와 정신을 가진 청년으로 성장한 72명에 대한 심층 연구를 진행했다. 연구자는 무엇이 이 아이들이 이토록 힘든 상황을 이겨낼 수 있게 했는지 알고자 했다.

연구 결과, 이렇게 절망적인 상황을 이겨낸 아이들의 주위에는 아이를 믿고 지지해 주는 누군가가 최소한 한 명은 있었다는 사실을 알게 되었다. 인생에서 무슨 일이 있더라도 나를 믿고 사랑해 주는 사람이 단 한 명이라도 있는 사람과 없는 사람은 그 차이가 실로 엄청나다. 한 명이라도 나를 믿고 사랑해 주는 사람이 있다면 무기력하게 삶을 내려놓을 수가 없다. 이 역할을 부모님이 하자는 것이다.

정리하면

무기력한 아이도 처음부터 무기력한 것은 아니었다. 못하는 것에만 집중하다 보니 위축되고 자신감을 잃어갔던 것이다. 따라서 아이의 장점과 단점이 있을 때 장점을 더 키워 주는 쪽으로 가자. 사람은 누구나 잘하는 것을 하면 눈에 빛이 나고 얼굴에 생기가 돈다. 좀 부족한 부분은 일단 큰 욕심을 내지 말자. 욕심을 부리려다 잘하는 것도 못하게 되는 결과를 초래하게 된다. 무엇보다 아이가 무기력해지지 않게 이끄는 것이 중요하다.

이미 증상이 심각한 경우라면 주변의 사교육을 활용해 보자. 아이에게 잘 맞는 멘토가 생기면 본인의 적성을 고민하고 진로를 탐색하는 과정에서 아이들은 조금씩 달라진다. 그리고 여가 시간에는 다양한 경험을 통해서 아이의 세계관을 넓혀 주자. 특히 부모님과 함께하는 봉사활동을 가장 권한다. 그러면 아이는 말하지 않아도 더 힘들게 살아가는 이웃들을 보면서 본인의 부족했던 생각을 느낄 것이다. 그렇게 진심으로 느끼면 행동에 변화가 나타나기 시작한다. 이 모든 과정에서 자녀에 대한 흔들리지 않는 믿음과 사랑이 저변에 깔려 있어야 한다. 아무리 힘든 상황에서도 본인을 믿고 사랑해 주는 사람이 단 한 명이라도 있으면 역경을 극복할 수 있다고 연구는 말하고 있기 때문이다.

우리 아이
고급 두뇌로 만들기

영국 옥스퍼드대학교의 로봇공학 교수인 마이클 오스본은 앞으로 20년 안에 어떤 직업들이 사라질지 연구했다. 해당 직업의 컴퓨터 대체 가능성과 속도, 임금과 학력 수준 등을 종합해 700여 개의 직업을 분석했다. 그 결과, 20년 안에 현존하는 직업들 중 47%가 사라질 것이라는 다소 충격적인 연구 결과가 나왔다. 선망하는 직업으로 여겨졌던 상당수가 포함됐다. 예컨대 미국 캘리포니아의 한 대학병원은 약사가 없다. 대신 처방전을 넣으면 로봇이 해당 약을 가져다준다. 간단하게 과자 자판기의 원리를 떠올리면 된다. 현재까지 이 로봇이 35만 건이 넘는 약을 조제했지만 단 한 건의 실수도 없었다. 이 조제 로봇이 우리나라에 도입되기까지 얼마나 남은 것일까? 물론 이런 현상이 지금 갑자기 생겨난 것은 아니다. 60년대에는 비행기 조종실에 여섯 명의 조종사들이 있었지만 지금은 두 명으로 족하다. 그동안 프로그램이 사람을 대체해 온 것이다.

　문제는 기술 발전의 속도가 너무 빨라졌다는 것이다. 현재 차량의 자동 주행 기능이 우리 삶으로 파고 들어올 준비를 하고 있다. 세계의 배달 관련 업종들은 드론과 배달 로봇을 통해서 실험 중에 있다. 이미 사실을 전달하고 수치를 분석하는 기사의 대부분은 컴퓨터가 작성하고 있다. 흥미로운 점은 독자들이 사람이 쓴 기사와 컴퓨터가 쓴 기사를 구분하지 못한다는 것이다. 더 이상 기자를 고용할 이유가 없어진 것이다. 주식 거래도 상당 부분 프로그램이 하고 있다. 빅 데이터를 분석해서 알고리즘에 따라 수익이 날 수밖에 없는 거래만 1초에 수만 개씩 하는 것이다. 역시나 감정에 휘둘리는 사람을 고용할 이유가 없어진 것이다.

　여기서 끝이 아니다. 2014년 영국의 〈파이낸셜 타임스〉는 중국의 한 건축회사를 소개했다. 대형 3D 프린터로 건축 자재를 만들어 태풍에도 견딜 수 있는 강도의 집을 하루에 열 채나 건설했다는 기사다. 이렇게 믿기 힘든 일이 벌어지는 세상에서 앞으로 어떤 능력을 가진 사람이 살아남게 될까?

　대학생 때 휴대폰, DVD 등의 전자 부품을 조립하는 공장에서 일을 한 적이 있다. 그 공장에는 총 4개의 생산 라인이 있었는데 이 기계들이 종종 멈추곤 했다. 그런데 아무리 살펴봐도 문제의 원인을 모를 때가 있었다. 이때 모든 사람이 김 대리를 찾았다. 그러면 김 대리가 와서 문제를 해결해 준다. 다른 대리, 과장, 부장, 심지어 공장장까지

라인에 문제가 생기면 김 대리를 찾는다. 그래서 김 대리는 퇴근을 했음에도 불구하고 수시로 현장으로 호출됐다. 휴일에 집에서 쉬고 있는데 공장장이 직접 모시러 가는 경우도 있었고, 회식 자리에서 술을 마시다가 포획(?)되어서 공장으로 다시 오기도 한다. 하나의 생산 라인을 설치하는 데 드는 비용이 대략 10억 정도이다. 그러니 기계가 돌아가지 않으면 공장의 손실이 막대해지는 것이다. 은행에서 대출받은 돈의 이자라도 내기 위해선 생산 라인이 멈춰 있으면 안 된다. 그래서 주·야 2교대로 24시간 기계를 돌려야 했다.

하루는 김 대리가 기계를 고치고 있는데 원인을 모르겠다는 것이 아닌가? 문제가 있는 생산 라인을 내가 담당하고 있었기에 당시 공장장과 김 대리의 대화를 옆에서 들을 수 있었다.

"김 대리야, 문제가 뭐노?"

"글쎄요, 모르겠는데요?"

"아니, 니가 모르면 누가 아노? 어떻게 좀 해 봐라."

"정말 모르겠어요. 처음 보는 증상인데요."

공장장은 하얗게 질려서 발만 동동 구르고 있었다. 본사에 연락해야 하는 것은 아닌지 걱정하고 있었다. 당시 기계는 일본 제품이어서 본사에 연락을 하면 1~2일 뒤에 직원이 파견을 나와서 기계를 초기 세팅으로 돌려놓는다. 문제는 그동안에 기계가 멈춰 있다는 것이다. 회사의 다른 직원들도 그 기계를 고쳐 보겠다고 매달렸다. 기계를 좀 만지고 나서 하나같이 이 기계는 이제 수명이 다했다며 고개를 저었다.

다른 직원들은 점심 식사를 마치고 늘 그랬듯이 족구를 하면서 즐거운 시간을 보냈다. 그러고 나서 현장으로 복귀하니 김 대리가 아직도 기계에 매달려 있는 것이 아닌가? 땀으로 샤워를 하면서 점심식사도 거르고 기계와 사투를 벌이고 있었다. 뒤에서 공장장이 초조하게 그 모습을 지켜보고 있었다. 김 대리는 이해가 안 되는 영어 매뉴얼을 보면서 문제를 해결하려고 다양한 방법을 시도했다. 라인 정지 시간이 길어지자 다들 빨리 본사에 연락하는 게 낫다고 조언을 해주었다. 그렇게 몇 시간이 지났을까. 기계가 다시 작동을 하는 게 아닌가?

"됐다! 야, 이거 별거 아닌 문제였는데 괜히 고생했네!"

"이야~ 역시 김 대리 너밖에 없다!"

마침 저녁 시간이 다가와서 나도 김 대리, 공장장과 함께 저녁을 먹으러 나갔다. 김 대리는 해맑게 웃으며 식사를 했다. 기계를 고칠 때는 끼니도 거를 정도의 무서운 집중력으로 일을 했지만, 문제를 해결하니 보람, 기쁨, 환희 같은 감정이 얼굴에 피어올랐다.

나는 당시에 김 대리를 보면서 왜 같은 곳에서 일하는데 누구는 이토록 가치 있는 삶을 살고 다른 사람은 그러지 못하는지 궁금했었다. 대부분의 직원들은 퇴근 시간만 기다리며 마지못해 일을 하는 것이 현실이었다. 다들 안 된다는 문제에 김 대리는 어떻게 그리 오랜 시간 매달려 결국 문제를 해결할 수 있었을까? 다른 직원들과 김 대리의 차이는 무엇일까? 남들이 해결하지 못하는 문제를 장시간 몰입해서 결국 해결하고야 마는 두뇌를 '고급 두뇌'라고 명명하자. 실제로 다른 회사에서 김 대리에게 계속해서 높은 연봉의 스카우트 제의를 해오고 있었다. 모두 김 대리의 고급 두뇌를 인정했던 것이다.

스스로 고민할 수 있는 시간을 주자

미래에 우리 아이가 어떤 분야에서 어떤 업무를 하게 될지 그 누구도 예측할 수 없다. 학생과 학부모는 어떤 전공을 선택해야 미래에 더 나은 삶을 살게 될지 고민하지만 이 역시 정답은 없다. 다만 우리 아이가 고급 두뇌를 가지고 있다면 어디에 가서도 유능한 사람으로 인정받을 것은 확실하다. 처음 보는 문제, 남들이 해결하지 못하는 문제를 해결하는 사람은 기업 입장에서 절대로 없어서는 안 될 존재인 것이다.

그러면 어떻게 우리 아이를 고급 두뇌로 만들어 줄 수 있을까? 결론부터 얘기하면 아이가 스스로 생각할 기회를 많이 줘야 한다. 공부를 할 때 아이가 고민할 시간을 주지 않고 바로 정답을 알려주는 것을 지양해야 한다. 대신에 아이가 스스로 문제를 해결하도록 이끌어 줘야 한다. 그런데 우리의 교육 시스템은 어떤가? 아이가 어떤 문제에 대해서 스스로 탐색하는 시간을 그리 오래 허락하지 않는다. 효율성이라는 명목 아래 남보다 빨리, 먼저 가는 것에만 초점을 맞춘다. 그 과정에서 아이가 얼마나 스스로 고민을 했는지, 문제 해결 능력이 향상되었는지는 관심이 없다. 급하게 진도를 나가서 남보다 먼저 책을 끝내면 아이, 학부모, 교사 모두 만족한다. 우리 아이가 남보다 먼저 배우기를 원하는 학부모, 어찌 됐든 빨리 끝내고 집에 가고 싶은 학생, 적당히 가르치는 것에 만족하는 교사가 묘하게 어우러지면서 아이는 스스로 생각할 기회를 박탈당하는 것이다.

아이가 초등학교 저학년이라면 '엄마표' 학습도 괜찮다. 사실 이때야말로 부모와 자녀가 교감을 나누면서 공부하는 것이 가능한 유일한 시기이다. 이 세상에서 부모보다 아이를 진심으로 가르칠 수 있는 사람이 누가 있겠는가. 하나하나 가르치면서 아이가 성장하는 모습을 보는 것은 어떤 말로도 표현하기 힘든 감동이다. 다만 조급한 마음을 내려놓고 아이가 스스로 고민할 수 있는 시간을 주는 것이 중요하다.

가령 초등학교 저학년의 경우 개인차가 있지만 일반적으로 아이 스스로 5~10분 정도 고민하면 해결할 수 있는 문제를 주는 것이 적절하다. 1~2분 만에 풀 수 있는 문제만 주면 아이는 그 이상 고민하는 경험을 못하게 된다. 그렇다고 아이의 수준과 맞지 않는 문제를 30분 동안 고민하게 하는 것은 교육이라기보다는 체벌에 가깝다. 더 중요한 것은 아이가 해결하지 못하는 문제의 답을 직접 알려주지 않는 것이다. 고민하고 있는 아이에게 정답을 알려주는 것은 아이가 스스로 생각할 기회를 빼앗는 것임을 잊지 말자. 그러면 어떻게 하는 것이 좋을까?

문제를 풀 수 있는 '힌트'를 주자. 최대한 힌트를 주어도 문제를 해결하지 못한다면 그 문제는 아이의 수준에 맞지 않는 것이다. 결국 문제는 아이 스스로 해결해야만 의미가 있다. 교수자의 역할은 아이의

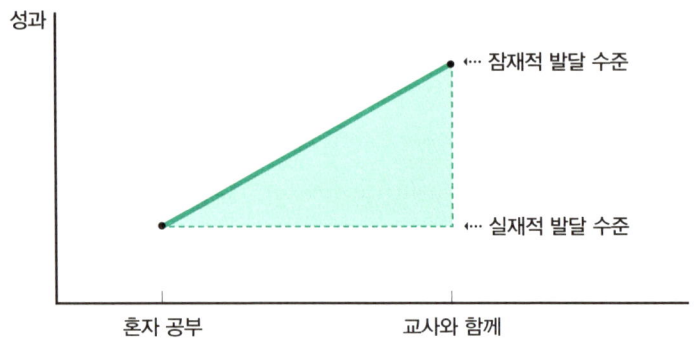

잠재력을 발휘할 수 있게 도움을 주는 것이다. 이를 러시아의 심리학자 비고츠키(1896~1934)는 실제적 발달 수준과 잠재적 발달 수준이라는 개념으로 설명했다. 아이들은 교수자의 도움을 받아서 본인의 잠재적 발달 수준에 도달할 수 있다. 실제로 비슷한 수준의 실제적 발달 수준을 보였던 학생들이 언제부턴가 차이가 나기 시작한다. 바로 본인의 잠재적 발달 수준에 도달하는 학생과 그렇지 못한 학생으로 나뉘는 것이다. 아이를 혼자 내버려 두거나 교수자가 아이의 역할까지 해 버리면 아이는 잠재적 발달 수준에 도달하기 어렵다. 누구도 아이가 스스로 문제 해결 능력을 배양할 수 있는 기회를 빼앗을 권리는 없다.

초등학교 고학년이 되면 10~15분 정도 고민해서 해결할 수 있는 문제가 적절하다. 이때부터는 사실 부모님이 가르치기 버겁다. 현실적으로 이 시기부터는 각 과목 선생님의 전문성이 요구된다. 그런데 무작정 많은 시간을 공부한다고 좋은 것은 아니다. 아이가 고급 두뇌로 성장하기 위해서 필요한 것은 얼마나 많은 시간 공부했는지가 아니라 얼마나 많은 시간 스스로 생각해 봤는지이다. 그래서 가능하면 이렇게 요구해 보자.

"선생님, 우리 아이가 잘 못해도 바로 답을 알려주지 마시고 힌트만 주세요. 당장 아이가 진도를 많이 나가지 않아도 좋습니다."

아마 교육적인 마인드가 있는 대부분의 선생님들은 반색을 할 것이다. 그러나 학교나 학원의 경우 나름대로 시간표와 시스템이 있기 때문에 이렇게 하는 것이 어려울 수도 있다. 그러면 적어도 아이가 숙제를 하는 동안에라도 이렇게 하도록 권해 보자.

"민서야, 숙제를 다 하는 것보다 숙제를 하면서 네가 고민하는 그 과정이 더 중요한 거야."

물론 아이가 이해하지 못할 것이다. 그래도 꾸준히 말하면 아이의 마음속에 결과보다는 과정이 중요하다는 생각이 조금씩 자리 잡기 시작한다. 그러다가 중학생이 되면 15분~20분 정도 고민할 수 있는 문제가 적절하다. 그런데 기억해야 할 것은 초등학생 때 5~10분, 10~15분 고민했던 시간이 없었던 아이는 중학교 때 15~20분 동안 고민하기 힘들다는 것이다. 별것 아닌 듯 보여도 초등학교 시기에 그 훈련이 안 되어 있으면 당장 중학생 때부터 문제가 발생한다.

물론 사교육의 도움을 받아서 기출 문제를 여러 번 풀고 시험을 보면 나쁘지 않은 성적을 받을 수는 있다. 하지만 아이가 스스로 생각하는 능력은 전혀 배양되지 못한다. 당장 급하니 내용을 이해하지 않고 풀이 과정만 반복적으로 외워서 시험을 보기 때문이다. 이런 아이들이 고등학교에 올라가서 장시간 고민해야 하는 고차원적인 문제를 만나면 속수무책이다. 1,000m를 못 뛰는 사람이 1,500m를 절대로 못 뛰는 것과 같은 이치다. 결국 방법은 훈련뿐이다.

고등학생이 되면 20~30분 동안 고민해서 해결해야 하는 문제가 많다. 그런데 대부분의 아이들이 초·중학교 때 스스로 생각하면서 문제를 해결하는 훈련을 하지 못했다. 그래서 아이들은 5분 만에 답을 보고, 10분 만에 다른 사람에게 질문하기 바쁘다. 그런데 시험장에서는 결국 본인 스스로 장시간 고민해서 해결해야 하는 문제들이 나온다. 이 문제들을 해결하지 못하면 1~2등급은 받을 수 없다. 늦게라도 스스로 고민하는 시간을 점차 늘려가는 것 외에는 방법이 없다.

그러나 고등학생들은 당장 급하다 보니 여유를 가지고 이 훈련을 하기 힘들다. 그래서 많은 아이들이 고급 두뇌로 성장하지 못하는 것이다. 그러면 아이가 스스로 생각할 시간이 충분히 확보되면 고급 두뇌로 성장할 수 있을까? 그럴 가능성이 높지만 다른 훈련을 병행하면 더 좋다. 바로 '글을 쓰는 훈련'이다. 여기서 말하는 글은 일기나 독후감이 아니다. 일종의 학문적인 글쓰기다.

'글쓰기'를 통해 사고력이 깊어진다

대학원에 진학하고 가장 당혹스러웠던 점은 매주 글쓰기 과제가 있는 것이었다. 물론 대학생 때도 글쓰기 과제가 있었지만 그 성격이 다르다. 대학생은 정보를 정리해서 발표하는 수준이라면 대학원 글쓰기는 한 걸음 더 깊이 들어간다. 바로 문제에 대한 분석과 본인의 생각, 그리고 이를 뒷받침하는 데이터를 요구하는 글이다. 그렇게 과제로 제출한 글을 보고 교수님께서 부족한 부분을 지적한다. 당시에는 이 과정이 참 곤혹스러웠다. 잘된 부분도 있는데 부족한 점만 지적받은 억울함을 가라앉히고 며칠 뒤에 글을 다시 읽어본다. 그러면 생각이 짧았음을, 관점이 한쪽으로 치우쳐 있었음을, 주장에 대한 객관적인 데이터가 부족했음을, 교수님의 지적이 매우 합당했음을 느끼게 된다. 다음에 글을 쓸 때는 이전에 부족했던 점을 보완해서 쓰게 된다. 누구라도 나이 먹고 혼이 나는 것은 싫으니 말이다. 그렇게 조금씩 생각하는 힘이 발전해 간다.

더구나 졸업을 위해서는 논문을 써야 하는데, 이 과정은 모든 석·박사 원생들이 두려워하는 코스다. 일단 주제를 찾는 것부터 쉽지 않다. '어떤 주제에 대해서 글을 쓸까?'를 고민하는 과정에서 문제 '발견' 능력이 배양된다. 하루가 다르게 변해 가는 세상에서 지식의 유통기한은 점점 짧아지고 있다. 따라서 전문지식을 보유하고 있는 것보다 더 중요한 것은 문제를 찾아내는 능력이다. 주제를 정하고 열심히 글을 정리해서 내면 교수님이 부적절한 표현이나 논리의 비약을 지적한다. 그리고 다시 정리해서 교수님을 찾아간다. 이번에는 반드시 통과될 것을 기대하면서. 그러나 현실은 여지없이 퇴짜를 맞는다. 이론적 배경이 체계적이지 못하다, 연구 결론이 기존의 선행 연구들과 차별점이 없다는 등의 이유를 듣는다. 이 과정을 석사는 6개월~1년 정도를 반복하고, 박사는 1~2년 정도를 반복한다. 즉, 한 가지 주제에 대해서 장시간 동안 고민하는 훈련을 받는 것이다. 이를 통해 한 가지 주제에 대해서 다양한 관점과 방법으로 문제에 접근하는, 즉 창의적 문제 해결 능력이 배양된다.

한 가지 주제에 대해서 오랜 시간 자료를 조사하고, 다른 연구를 살펴보고, 고민을 하고, 글을 쓰다 보면 생각이 깊어진다. 어떤 문제에 대해서 30분 이상 고민해 본 적이 없는 사람과 3개월 이상 고민해 봤던 사람은 문제 해결 능력의 '지구력'이 다른 셈이다. 우리 삶은 예기치 못한 문제의 연속이다. 그럴 때마다 더 깊은 고민을 하고 더 많은 가능성을 고려해야 현명한 결정을 내릴 확률이 높아지는 것이다. 예전에 만났던 김 대리처럼 한 가지 문제에 대해 장시간 고민하면서 문제를 해결할 수 있는 고급 두뇌가 되는 것이다. 그렇다고 대학원을 졸업한 모든 사람들이 고급 두뇌란 의미는 아니다. **문제 발견 능력, 창의적 문제 해결 능력, 그리고 문제를 해결할 때까지 몰입할 수 있는 지구력을 배양시킨 사람만이 고급 두뇌인 것이다.**

우리나라는 1990년대부터 전자, 통신, 자동차, 조선 등의 분야에서 '한강의 기적'이라 불리는 눈부신 발전을 이루었다. 이런 비약적인 성장의 원동력에 근면함과 교육열 등이 거론되고 있다. 그러나 수만 개의 부품과 초고밀도 기술이 필요한 첨단 분야는 단지 근면하다고 성공할 수는 없다. 1980년대부터 국내 대학들이 대학원을 육성하여 석·박사들을 사회에 공급하기 시작했다는 사실을 알아야 한다. 이런 고급 두뇌들의 활약 없이 전자, 통신, 디스플레이, 철강, 조선 등의 분야에서 세계 수준의 기업들과 경쟁한다는 것은 불가능한 일이다.

'생각하는 힘'을 기를 수 있는 학원이 있다

그러면 대학원을 가기 전에는 이런 훈련을 어디에서 받을 수 있을까? 똑같지는 않지만 현실적으로 가능한 곳이 바로 '논술 학원'이다. 실제로 논술을 몇 개월 동안 준비하는 과정에서 아이들은 달라진다. 아이들 말을 빌리면 본인이 그동안 얼마나 생각을 안 하고 살았는지 깨달았다고 한다. 글을 쓰는 행위는 사람을 차분하게 만들고 생각을 깊이 하도록 이끈다. 작가들을 보면 대부분 침착하고 논리 정연하다. 이들의 원래 성격이 그랬을 수도 있지만, 글을 쓰면 더욱 침착성과 논리성이 향상된다.

나는 논술을 꼭 대학에 가기 위한 수단이 아니라 아이의 두뇌 능력을 향상시키는 훈련으로 활용하기를 권한다. 사실 논술 전형으로 대학까지 가면 좋긴 하지만, 대입을 오로지 논술로만 준비하기에는 합격 가능성이 희박하다. 논술 전형의 경우 경쟁률이 높고 수능 최저학력 기준이 있는 경우가 많아서 아무리 논술을 잘 써도 합격을 장담할 수 없기 때문이다. 그런데 현실은 대부분 발등에 불이 떨어진 고3 때 논술 학원을 찾는다. 이렇게 하지 말고 고1 때부터 논술 학원에 보내는 것을 추천한다. 약 6개월 정도 지나면 아이가 생각이 깊어지고 말과 행동이 달라지는 것을 확인할 수 있을 것이다. 만약에 학원을 하나만 보내야 하는 법이 있다면 나는 1초의 망설임도 없이 내 자녀를 논술 학원에 보낼 것이다. 미래에는 생각하는 힘이 부족한 사람은 아무리 좋은 대학교를 나와도 먹고살기 힘든 시대이기 때문이다.

논술을 처음 시작하는 시기는 고1 정도가 적당하다. 주변에 있는 논술 학원에 기초부터 배울 수 있는 반이 개설되어 있다. 여기에 아이를 보내는 것이다. 논술 학원은 일주일에 한 번 정도 가니 시간적인 부담도 크지 않다. 국·영·수 학원에 비하면 투자 대비 효율이 꽤나 높은 편이다. 처음에 논술 학원에 가면 글을 쓰지 않는다. 읽는 법부터 배운다. 잘 쓰기 위해서는 잘 읽어야 하는 것이다. 즉, 독해력의 향상도 기대할 수 있다.

보통 대학별 논술 문제는 30분~1시간 정도 고민하면서 쓸 수 있는 주제가 대부분이다. 글쓰기 훈련을 통해서 아이는 생각을 정리하고 논리적 사고와 표현력을 기를 수 있다. 집중해서 한 가지 문제에 대해 남보다 더 오래 고민하는 사람이 영재이지 누가 영재겠는가? 한 가지 주제에 대해서 오래 고민하다 보면 다양한 방법을 탐색하게 된다. 그러다 보면 창의적인 생각으로 문제를 바라보고 해결하는 능력이 길러지게 된다. 즉, 우리 아이의 평범한 두뇌가 고급 두뇌로 변하게 되는 것이다.

> **정리하면**

성실함, 암기력 등은 산업 사회에서 요구되는 능력이었다. 미래에는 이러한 능력이 성공을 보장하지 못한다. 이런 일자리는 대부분 기계로 대체될 것이기 때문이다. 따라서 앞으로는 남들이 해결하지 못하는 문제를 장시간 고민해서 창의적인 방법으로 해결할 수 있는 사람들의 수요가 더욱 커질 것이다. 살면서 발생하는 갖가지 문제들은 단편적인 지식으로 해결할 수 없는 것들이 대부분이다. 한 가지 주제에 대해서 오랜 시간 고민하며 문제를 해결할 수 있는 힘은 훈련을 통해서 길러진다.

이런 아이로 키우기 위해서는 모르는 것을 바로 알려주는 것을 지양해야 한다. <u>아이가 스스로 고민해서 문제를 해결하는 과정 자체가 굉장히 소중한 훈련인 것이다. 비록 정답을 못 찾았다 하더라도 이 시간은 절대로 쓸데없이 낭비된 것이 아니다.</u> 초등학교 저학년은 5~10분, 초등학교 고학년은 10~15분, 중학생은 15~20분, 고등학생은 20~30분 정도 고민해서 풀 수 있는 문제가 적절하다. 이 시간 동안 고민을 못했다고 해서 바로 답을 알려주면 곤란하다. 아이에게 답을 알려주는 순간 아이의 고민은 끝나기 때문이다. 교수자는 아이가 스스로 문제를 해결할 수 있게 도움만 줘야 한다. 이를 심리학자 비고츠키는 실제적 발달 수준을 넘어서 교사의 도움으로 잠재적 발달 수준에 도달한다고 설명했다.

그리고 아이가 생각을 깊게 하는 훈련을 하는 데 글쓰기보다 좋은 것이 없다. 일반적인 글쓰기가 아니라 학문적인 글쓰기이다. 이는 주로 대학원에서 훈련을 받을 수 있지만 논술 학원에서도 비슷한 효과를 기대할 수 있다. 따라서 고1 때부터 꾸준히 글쓰기 훈련에 투자하자. <u>아이는 한 가지 주제에 대해서 다양하게 생각하는 훈련을 받을 것이다. 이 과정에서 우리말 표현력, 논리력, 사고력, 창의력 등이 길러지는 것이다.</u> 그러면 아이의 머리는 미래 사회에서 요구하는 고급 두뇌에 한 발짝 더 다가갈 것이다.

특별 부록

2018-2020 입시·교육 트렌드 분석

입시 왕초보를 위한 대입 총정리

현재 대입은 크게 수시와 정시로 나뉘어 있다. 정시는 간단히 수능 성적으로 들어간다고 보면 된다. 반면에 수시는 학생부 교과, 학생부 종합, 논술, 실기(특기자) 전형이 있다. 점점 수시로 선발하는 비중이 확대되고 있으니 각 전형의 특성에 대해서 자세하게 알아볼 필요가 있다.

표준 대입 전형 체계

구분	전형 유형	주요 전형 요소
수시	학생부 위주	학생부 교과 성적을 중심으로 평가하는 전형
		입학사정관 등이 참여하여 학생부를 중심으로 자기소개서, 추천서, 면접 등을 통해 학생을 종합 평가하는 전형
	논술 위주	논술 등
	실기 위주	실기 등 [특기 등 증빙 자료 활용 가능]
정시	수능 위주	수능 등
	실기 위주	실기 등 [특기 등 증빙 자료 활용 가능]

☞ 실기 위주 전형 유형에는 '특기자 전형'이 포함되나, 특기자 전형은 모집 단위별 특성 등 특별한 사유가 있는 경우에 한해 제한적으로 운영하여 모집 규모를 축소할 것을 권장하며, 외부 실적보다 학생부 중심의 평가를 권장하고 있다.

학생부 위주

학생부 교과는 내신 성적으로 선발하는 것이다. 수능 점수처럼 객관적인 지표가 있으니 논란의 여지가 적다. 그러나 'A고등학교의 내신 2등급 학생과 B고등학교의 내신 2등급 학생의 학업 능력이 과연 똑같을까?'라는 궁금증이 생긴다.

대학에서는 고교마다 차등을 두지 않는다고 발표하지만 몇몇 대학의 입시 결과를 보면 의구심이 든다. 그런데 반대로 생각해보면 특목·자사고에서 2등급을 받은 학생의 학업 능력과 일반고에서 2등급을 받은 학생의 능력을 동일하다고 봐야 할까? 오히려 더 열심히 했지만 그 노력을 인정해 주지 않는다면 역차별을 받는 것이다.

그래서 중학교 때 공부를 잘해도 피 말리는 경쟁을 하기에 아이의 성격이 적합하지 않은 경우 일반고로 진학하기도 한다. 내신 성적이 4등급 이하로 나올 경우 수시로 대학교를 가는 길에 빨간불이 켜지기 때문이다. 물론 수능을 준비해서 정시로 가는 길도 있다. 하지만 정시가 점점 축소되고 있는 것이 현실이다.

학생부 종합은 내신 성적과 비교과 영역인 독서, 봉사, 동아리 활동, 자기소개서, 추천서 등을 종합적으로 평가하는 방식이다. 수능과 내신은 수치화된 지표가 있어서 객관적 평가가 가능하다. 하지만 학생부 종합은 입학사정관이 다양한 활동을 통해 지원자의 '잠재력'을 보고 선발하는 것이다. 평가 지침이 존재하지만 사정관의 주관적인 요소를 100% 배제하기 어렵다. 당연히 공정성 문제가 야기된다. 내가 왜 떨어졌는지 아무도 납득할 만한 이유를 설명해주지 않기 때문이다.

그러다 보니 각종 사이트에서 충격적인 루머들이 돌아다닌다. 그 모든 얘기들의 요지는 경쟁력이 없어 보이는 지원자가 어느 대학교에 학생부 종합 전형으로 합격했다는 것이다. 만약 그 아이의 부모님이 힘깨나 쓰는 위치에 있다면 루머는 일파만파로 퍼진다. 그래서 두 명의 입학사정관들이 크로스 체크를 해서 평가가 상이할 때 세 번째 사정관이 확인하는 등 나름 객관성을 확보하려는 체계가 있다. 여기에 면접을 보기도 하지만 여전히 논란의 여지가 남는다. 그래서 학생부 종합 전형에서도 객관적 지표인 내신 성적을 꽤나 중요하게 고려한다. 예컨대 다음 세 학생 중 누가 학생부 종합 전형으로 붙을 확률이 높을까?

A : 내신 평점 1.5 / 독서 6권, 동아리 활동 1개, 봉사활동 30시간

B : 내신 평점 2.3 / 독서 32권, 동아리 활동 3개, 봉사활동 100시간

C : 내신 평점 5.7 / 독서 40권, 동아리 활동 4개, 봉사활동 120시간

구체적인 수치가 중요한 것은 아니지만 편의상 위처럼 분류해 보았다. 학생부 종합의 평가 방법은 봉사활동을 예로 들면 얼마나 많은 시간 봉사활동을 했는가가 아니라, 그 과정에서 깨닫고 변화된 점을

보겠다는 것이다. 결론적으로 세 명 중에서 B학생이 학생부 종합 전형에 가장 경쟁력이 있다고 볼 수 있다. A학생은 학생부 교과 전형에서 더 경쟁력을 가진다. 비교과 활동의 양적인 측면으로 보자면 C학생이 가장 열심히 했겠지만, 내신 성적에서 크게 차이가 나면 경쟁력을 상실하기 때문이다. 실제로 어떤 학생은 면접에서 교수님에게 이와 같은 얘기를 들었다고 한다.

"이렇게 비교과 할 시간에 공부를 좀 더 하지."

물론 그 교수님의 발언이 옳다는 것은 아니다. 하지만 내신 성적이 저조할 경우 비교과 활동의 의미가 퇴색된다는 것을 알아야 한다.

종합해보면, 학생부 교과와 학생부 종합 전형에서 핵심은 '내신 성적'이다. 이는 학교에서 보는 시험의 중요성이 점점 커지는 것을 의미하며 이를 통해 공교육 정상화를 촉진하는 것이다. 각 대학 입학처장들도 이구동성으로 "학생부 종합 전형에서는 내신이 기본이고 화려한 스펙은 그 다음이다"라고 말하고 있다.

논술 위주

논술은 주로 상위권 - 중상위권 대학에서 많이 보는 전형이다. 그런데 학생들이 논술 전형에 대해서 오해하는 것 한 가지는 논술을 잘 쓰면 합격한다고 생각하는 것이다. 그럼 논술 전형이 논술을 잘 쓰면 들어가는 것 아니냐고 반문할 수 있다. 대답은 '아니다'이다. 논술은 글을 쓰는 것이다. 그런데 이 글이라는 것이 정확히 점수로 드러나는 것이 아니다. 똑같은 글을 두고 한 채점관은 좋게 볼 수도 있고 다른 채점관은 평범하게 볼 수도 있다. 물론 글에도 수준이 존재한다. 그 수준이 현격하게 차이가 나는 경우에는 논란의 여지가 없다. 하지만 논술로 판단하기에 애매한 경우가 생긴다. 그래서 논술 전형에서도 객관적 지표를 활용한다. 이해를 돕기 위해 몇몇 대학들의 논술 전형 반영 비율을 간단하게 아래 표로 정리했다.

2017년 대입 논술 전형 반영 비율

대학교	반영 비율	수능 최저	한국사 최저
연세대	논술(70), 교과(20), 비교과(10)	인문/사회: 4개 등급 합 6 자연: 4개 등급 합 8 의/치의: 3개 영역 1등급 이상	3~4등급
한양대	논술(60), 학생부 종합(40)	없음	없음
한국외대	논술(70), 교과(30)	LT, LD학부: 3개 등급 합 4 전 모집단위: 2개 등급 합 4	4등급
단국대	논술(60), 교과(40)	없음	없음
서울여대	논술(70), 교과(30)	인문: 2개 등급 합 7이내 자연: 2개 등급 합 8이내	사탐 대체 가능

일반적으로 논술의 반영 비율이 60~70%인 것을 확인할 수 있다. 나머지 30~40%는 객관적 지표를 활용하는 것이다. 여기서 가장 주목해야 할 것이 수능 최저이다. 예컨대 한국외대에 지원한 수험생이 수능 3개 영역 등급 합이 5가 나왔다면 그 학생의 논술 답안지는 교수님

에게 검토 받을 기회조차 상실한다. 수능 최저를 충족시키지 못한다면 자동 탈락이기 때문이다. 따라서 본인의 수능 성적을 감안해서 지원 전략을 생각해야 한다.

물론 수능 최저가 없는 대학도 있다. 이럴 경우 자동 탈락은 피할 수 있다. 하지만 학생부가 들어가기 때문에 내신 성적이나 비교과의 경쟁력이 약한 경우 논술로 역전해야 한다. 즉, 글의 문장 구성력, 논리성, 일관성, 응집성, 설득력 등이 탁월해야 불리한 교과/비교과 영역을 보완할 수 있는 것이다.

이러한 사실에도 불구하고 수능, 내신 성적이 안 좋은 학생들이 수시 접수 기간이 다가오면 논술에 몰려드는 현상을 매년 확인할 수 있다. 논술 전형으로 선발하는 전국 31개 대학의 2017학년도 경쟁률은 약 40:1이다. 2017년 한양대 논술 전형 경쟁률은 71:1이었다. 수능 최저가 없으니 혹시나 하는 마음에 지원자들이 몰려든 것이다.

학생들이 논술에 대해서 또 오해하는 것은 논술이 자기 생각을 표현하는 글이라고 생각하는 것이다. 마치 프랑스의 바칼로레아처럼 '폭력은 어떤 상황에서도 정당화될 수 없는가?', '사랑이 의무일 수 있는가?', '예술 작품의 복제는 그 작품에 해를 끼치는 일인가?' 등과 같은 질문에 대한 답을 쓸 것으로 생각하는 것이다. 하지만 우리의 논술 시험은 프랑스의 바칼로레아와는 전혀 다르다.

2016학년도 건국대학교 인문사회계열 논술고사 기출 문제

문제 1: [가]에서 말하는 '열림'과 '닫힘'의 관점에서 [다]의 세 도표를 비교 분석하시오. (401~600자) [40점]

문제 2: [가]와 [나]의 논지를 연계하여 [라]에 나타난 문제 상황을 분석하고 그에 대한 '적정한' 해결 방안을 제시하시오. (801~1000자) [60점]

간단하게 문제만 보더라도 매우 다른 성격의 글이라는 것을 파악할 수 있다. 프랑스의 바칼로레아는 정답이 없다. 철저하게 개인의 생각과 이를 설득력 있게 뒷받침할 수 있는 근거를 적으면 된다.

반면에 우리의 논술은 정답이 있다. 위에서 1번 문제는 주어진 제시문을 '비교'하고 '분석'하는 것이다. 그러니 제시문을 읽고 이해하지 못하면 올바른 글을 쓸 수 없다. 상황을 비교·분석하는 1번을 제대로 못 쓰면 이에 대한 해결 방안을 제시하는 2번도 당연히 제대로 쓸 수 없다. 그래서 채점관들은 1번 문제만 읽고 탈락자와 2번 문제를 읽어야 할 시험지로 분류한다. 심지어 제시문을 읽고 한 단락으로 요약·정리하는 문제를 출제하는 대학교도 있다. 즉, 우리나라 논술 시험은 간단히 수능/내신의 주관식 형태라고 이해하면 된다. 이는 수리 논술도 마찬가지다. 수리 논술은 수학 문제를 주관식으로 푼다고 생각하면 된다.

이 모든 것을 종합해보면, 논술 전형에서 경쟁력을 가지는 지원자가 누구인지 확인할 수 있다. 첫째, 수능 최저를 충족시킬 수 있는 경우. 둘째, 교과/비교과 관리를 꾸준히 해온 경우. 셋째, 지문을 이해하고 글을 쓸 수 있는 능력이 어느 정도 있는 경우. 이러한 요구 조건이 충족되지 않고 논술 전형으로 지원한다면 40:1의 경쟁률에서 39명 중의 한 명이 될 확률이 높아진다.

실기 위주

실기(특기자) 영역은 외국어, 예체능, 기술 등 다양한 전형으로 선발한다. 전형 방법은 일반적으로 서류와 면접(실기)으로 나뉘어 있다. 하지만 구체적인 방법은 대학마다 상이하다. 예컨대 2017년 어학 특기자 전형에서 연세대학교 불어불문학과는 특기자로 4명을 선발한다. 면접은 심층면접과 일반면접으로 나누어 진행하며, 심층면접은 한국어로 대학 수학에 필요한 인문·사회학적인 심층사고능력을 평가하고, 일반면접은 영어로 의사소통능력 및 자기주도 활동역량 등을 평가한다.

2017년 용인대 스포츠레저학과는 체육특기자로 13명을 선발한다. 전형 방법을 살펴보면 학생부 40%와 실기 60%로 실기가 큰 비중을 차지하는 것을 알 수 있다. 특히 면접과 실기는 특성상 평가에 주관적인 요소를 배제할 수 없다. 따라서 특기자 전형의 경우 평범한 학생이 적당히 노력해서는 좋은 결과를 기대하기 어렵다. 어쩔 수 없이 해당 분야의 소질이 있는 학생들만의 리그가 되어버리는 경향이 있다. 더욱이 입학 과정의 비리가 존재한다는 소문이 무성하다. 이러한 논란이 끊이질 않자 대학마다 면접/실기를 블라인드 테스트로 하거나 서류에서 이름을 삭제하고 학생부의 반영 비율을 높이는 등 평가에 객관성을 강화하기 위해 노력 중이다.

2015년 문·이과 통합형 교육 과정

2009년 개정 교육 과정은 자주인·창의인·문화인·세계인을 추구하는 것이었다. 그리고 6년 만에 2015년 개정 교육 과정이 발표되었다. 따라서 아무리 빨라도 다음 개정 교육 과정은 2020년이 넘어서 발표될 것이다. 즉, 지금의 초·중·고 학생들은 학교에서 그리고 대입에서 2015년 개정 교육 과정의 영향을 직접적으로 받을 것이다. 과연 2015년 개정 교육 과정은 어떠한 부분이 달라졌을까?

OECD는 21세기 사회에서 개인의 성공적 삶과 사회 발전에 요구되는 핵심 역량을 규명하기 위한 프로젝트를 12개 나라에서 1997-2003년 동안 추진했다. 일명 '데세코(DeSeCo)프로젝트'다. 즉, 인간의 어떤 능력을 배양시켜야 미래 사회에 필요한 인재가 되는지 알아보는 것이었다. 연구 결과는 다음 3가지 영역의 9개 역량이 미래 사회의 필요한 것으로 나타났다.

데세코(Definition and Selection of key Competencies) 프로젝트

도구를 상호적으로 사용하기	언어, 상징, 문자를 상호적으로 사용하는 능력
	지식과 정보를 상호적으로 사용하는 능력
	기술을 상호적으로 사용하는 능력
이질적 집단에서의 교류 능력	타인과 관계를 원만히 맺을 수 있는 능력
	협력하여 일할 수 있는 능력
	갈등을 관리하고 해결할 수 있는 능력
자율적인 행동력	보다 큰 맥락에서 행동할 수 있는 능력
	생애 계획을 수립하고 실행에 옮길 수 있는 능력
	권리와 이익의 한계를 알고 요구할 수 있는 능력

    이 보고서가 발표되고 세계 각국은 나름의 교육적 환경에서 이를 실현하려고 노력하고 있다. 예컨대 일본은 2013년에 인간관계 형성 능력, 사회 참가 능력, 논리적·비판적 사고력 등 10개의 세부 항목을 제시했다. 우리나라는 2014년 9월 24일 교육부에서 2015년 개정 교육 과정의 주요 사항을 발표하였다. 중복되는 부분을 정리하고 우리나라의 환경에 맞게 자기관리 역량, 지식정보처리 역량, 창의적 사고 역량, 심미적 감성 역량, 의사소통 역량, 공동체 역량, 총 6개 항목을 제시했다.

    다가오는 미래 사회에서 필요한 이러한 역량들을 학교 교육을 통해 실현시키자는 것이 2015년 개정 교육 과정의 목표라고 볼 수 있다.

2015년 개정 교육 과정은 2017년부터 교육 현장에 순차적으로 적용된다. 구체적으로 인문학적 상상력과 과학 기술의 창조력을 갖춘 창의 융합형 인재로 성장할 수 있도록 교육을 근본적으로 개혁하는 것이다. 앞으로는 인문학적 소양과 과학 기술의 능력이 둘 다 필요하다는 뜻이다. 이러한 상황에서 문과 이과를 구분해서 가르칠 수가 없기에 문·이과 통합 교육을 시행하게 된 것이다. 문·이과 통합 교육은 2017년 기준으로 중3 학생들부터 적용된다.

갑자기 문과 이과를 통합해서 운영한다고 발표하니 많은 사람들이 혼란스러워하는 듯하다. 그러나 불안하다고 해서 검증되지 않은 정보를 듣고 여기저기 휩쓸리기보다는 정확한 정보를 바탕으로 차분히 준비해나가는 지혜가 필요하다. 문·이과 통합형 교육 과정의 기본 방향은 많이 가르치는 교육에서 배움을 즐기는 행복한 교육으로의 전환이다. 구체적으로 암기식 수업에서 벗어나 토의, 토론, 실험, 실습 등을 통해 학생이 직접 참여하는 수업을 지향하는 것이다.

들어보면 알겠지만 뭔가 엄청나게 새로운 것을 시도하는 것이 아니다. 획일적인 주입식 교육을 개선해야 한다는 소리는 지금의 부모님이 학창 시절에도 있었던 말이다. 그러니 2015년 개정 교육 과정은 무언가를 바꾸는 것이 아니라 교육의 본질에 다가가려는 노력인 셈이다. 이를 실현하기 위해 교육 현장에서는 강의식 수업보다 조별 모임, 토론, 발표, 보고서 등 아이들이 직접 참여하는 방식의 활동을 시도하고 있다. 그리고 아이들의 토론, 발표, 보고서 등을 통해서 평가하는 것이 '수행평가'인 것이다. 이를 통해 아이들의 창의력·문제 해결력 등의 역량을 기른다는 것이다.

물론 수업을 듣고 시험에 익숙한 아이들을 하루아침에 토론하고 발표하는 아이들로 바꿀 수는 없다. 그래도 이렇게 하면 적어도 수업 시간에 엎드려 자는 아이들은 많이 줄어들 것이다. 그리고 토론, 발표, 보고서 작성도 많이 해봐야 는다. 처음에는 어설프고 부족한 점이 있겠지만 많은 기회를 가지다 보면 분명히 발전하는 부분이 있을 것이다.

그러나 필연적으로 어느 정도의 시행착오가 불가피하며 지금 우리 아이들이 그 과도기를 겪는 셈이다. 아이들이 과학 조모임이 있다거나 사회 보고서를 써야 한다고 모여서 뭔가 하느라 분주한 모습 이면에는 이러한 교육 현장의 변화가 있었다.

그런데 문제는 수행평가만 열심히 해서 과연 대학에 진학할 수 있느냐 하는 것이다. 수능도 공부해야 하고 시험 기간에는 내신도 공부해야 하는데, 수행평가 한다며 공부를 소홀히 하는 건 아닌지 걱정이 된다. 물론 그런 부분도 어느 정도 있을 것이다.

하지만 아이들이 모여서 수행평가를 하고 동아리 조모임을 가지고 보고서를 쓰는 것이 바로 비교과 활동이다. 이러한 활동 내용이 학생부에 기록된다. 그리고 이 학생부로 대학에 진학하는 것이 바로 학생부 종합 전형이다. 그러니 정부에서는 학생부 종합 전형으로 학생들을 선발하라고 대학에 요구하는 것이다. 교육 현장에서는 강의식 수업과 시험을 탈피해서 토론·발표 수업을 하고 보고서로 수행평가를 하는데 대학교는 시험을 봐서 들어간다면 학생, 학부모, 교사 모두 혼란에 빠지기 때문이다.

그런데 대학 입장에서는 과연 비교과 활동을 열심히 한 학생이 대학에 와서 수업은 따라갈 수 있을지, 전공 공부는 얼마나 열심히 할지 확신하기 어렵다. 그래서 대학마다 학생부 종합 전형으로 들어온 아이들과 수능으로 들어온 아이들에 관한 데이터를 비교·분석하고 있었다. 그리고 2017년에 치러지는 2018년 입시부터 대학들이 학생부 종합으로 선발한 지원자들이 수업을 듣고 전공을 공부하는 데 무리가 없다고 최종 판단한 것이다. 서강대학교 입학 관계자의 말을 직접 들어보자.

"그동안 종단 연구의 툴을 탄탄히 갖춰 분석을 제대로 해왔다. 학업 능력은 수능과 학생부 성적 모두 1등급과 2등급 사이의 차이가 없다고 본다. 대학에 들어와서 따라올 정도의 탄탄한 학습 능력을 갖춘 학생들을 학생부 종합 전형으로 충분히 선발할 수 있다고 자신한다."

수능이나 내신이나 2.1등급 학생과 1.7등급 학생의 학업 능력의 차이는 거의 없다는 말이다. 더 정확히 말하면 2.1등급과 1.7등급의 차이는 지식의 격차가 아니라 지식을 시험에서 풀어내는 '기술'의 차이라는 것이다. 이 시험 문제를 푸는 기술을 갈고닦기 위해서 아이들을 끝없는 경쟁으로 몰아넣는 것을 이제는 그만할 때가 되었다. 특히 시험은 공정하고 객관적이라는 우리의 생각도 수정할 필요가 있다. 우리나라의 수학능력시험을 창시한 교육과정평가원장의 말을 들어보자.

"엄격하게 말하면 인간의 정신적인 능력을 비슷하게나마 측정하는 것도 어렵다. 오차를 줄여야 원래 측정하고자 하는 것에 가까워지는데, 이게 힘들다. 그래서 시험 점수에서 어느 정도 측정 오차는 불가피한데 이 오차에 대한 인식이 부족한 것이 문제다. 예컨대 80점 받은 학생과 90점 받은 학생의 능력은 실제로 차이가 난다고 볼 수 없다."

수능을 만든 사람도 수능 점수가 그 사람의 실력을 정확하게 측정할 수 없다고 인정한 셈이다. 10점 정도는 오차 범위라는 것이다. 그런데 우리는 1점도 가르지 않은가. 88점은 2등급, 87점은 3등급. 87점으로 3등급을 받아 원하는 대학에 아쉽게 떨어진 학생은 재수를 선택할 수밖에 없다. 이러니 대한민국에서 사교육이 없어질 수가 없다. 어떻게든 1점이라도 더 받으려고 안간힘을 쓴다. 그래야 들어가는 대학의 위상이 조금이라도 달라지니까 말이다. 이제 이러한 소모적인 경쟁을 끝낼 때가 되었다.

2014년에 나온 논문 〈역량기반 교육과정의 국내 사례 분석〉을 보면 교사들은 수업 방법과 평가 방법을 바꾸기 위해서 노력하고 있었다. 저자는 향후 역량기반 교육과정이 교사들의 전문성과 자율성을 존중하는 방향으로 진행되어야 하며, 이들의 수업 개선 노력을 지원하는 행정적·환경적 요소들이 연계될 필요가 있다는 점을 제시하고 있다. 이와 더불어 아직은 개정 교육 과정이 교육 현장에 정착하는 초기 단계이니 학생, 학부모, 시민들의 지지와 격려가 필요하다.

2018년 대입 변화

2018년 수시 모집 인원은 25만 9673명으로 전체 선발 정원의 73.7%를 모집한다. 이 중에서 학생부 교과 전형으로 14만 1292명을, 학생부 종합 전형은 8만 3231명을 모집한다. 수도권 대학들은 주로 학생부 종합 전형으로 많은 인원을 선발하고, 지방 대학들은 대부분 학생부 교과 전형 위주로 선발한다. 따라서 목표로 하는 대학의 전형을 잘 살펴봐야 한다. 만약 수도권 내의 대학을 희망할 경우 학생부 교과 관리뿐만 아니라 비교과 관리도 잘해야 경쟁력을 가질 수 있다.

요즘 대입의 가장 큰 변화는 수능에서 내신으로 중심축이 이동한 것이다. 내신 시험의 비중을 늘림으로써 학생의 수업 참여를 향상시키겠다는 것이다. 하지만 내신은 상대평가이므로 옆 친구와 피 말리는 경쟁을 해야 하는 부작용이 생긴다. 더군다나 학생부 교과는 고1부터 성적이 축적되기 때문에 뒤늦게 마음을 잡고 공부하는 학생에게는 기회가 없다는 비판을 받고 있다.

이를 통해 유추할 수 있는 변화는 두 가지이다. 첫째, 내신 시험을 대입에 적극 반영하기 위해서는 내신 시험이 절대평가로 전환되어야 한다. 둘째, 뒤늦게 정신을 차리고 공부를 시작하는 학생을 위해서 수능을 패자부활전의 성격으로 남겨두어야 한다. 그러므로 수능이나 수시 전형이 사라진다는 우려는 기우에 불과하다. 결국 비율의 문제이며, 전문가들의 의견을 종합해보면 수능으로 선발하는 정시의 비율이 약 20% 전후로 남아 있을 것으로 예측된다.

2018년 입시에서 지원자들이 몰리는 서울 소재 대학들은 학생부 종합 전형으로 많은 인원을 선발할 예정이다. 이러한 대학들은 논술 전형과 실기 중심의 특기자 전형을 점진적으로 축소하고 폐지하는 추세다. 논술과 실기는 사교육을 유발하고 평가의 객관성을 담보하기 어렵기 때문이다. 그리고 주입식 교육을 통해 평가하는 수능도 변별을 위해 최소한으로 줄이고 있는 실정이다. 이렇게 수능, 논술, 특기자의 선발 인원이 축소되는 만큼 학생부 종합으로 선발하는 인원이 늘어나고 있다. 만약 서울·수도권 대학을 희망한다면 우리 아이가 학생부 종합 전형으로 대학을 진학할 확률이 높다는 것이다. 본격적인 학생부 종합 전형 시대가 개막된 것이다. 아래 서울·수도권 몇몇 대학들의 학생부 종합 선발 비율을 살펴보자.

전체 입학 정원 대비 학생부 종합 전형 선발 비율

대학교	2017년 입시	2018년 입시	대학교	2017년 입시	2018년 입시
서울대	76.8%	78.5%	인하대	30.7%	46.4%
경인교대	56.9%	70.1%	이화여대	37%	45%
고려대	13.32%	61.5%	건국대	39.6%	44.4%
서강대	37.4%	51.3%	경희대	40.1%	43.3%
성균관대	36.6%	49.4%	한양대	37.6%	38.9%
동국대	21.19%	47.24%	중앙대	31.1%	31.2%

학생부 종합 전형 준비 전략

그러면 학생부 종합 전형을 어떻게 준비해야 하는지 궁금증이 생긴다. 학생부 종합 전형이 증가하고 있지만 이에 대한 학생과 학부모의 정확한 이해가 부족한 것이 사실이다. 학생부 종합 전형을 잘 준비하기 위해서는 평가 방식부터 살펴볼 필요가 있다.

학생부 종합은 학업 능력, 성장 잠재력, 전공 적합성, 리더십, 봉사정신 등을 종합적으로 평가한다. 하지만 각 대학의 학과마다 나름의 기준으로 가중치를 다르게 두기 때문에 어떤 요소가 더 중요한지 일률적으로 말하기는 어렵다.

분명한 것은 정량적 평가가 아니라 정성적 평가로 이루어진다는 사실이다. 예컨대 독서 20권을 한 학생이 독서 10권을 한 학생보다 점수를 2배 더 많이 받는 게 아니라는 것이다. 봉사활동도 마찬가지로 봉사활동의 총 시간보다 봉사활동을 하게 된 계기, 과정에서 느낀 의미, 이후 삶에서 달라진 가치 등을 평가하는 것이다. 그렇게 지원자의 과거와 현재를 통해 미래의 발전 가능성을 추측해보고 기회를 주는 것이 학생부 종합 전형의 평가 방법이다.

물론 비슷한 두 학생부를 보고 한 명을 선발하는 과정은 주관적인 요소가 개입될 여지가 있다. 그래서 내신 성적이나 수능 점수처럼 객관적 지표를 활용하는 대학들도 있다. 다만 이러한 객관적 지표를 이전처럼 95점 합격, 94점 불합격으로 보는 것이 아니다. 예컨대 지원 분야와 더 관련이 있는 과목을 중심으로 판단하는 것이다.

동아리 활동이나 수상 실적도 반드시 지원하는 학과나 장래 희망과 직접적으로 관련되어야 하는 것은 아니다. 아이들의 꿈은 천차만별인데 사실 학교의 동아리는 제한적이기 때문이다. 특히 고등학교마다 이러한 환경의 편차가 존재한다는 사실을 학생부 종합 사정관들도 잘 알고 있다.

예컨대 컴퓨터 관련 학과에 지원하고자 하는 학생이 독서 토론 동아리 활동을 하면 의미가 없는 것일까? 그렇지 않다. 독서 토론 동아리를 통해서 타인의 의견이 나의 의견과 다를 수 있음을 깨닫고 이를 조율하는 경험을 할 수 있다. 그리고 이는 컴퓨터 관련 학과에서 공부할 때뿐만 아니라 사회에 나가서 일을 할 때도 정말 큰 도움이 될 것이다. 따라서 이를 학생부에 기술하면 된다. 요컨대 학생부 종합 전형은 학교생활을 충실하게 한 학생을 선발하고자 하는 것이다.

독서

많이 받는 질문 중의 하나가 아이들이 읽을 만한 도서를 추천해달라는 것이다. 그러나 아이들마다 관심 분야가 다르기 때문에 어떤 책이 좋다고 쉽게 추천하기 어렵다. 그럼에도 불구하고 독서에 입문하는 경우 어떤 책을 읽어야 입시에 도움이 될지 큰 범위에서 표본이 필요할 수도 있다.

아래 도서는 2017년 수시 모집 시 서울대학교에 지원한 1만 8950명을 분석한 결과 가장 많이 읽은 책 20권을 정리한 것이다. 서울대에 지원한 경우 어느 정도의 독서량은 기본적으로 담보되었을 것이다. 그중에서 학생부에 기록한 것은 본인의 인생과 입시에 도움이 된 것을 숙고해서 선별했을 것이다. 따라서 학생부 종합 전형을 준비하는 지원자가 이 도서들을 효과적으로 벤치마킹할 가치가 있다고 본다.

그러나 노파심에서 하는 말인데, 이 책 20권을 사서 아이의 눈앞에 두고 읽으라고 강요하는 부모님은 없길 바란다. 이 목록은 책을 처음 읽는 시작점 정도로 활용하면 좋을 것 같다. 예컨대 『왜 세계의 절반은 굶주리는가』라는 책을 읽다가 그 책에서 언급된 다른 책이나 본인이 떠오른 궁금증과 관련된 책으로 넘어가는 것처럼 말이다. 더 좋은 방법은 부모님도 자녀와 같은 책을 읽고 서로의 느낀 점과 의견에 대해서 얘기를 나눠 보는 시간을 가지는 것이다.

서울대학교 수시 지원자들이 가장 많이 읽은 책 20

왜 세계의 절반은 굶주리는가(장 지글러)	죽은 시인의 사회(N. H. 클라인바움)
이기적 유전자(리처드 도킨스)	이중나선(제임스 왓슨)
정의란 무엇인가(마이클 샌델)	변신(프란츠 카프카)
데미안(헤르만 헤세)	침묵의 봄(레이첼 카슨)
엔트로피(제레미 리프킨)	돈으로 살 수 없는 것들(마이클 샌델)
멋진 신세계(올더스 헉슬리)	오래된 미래(헬레나 노르베리 호지)
미움 받을 용기(기시미 이치로)	총, 균, 쇠(제레드 다이아몬드)
연금술사(파울로 코엘료)	학문의 즐거움(히로나카 헤이스케)

페르마의 마지막 정리(사이먼 싱)	수레바퀴 아래서(헤르만 헤세)
1984(조지 오웰)	멈추면 비로소 보이는 것들(혜민)

개인적으로 2016년에 『사피엔스(유발 하라리)』를 가장 감명 깊게 읽었는데 이는 순위에 없다. 역시 아이들과 관심 분야에서 차이가 있나 보다. 다시 한 번 누군가가 재미있게 읽은 책이 다른 사람에게는 지루한 책일 수도 있다는 사실을 깨닫는다.

수상 실적

그렇다면 수상 실적은 어떨까? 물론 없는 것보다 있는 게 좋을 것이라고 생각할 수 있다. 하지만 수상 실적이 많으면 합격이고 적으면 불합격이라는 이분법적인 사고는 지양해야 한다. 입학사정관들은 교내에서 수상한 상은 그저 참고만 할 뿐 개수에 따른 가산점이 없고 합격에 큰 영향을 미치지 않는다고 일관되게 말하고 있다. 학교마다 상의 개수와 종류가 다르기에 정량 평가는 불가능하기 때문이다. 이와 관련된 연구에서도 수상 실적과 학생부 종합 평가는 큰 상관관계가 없는 것으로 나타났다.

예컨대 서울대 수시에서 가장 많은 합격자를 배출한 하나고는 1인당 교내 대회 개최 수가 0.04회로 서울대 수시 합격자 상위 100개 학교 중 33위를 기록했다. 하나고는 학생 1인당 경시대회 입상 수도 0.3개로 서울대 수시 합격자 배출 고교 중 72번째에 불과했다. 그러므로 수상 실적은 심사에서 학생의 관심 분야나 학업 능력을 참고하는 정도로 평가되는 것이지 당락에 영향을 미치지 않는다.

소논문

소논문에 대해서 학생부의 필수 스펙으로 생각하는 경우도 있다. 특히 어떤 학생이 소논문을 써서 어떤 대학에 합격했더라는 소문이 들리면 불안과 혼란은 더욱 가중된다. 주변에서 다 쓰고 있는데 나만 안 쓰고 있다는 생각이 들면 공포심까지 생긴다. 하지만 현실적으로 혼자서 소논문을 쓸 수 있는 학생이 얼마나 될까?

한 입학사정관은 "소논문을 썼는지 안 썼는지는 평가 과정에서 고려 대상조차 아니다. 소논문 관련 이상적인 사례인 과학 과목의 성적이 우수하고 관련 활동도 많은 학생이 자연스럽게 소논문 작성까지 한 경우 학업 역량을 쌓기 위한 노력의 일환으로 인정하는 정도지, 소논문을 썼으니 뛰어난 인재라거나 하는 식으로 평가하진 않는다. 고교 수준으로 보기 의심스러운 소논문의 경우 면접에서 철저히 파고들어 진위 여부도 따진다"고 말했다.

그러니 소논문이 양날의 칼이 될 수 있는 것이다. 따라서 고액을 들여가며 소논문 대필에 매달릴 필요가 없다. 교육부는 2018년 입시에서 학생이 주도적으로 수행한 소논문만이 간략하게 학생부에 기재될 수 있다고 발표했다.

적성고사

2018년에 적성고사로 선발하는 인원은 12개 대학에서 4885명이다. 이 적성고사는 대학마다 문제 유형이 다르지만 난이도는 수능보다 조금 쉬운 수준으로 이해하면 된다. 뒤늦게 공부를 시작해서 기초학력은 부족하지만 재수는 생각하고 있지 않은 수험생들의 현실적인 타협점이 될 수 있다. 적성고사의 경우 대부분 학생부 60%, 적성고사 40%를 반영하고 수능 최저 학력 기준이 없다. 하지만 학생부 실질 반영 비율이 낮아서 적성고사가 당락을 결정한다고 보면 된다. 아래 분석한 대학교 외에도 평택대, 한성대, 홍익대(세종)는 적성고사 전형을 실시하지만 아직 세부 내용은 발표하지 않은 상태다.

2018년 적성고사 선발 대학

대학교	반영 비율		수능최저	출제 영역			시험 시간
	학생부	적성		국어	수학	영어	
가천대	60%	40%	X	20문항	20문항	10문항	60분
삼육대	60%	40%	X	30문항	30문항	X	60분
서경대	60%	40%	X	30문항	30문항	X	60분
성결대	60%	40%	X	25문항	25문항	X	60분
수원대	60%	40%	X	30문항	30문항	X	60분
을지대(성남)	60%	40%	X	20문항	20문항	20문항	60분
한국산업기술대	60%	40%	X	30문항	30문항	X	70분

한신대	60%	40%	X	30문항	30문항		X	60분
고려대(세종)	60%	40%	1개 3등급 or 영어 2등급	20문항	X(인문)	20문항	80분
				X(자연)	20문항	20문항	

적성고사에서 당락을 결정하는 과목은 무엇일까? 수학이다. 물론 국어와 영어도 중요하지만 지원자의 점수 차가 가장 크게 벌어지는 과목은 수학이다. 주변의 입시 결과를 종합해보면 수능 문과 수학 기준으로 3~4등급 정도 나오는 학생들이 적성고사로 가천대, 서경대, 한성대 등에 합격하는 경우가 많았다. 적성을 준비하는 학생이 참고하면 좋겠다.

논술 전형

2017년 입시에서 28개 대학이 1만 4861명을 논술 전형으로 선발했다. 2018년에는 1741명이 줄어든 1만 3120명을 논술 전형으로 선발한다. 특히 고려대가 논술 전형을 폐지하고 학생부 종합 전형의 선발 인원을 대폭 확대했다. 전반적으로 논술로 선발하는 인원은 감소하는 추세다. 하지만 서울 소재 대학들은 성균관대 957명, 중앙대 916명, 경희대 820명, 연세대 683명, 이화여대 545명 등 상당수를 논술로 선발한다. 따라서 2018년 입시까지는 수도권 4년제 대학을 희망한다면 논술 전형도 고려해봐야 한다. 2019-2020년 입시까지는 논술 전형의 선발 인원이 소폭 하락하는 흐름이 이어질 전망이다.

2018년 수능 영어 절대평가 전환

2017년 11월 16일에 실시되는 2018년 수능부터 영어가 절대평가로 바뀐다. 아마 학원에서 일하고 있는 전국의 영어 강사 중에서 유일하게 슬퍼하지 않았던 사람이 나였을 것이다. 수능 영어가 절대평가로 바뀌면 영어 강사의 역할이 축소될 것이 자명하기 때문이다. 자기의 이해관계가 얽힌 일에 대해서 침묵하는 사람들에게 지금껏 우리는 얼마나 많이 실망을 해왔던가. 개인적인 손해가 있더라도 그게 올바른 방향이라면 그 길로 가야 한다고 믿는다.

수능 영어가 절대평가로 전환되고 올해 첫 시험이 치러질 것이다. 절대평가란 제도가 시험대에 오르는 것이다. 교육부에서는 장기적으로 수학도 절대평가로 전환하는 것을 검토 중이라고 한다. 다만 수학 절대평가는 대입 제도 3년 예고제로 어느 정도 시간이 걸릴 것이다. 그러나 이마저도 아직 확정된 것은 없다. 영어와 수학 둘 다 사교육 부담 완화라는 대의명분이 있지만, 수학은 세계 선도 분야인 IT, 이공계열, 상경계열 등의 근간이기 때문이다. 수학 사교육의 완화도 필요하다는 여론이 있지만 수학의 학력 저하가 예상된다면 절대평가 도입이 쉽지는 않을 것이다. 가계 사교육비 부담이 큰 것은 사실이지만 그렇다고 국가 경쟁력을 떨어뜨릴 수는 없기 때문이다.

하지만 다르게 생각해보면 많은 기술 강국들이 상대평가 제도를 시행하는 것은 아니다. 적정 수준의 난이도 조절이 가능하다면 절대평가로도 IT, 이공계열 등의 분양에서 더 경쟁력을 가질 수 있을 것이다. 단, 우리나라 교육을 이끄는 리더가 교육적 이해가 있다는 전제가 필요하다. 결국 정치로 수렴한다. 교육은 생각보다 정치와 깊은 관련이 있다. 교육적 이해가 부족한 사람을 지도자로 뽑으면 우리는 제대로 된 교육을 하기까지 또다시 몇 년을 기다려야 한다.

한국교육과정평가원은 2016년 10월에 영어 절대평가 시험의 출제 방향, 문항 유형, 예시 문항 등을 담은 학습 안내 자료를 발표했다. 자료를 분석한 결과 출제 방향, 문항 유형 등에서 크게 달라지는 점을 발견할 수 없었다. EBS도 이전과 마찬가지로 70% 연계를 유지하고 있다. 수능 영어가 절대평가로 전환된다고 해도 이전과 내용과 형식 면에서 달라지는 게 없으므로 학습 방법의 변화가 필요해 보이지 않는다. 그러므로 영어 절대평가 대비 학습법을 찾아다니느라 시간을 허비할 필요가 없다. 주목할 것은 평가 방식이다. 수능 영어 절대평가는 기존 상대평가 방식과는 다르게 원점수나 표준점수 등의 점수 정보를 제공하지 않고 원점수에 따른 등급만 제공한다.

2018학년도 수능 영어 절대평가의 성취 등급과 원점수

성취 등급	1	2	3	4	5	6	7	8	9
원점수	100~90	89~80	79~70	69~60	59~50	49~40	39~30	29~20	19~0

예컨대 90점이나 100점이나 성적표에 1등급만 표기된다는 것이다. 하지만 6월·9월 모의고사에서 91점을 받았다고 안심하면 안 된다. 수능에서는 학생들이 긴장을 해서 본인의 실력을 100% 발휘하기 어렵기 때문이다. 따라서 수능 1등급이 목표라면 6월·9월 모의평가에서 90점대 후반을 받아야 수능에서 평소보다 2~3개 더 틀려도 1등급이 나올 수 있다. 마찬가지로 2등급이 목표라면 모의평가에서 80점대 후반을 받아야 안심할 수 있다. 더욱이 이 점수도 찍은 것이 잘 맞아서 나온 점수라면 더욱 위험하다. 스스로에 대한 냉철하고도 객관적인 분석이 필요하다.

문제는 난이도 조절이다. 이전까지는 변별력을 위한 고난도 문제들이 학생들을 괴롭혔다. 수능 영어 강사가 풀어도 '이건 정말 너무한다'는 생각이 드는 문제가 더러 있었다. 절대평가에서는 이러한 변별력을 위한 문제들을 배제시킬 것으로 예상된다. 그렇다고 교육부에서 발표한 대로 지금의 3등급(23%)까지 1등급을 주겠다는 식의 난이도로 출제하기에는 어려워 보인다. 많은 전문가들이 지금의 2등급 커트라인인 11% 안쪽으로 1등급 비율이 정해질 것으로 예상하고 있다.

하지만 최근 수능 등급 컷을 보면 모의평가보다 수능의 등급 컷이 떨어진다는 사실을 확인할 수 있다. 왜 이런 현상이 발생할까? 위에서 말한 것처럼 학생들이 긴장해서 본 실력을 발휘하지 못했을 수도 있다. 또 모의고사보다 수능이 더 어렵게 출제되는 것으로 생각해볼 수 있다. 직접 문제를 풀어보니 후자가 더 설득력이 있다. 최근에 기출문제를 보더라도 모의고사보다 수능이 더 어렵게 출제되었다는 사실을 부인하기 어렵다. EBS연계도 6월·9월 모의평가는 연계를 체감할 수 있지만 실제 수능에서는 체감할 수 없는 형태로 EBS연계가 이루어지고 있다.

2016·2017년 영어 모의고사 및 수능 등급 컷

	2016년 입시			2017년 입시		
	2015년 6월 모평	2015년 9월 모평	2015년 11월 수능	2016년 6월 모평	2016년 9월 모평	2016년 11월 수능
1등급	100	100	94	93	97	94
2등급	95	95	88	87	93	87
3등급	88	90	81	78	85	78
4등급	77	79	71	68	75	69
5등급	63	64	59	56	61	61
6등급	46	45	46	40	43	51
7등급	30	27	35	26	25	39
8등급	21	18	25	20	16	27

영어 공부에 엄청난 시간을 투자하는 1~3등급 학생들이 6월·9월에 비해 수능에서 일률적으로 성적이 떨어진다는 얘기는 수능 문제가 어렵다는 것으로밖에 설명이 불가능하다. 위의 표를 보더라도 2016년 수능 모의고사에서 100점을 맞은 학생이 수능에서 94점을 받았다

는 얘기는 2~3문제를 못 풀었다는 것이다. 2등급은 95점에서 88점으로 7점이 떨어졌고, 3등급은 90점에서 81점으로 무려 9점이 떨어졌다. 모든 아이들이 갑자기 두 달 만에 영어 실력이 떨어지지는 않았을 것이니 시험 문제가 어렵다는 결론에 이르게 된다.

평가원에서는 모의고사와 같은 난이도로 출제했다고 발표했지만 아이들이 느끼는 체감 난이도는 다르다는 것이 맹점이다. 이렇게 모의고사보다 실제 수능이 어렵게 출제되는 기조가 2017년도 수능에서도 이어졌다. 그러므로 절대평가로 전환되었다 하더라도 6월·9월 모의고사보다 더 어려운 문제를 많이 풀어볼 것을 권장한다. 그래야 수능에서 어려운 문제가 나와도 당황하지 않고 실력 발휘를 할 수 있다.

마지막으로 한마디 덧붙이면, 영어가 절대평가로 전환되고 교육 현장의 분위기가 달라지고 있다. 상대평가에서는 남을 이기기 위한 공부를 했다면 절대평가에서는 본인의 부족한 점을 채우기 위한 공부를 하는 것이다. 같은 공부지만 목표와 동기가 다르다. 학생들을 가르치고 있는 입장에서 드는 느낌은 좀 더 교육 본연의 취지에 다가가는 듯하다. 영어 절대평가가 제대로 정착되고 다른 과목도 절대평가로 전환되길 바란다. 그러면 우리 아이들도 더 이상 친구와 비교하는 공부가 아닌 본인의 실력을 향상시키는 공부를 하게 될 것이다.

2019-2020년 대입 전망

한국대학교육협의회는 2019년 대입 기본 사항을 발표했다. 대학입학전형의 원칙을 살펴보면 첫째, 학교 교육의 정상화와 사교육비 절감을 추진한다고 되어 있다. 구체적으로 학생부 전형은 교과 성적, 비교과 활동, 자기소개서, 추천서 등을 반영하되 각종 인증 시험 점수, 경시대회 등 교외 수상 실적은 평가 요소에 반영하지 않도록 하는 것이다. 따라서 이 가이드라인을 따르지 않는다면 불이익을 받을 수도 있다. 그리고 교육의 정상화 및 공정하고 합리적인 학생 선발을 위해 기여 입학제, 고교 등급제, 본고사는 실시하지 않는다. 흔히 3불 정책이라고 하는데, 많은 루머들이 있지만 원칙은 불가하다는 입장을 다시 한 번 고수하고 있다.

둘째, 대학입학전형의 간소화 추진이다. 여전히 수시(학생부 교과, 학생부 종합, 논술, 실기), 정시(수능, 실기)로 운영한다. 다만 눈여겨볼 것이 수시 모집에서 과도하게 설정된 수능최저학력기준은 완화할 것을 권고하였다. 앞으로도 수능에서 학생부로 대입의 무게 중심이 이동하는 것을 확인할 수 있다. 이러한 흐름에 대한 한양대 입학사정관의 말을 직접 들어보자.

"대학은 시험 성적이 우수한 학생을 선발하는 곳이 아니다. 다양한 학생들에게 기회를 주고 이들의 능력을 발전시켜 인재로 성장하도록 도와주는 곳이다."

한양대는 2015년부터 모든 수시 모집 전형에서 수능최저학력기준과 우선 선발을 폐지했다. 이를 통해 학교생활은 충실하게 했지만 수능 유형에 맞지 않아서 수능 성적이 다소 낮았던 학생들에게도 기회의 문이 열렸다. 한양대학교의 입시 방법은 여전히 보완해야 할 점이 있다. 하지만 교육에 대한 그들의 철학은 옳다.

셋째, 입시의 공정성 확보다. 대학은 입학 관련 업무에 참여하는 자의 친인척이 해당 입학 전형에 지원한 경우 이를 회피 또는 제척 제도를 운영해야 하는 것이다. 그리고 대학 입학 전형 관리의 공정성이 검증될 수 있도록 전형 관계 서류는 최소 4년 동안 보관해야 한다. 이는 지금도 실시하고 있으나 학칙으로 확실하게 정해서 체계적으로 재검증 시스템을 갖추겠다는 의지가 엿보인다. 예체능 실기고사와 관련해서는 몇 개 대학이 연합하여 운영하거나 외부 평가위원의 비율을 3분의 1 이상 구성할 것을 권장하고 있다.

한국대학교육협의회는 2019년 대입에서 학생부 모집 전형이 더 확대될 것이라고 한다. 특히 2019학년 체육 특기자 특별전형의 경우에도 입상 실적 중심이 아닌 학생부를 반영할 예정이라고 한다. 아직 2019년 대입의 세부적인 모집 인원과 대학별 계획은 발표되지 않았지만 2016~2018년으로 이어지는 대입의 큰 흐름은 2019~2020년에도 지속될 것으로 예상된다. 여전히 수도권 4년제 대학에서는 수시 중심의 학생부 전형으로 많은 지원자를 선발할 것이다. 2017년에 대통령 선거가 있지만 특별한 이변이 없는 한 수시 확대 정시 축소의 트렌드가 유지될 것이다.

따라서 (예비) 고등학생들은 학교에서 보는 내신 시험을 충실하게 준비하는 것이 무엇보다 중요하다. 그리고 시험 기간 외에는 독서·봉사·동아리 활동 등 비교과 관리를 차근차근 해나가야 한다. 만약 고2 2학기에 마음을 잡고 대학에 가고자 한다면 길이 수능밖에 없다. 하지만 이 전형은 수능만을 위해 절치부심한 재수·삼수생들과 정면대결을 해야 한다. 이마저도 정시의 선발 비율이 점차 줄고 있다는 사실을 인지해야 한다.

2019년 입시에서 의전원/의대 체제 전환 때문에 11개 의대에서 선발 인원이 307명 늘어난다. 치대는 96명 증가하고 한의대는 변화가 없다. 그리고 2019학년도 입시부터 의학계열 입시에서 인·적성 평가가 도입된다. 이미 서울대, 고려대 등의 의대는 인성 면접 방식으로 학생들을 선발하고 있다. 이러한 변화는 의사로서 기본적인 인성과 소양을 갖춘 학생을 선발하기 위한 최소한의 검증 절차를 마련하기 위한 것이다. 인·적성 평가는 성적으로 점수를 매겨 직접 반영하는 것은 아니지만 만약 지원자의 인성이 의심된다면 성적에 상관없이 당락을 결정하는 기준으로 쓰일 가능성도 있다. 이제는 의학계열을 준비한다면 사회적 지위와 경제적인 이유 때문이 아니라 정말 의학 분야에 헌신할 마음이 있는지 스스로에게 질문해봐야 한다. 만약 그런 마음이 부족하다면 성적이 우수해도 면접에서 탈락할 수도 있다.

한편 교육부도 2019년 수능은 2018년 수능과 동일한 체제로 치러질 것이라고 발표했다. 한국사와 영어는 절대평가로 성적표에 등급만 기재된다. 다른 과목은 지금처럼 표준점수와 백분위, 등급이 함께 기재되고, 사회/과학/직업탐구 영역 중 최대 2과목을 응시할 수 있다. 2019년 수능의 세부적인 계획은 2018년 3월에 발표할 예정이다.

종합하면, 대학마다 각 전형에서 약간씩 달라지는 부분은 존재하겠지만 2019~2020년 입시도 2016~2018년 입시의 흐름에서 크게 벗어나지 않을 것이다. 학교생활을 충실하게 한 학생에게 대학의 문이 열릴 것이며, 그 중심에 학생부가 있다.

대한민국 학부모를 위한
열혈 상담소

1판 1쇄 발행 2017년 3월 20일

지은이 홍석철
펴낸이 조윤지
P R 유환민
디자인 디자인 잔

펴낸곳 | 책비(제215-92-69299호)
주소 (13591) 경기도 성남시 분당구 황새울로 342번길 21 6F
전화 031-707-3536
팩스 031-624-3539
이메일 readerb@naver.com
블로그 blog.naver.com/readerb

'책비' 페이스북
www.FB.com/TheReaderPress

ⓒ 2017 홍석철
ISBN 979-11-87400-11-0 (13590)

※ 책값은 뒤표지에 있습니다. 잘못된 책은 구입처에서 교환해 드립니다.

> 책비(TheReaderPress)는 여러분의 기발한 아이디어와 양질의 원고를 설레는 마음으로 기다립니다.
> 출간을 원하는 원고의 구체적인 기획안과 연락처를 기재해 투고해 주세요.
> 다양한 아이디어와 실력을 갖춘 필자와 기획자 여러분에게 책비의 문은 언제나 열려 있습니다.
> ● readerb@naver.com